JN496445

THE END of COMPETITIVE ADVANTAGE

경쟁우위의 종말

저자 Rita Gunther McGrath
역자 정선양 · 김경희

經文社

End of Competitive Advantage by Rita Gunther McGrath
Original work copyright © 2013 Rita Gunther McGrath
All rights reserved.
This Korean edition was published by Kyung Mun Sa Publishing Co. Ltd. in 2014 by arrangement with Harvard Business Review Press through KCC(Korea Copyright Center Inc.), Seoul.
이 책은 (주)한국저작권센터(KCC)를 통한 저작권자와의 독점계약으로 경문사에서 출간되었습니다. 저작권법에 의해 한국 내에서 보호를 받는 저작물이므로 무단전재와 복제를 금합니다.

차례

역자서문

미국 경제의 성장동력인 실리콘 밸리(Silicon Valley)는 눈부시게 아름다웠다. 사계절 온화한 날씨, 금방이라도 깨질 것 같이 푸르른 하늘, 삼나무로 가득한 거리, 사막으로 된 구릉들, 아주 가까운 거리의 태평양, 아름다운 샌프란시스코 만 등등……. 이곳에 구글, 애플, 시스코, 제넨텍 등 수많은 세계 최첨단 기업들이 자리 잡고 있다. 이들은 모두 이 책에서 말하는 '일시적 우위(transient advantage)'의 파동을 타는 데 능숙한 기업들이다.

실리콘 밸리에는 세계적으로 유명한 두 대학이 있다. 본 역자는 2006년에 University of California-Berkeley, Haas Business School, 이어 2013년에는 Stanford University, Graduate School of Business에서 초빙교수를 지내면서 열심히 연구와 교육에 매진하였다. 2013년 스탠포드 경영대학원에 지내는 동안 많은 일과 중의 하나는 *Harvard Business Review*(HBR)를 읽는 것이었다. 6월의 어느 눈부시게 아름다운 날 HBR 6월호에 실린 Rita McGrath의 「Transient Advantage」라는 논문을 읽고 진한 감동을 받았다. 그 내용은 그동안 역자가 공부하고 가르쳐 온 기술경영, 전략경영, 기술정책 분야에서 강조한 "어떻게 하면 기업이 지속가능한 경쟁우위(sustainable competitive advantage)를 확보・유지・발전시킬 수 있을 것인가?"라는 명제를 바꾸게 하는 것이었다. 이에 이 논문의 바탕이 된 *The End of Competitive Advantage*를 정독하여 더욱 깊은 감동을 받았다. 아마도 이 책을 읽은 것은 본 역자가 스탠포드 대학교에서의 여러 일 중에 손에 꼽을 수 있는 의미 있는 사건이었다. 이에 따라, 그 감동을 우리나라의 여러 독자들과 나누고자 이 책을 번역하게 되었다.

본 번역서의 원본은 2013년 세계에서 경영학 분야의 가장 유명한 출판사인 Harvard Business Review Press에서 출판된 *The End of Competitive Advantage : How to Keep Your Strategy Moving as Fast as Your Business*이다. 이 책의 저자인 Rita McGrath는 미국 Columbia Business School의 교수로서 전략경영 분야의 세계적인 대가이며 당대 최고의 경영사상가이다. 이 책은 우리에게 익숙한 세계적 경영학자인 Michael Porter 교수가 평생 주장한 경쟁우위(competitive advantage)의 중요성과 확보 · 유지 방안을 정면으로 반박하고 있으며 그동안 경영학과 경영실무에서 대단한 반향을 가져왔다. 그 결과 그녀는 2013년 '세계 최고 경영사상가 50(Thinkers 50)'에서 7위인 포터 교수를 누르고 6위를 차지하였다. McGrath 교수는 우리나라에도 잘 알려져 2014년 12월 3일~4일 서울에서 열린 「동아 비즈니스 포럼」에 초청되어 마이클 포터 교수 및 마이클 센델 교수와 더불어 기조강연을 하였고, 2014년 4월 19일자 조선일보 Weekly Biz의 전면을 장식하며 본 번역서의 내용이 대서특필되기도 하였다.

이 책에서는 기본적으로 매우 복잡하고 급변하는 경영환경 속에서 기업이 지속가능한 경쟁우위의 확보 · 유지 · 발전을 추구할 것이 아니라 일시적 경쟁우위(transient advantage)의 파동을 탈 것을 강조한다. 이 점에서 McGrath 교수는 "전략이 난관에 봉착했다"고 단언하고 있다. 그녀는 전략의 목표를 지속가능한 경쟁우위의 확보에 두고 있는 전통적인 전략 개념들과 기법들이 현재의 경영현실에 별다른 소용이 없다고 강조하며, 현재의 그리고 앞으로의 전략은 지속가능한 경쟁우위의 개념을 넘어설 것을 주장하고 있다. 즉, 기업은 기회들을 빠르게 포착하고, 이들을 결정적으로 활용하며, 이들이 소진되기 전에 새로운 기회들로 이동할 것을 강조한다. 그녀는 이와 같은 능력을 일시적 경쟁우위로 설명하며 기업이 일시적 경쟁우위의 파동을 탈 것을 강조한다. 이 책에서는 이를 위한 일련의 실무관행, 즉 전략각본(strategy playbook)을 제시하고, 실제로 일시적 경쟁우위를 바탕으로 성공한 기업들, 즉 예외적으로 성공을 거둔 기업들(outlier companies)의 사례를 풍부하게 제시하고 있다.

이 책은 기술경영(MOT: management of technology)의 이론과 실무에도 새로운 시각을 가질 것을 요구한다. 그동안 본 역자는 수많은 논문과 저서에서 전략경영의 핵심 콘텐츠는 기술혁신이며, 그 결과 기업은 전략경영보다도 전략적 기술경영(SMT: strategic management of technology)을 추진하여야 할 것을 강조해 왔다. 전략적 기술경영은 그동안 기술혁신을 바탕으로 기업의 지속가능한 경쟁우위의 확보·유지·발전을 목표로 하였다. 그러나 이 책에서 제시하는 시사점은 복잡하고 급변하는 기술경제 환경 속에서 기업은 기술혁신을 통하여 일시적 경쟁우위의 파동을 효과적으로 타야 한다는 점이다. 실제로 최근 들어 기술경영 분야에서 '파괴적 기술(disruptive technology)' 및 '불연속적 혁신(discontinuous innovation)'의 효과적 경영의 문제가 화두가 되고 있는데, 이는 일시적 경쟁우위의 중요성을 강조하는 이 책과 맥락을 같이하는 것으로 이해할 수 있다. 결국 앞으로의 전략적 기술경영은 기업이 어떻게 지속가능한 경쟁우위와 일시적 경쟁우위를 동시에 확보·유지·발전시킬 것인가에 초점을 맞추어야 할 것이다. 이는 결코 쉬운 일이 아니며 최고경영자를 중심으로 한 전략적 기술경영의 세심한 실천과 기업 내 체화를 필요로 한다.

이 점에서 독자들은 이 책을 통하여 전략경영 및 기술경영의 이론적, 실무적 분야에서 새롭고 보다 포괄적인 시각을 확보할 수 있을 것이다. 이 책이 전략경영과 기술경영을 공부하는 학생들과 학자들에게는 좀 더 새로운 시각을 갖는 기회를 제공하고, 경영실무에 있는 일반경영자들과 기술경영자들에게는 종합적 경영시각을 갖추어 성공적인 기업경영에 도움이 될 수 있기를 기대한다. 저자도 앞으로 기술경영 분야의 교육, 연구, 집필에 있어서 보다 새로운 시각으로 임할 것을 다짐해 본다.

2014년 12월 10일

천덕봉이 바라보이는 곤지암 우거에서

대표 역자 정선양 씀

서문

이 책은 매우 시의적절하다. 오늘날 우리가 마주하고 있는 냉혹한 경쟁 시장에서 어떻게 승리할 것인지 알려고 노력하는 어떤 지도자에게도 이 책은 도움이 될 것이다. 나는 소매상으로 32년을 지내면서(부츠 인 글래스고(Boots in Glasgow)에서 "Saturday Boy"로 시작하여) 변화 속도가 극적으로 가속화되는 것과 우리가 당연하다고 여겼던 가정들이 뒤집히는 것을 개인적으로 목격해왔다. 구매 행위는 극적으로 변하고 있다. 163년간 부츠를 상징적인 브랜드로 만들었던 우위의 마지막을 우리는 목격하고 있다. 소비자들은 과거 어느 때보다 사업이 잘못되도록 내버려두지 않고, 부츠 브랜드도 이런 변화에 영향을 받지 않을 수 없다.

2006년 부츠 그룹(Boots Group)이 얼라이언스 유니켐(Alliance Uni-Chem)과 합병하여 얼라이언스 부츠(Alliance Boots)를 만들 때 우리는 리타(Rita)의 아이디어를 처음 도입하였고, 이어서 2007년에 이 신설 기업은 비상장기업이 되었다. 당시 우리는 고객을 우선으로 하는 매우 다른 운영방식을 갖는 조직으로 전환하기로 했다. 천부적이고 독창적인 전략 사상가인 리타와 함께 이 책에 제시된 많은 원칙들을 새 조직의 리더십 정신에 구현하려 애썼다. 그리고 지금도 그 일을 계속하고 있고, 더 빠르고 더 결정적인 방법을 찾고 있다. 부정적인 뉴스까지도 포함하는 긴박한 뉴스가 빠르게 퍼져 즉시 이에 대처할 수 있도록 더욱 진솔해지기 위해 노력하고 있다. 우리는 과거 어느 때보다 미래에 대해 더 긴 시간 생각하려 한다. 우리는 조직이 기회 획득을 위해 적절하게 구성되어 하나의 통합체로 움직일 수 있도록 틀을 깨려 한다. 무엇보다 용감한 리더들, 즉 빠른 경쟁교환(competitive exchange)의 속도를 흥미롭게 생각하고, 기회를 과감하게 포착하고 더 이상 기회를 제시하지 못하는 전략과 상관습에서 과감하게 벗어날 수 있는 조직을 만드는 데 전념하는 리더들을 길러내고자 한다.

우리가 이 진화(evolution)의 과정을 시작했을 때 많은 옵서버들은 회의적이었다. 부츠(Boots) 브랜드는 진부하고 저평가되어 있으며 전략을 설명하기 어렵고 잘 수행되는 게 별로 없다고들 말했다. 더군다나 기업 간의 도매 영업을 고객 중심의 소매 사업과 결합한 우리의 사업 모델은 좀처럼 성공적임을 입증하지 못했다. 그러나 결과적으로 비평가들이 잘못된 것으로 드러났다. 우리 브랜드의 인지도, 고객 만족도, 직원들의 참여도 등을 평가하는 척도들은 민영화 이후 매년 최소 10퍼센트씩 증가하고 있다. 이들 모두는 세계적인 경기 후퇴에도 불구하고 이루어졌다.

여러분과 마찬가지로 우리의 진화도 끝이 없다. 그러나 우리는 이 책에 제시된 전략의 개념이 매우 귀중하다고 믿는다. 고객과 시장이 과거보다 더 빠르게 변화하고 있기 때문에 전략도 변화될 필요가 있다. 이 책의 아이디어들은 일시적 경쟁우위(transient competitive advantage)의 세계로 안내하는 데 필요한 지침을 제공한다.

— 알렉스 골리(Alex Gourlay)
얼라이언스 부츠사의 건강 및 미용 사업부 최고 경영자
2013년 1월 영국 노팅햄(Nottingham)에서

머리말

전략(Strategy)이 난관에 봉착했다. 여러분이 중역회의실 토론이나 경영진 미팅에 들린다면 시기별로 계획된 아이디어들과 프레임워크들을 기초로 한 많은 전략적 사고에 관하여 들을 기회가 있을 것이다. 마이클 포터(Michael Porter)의 다섯 가지 힘의 분석, 기업 포트폴리오를 분석하기 위한 보스턴컨설팅그룹(BCG: Boston Consulting Group)의 성장률-점유율 매트릭스, 하멜과 프라할라드(Hamel and Prahalad)의 기업 핵심역량과 같은 것들은 모두 매우 중요한 아이디어들이다.[1] 오늘날 많은 전략들은 아직도 이들의 영향을 받는다. 그러나 현재 사용되고 있는 거의 모든 전략 프레임워크들과 수단들은 하나의 지배적 아이디어에 기초를 둔다. 그것은 바로 전략의 목적은 지속적 경쟁우위(sustainable competitive advantage)를 달성하기 위한 것이라는 점이다. 이 개념은 전략의 가장 근본적인 개념이다. 이는 모든 기업의 금과옥조이긴 하지만 더 이상 점점 더 많은 기업들에 적절하지 않다.

나는 이 책에서 지속적 경쟁우위라는 개념에 도전하여 이에 기초한 전략을 멈출 필요가 있다고 주장한다. 대신 일시적 경쟁우위(transient competitive advantage)라는 개념에 기초한 전략에 관한 시각을 제안한다. 이는 경영진이 변덕스럽고 불확실한 환경에서 승리하기 위해 신속하고 단호하게 단기적인 기회들을 이용하는 법을 배울 필요가 있음을 말한다. 나는 경영진이 경쟁우위로부터 최대의 가치를 뽑아내기 위해 의존하는 뿌리 깊은 구조와 체계가 신속히 전개되는 경쟁 환경에서는 낡고 위험하기조차 한 골칫거리라고 주장한다.

이 사실은 최소한 꽤 잘 이해된 듯 보인다. 그러나 근본적인 전략 실무는 왜 바뀌지 않았을까? 대부분의 경영진은 경쟁우위가 일시적일 것이라고 인식하고 있을 때조차 신속하게 우위를 활용하고 치고 빠지기보다는 지속적인 경쟁우위를 달성하기 위해 계획된 전략 프레임워크들과 수단들을 여전히 사용하고 있기 때문이다.

이 책에서는 그러한 문제를 다룬다. 이 책은 지속적이지 않은, 일시적 경쟁우위의 개념에 기초한 새로운 부류의 실무들을 제시한다. 이 책에서 여러분은 전략에 대한 새로운 각본(playbook) — 즉 어떻게 세상이 움직이는지에 관한 새로운 부류의 가정들에 기초한 각본 —을 갖게 될 것이며, 경쟁우위가 일시적일 때 세계에서 가장 성공적인 기업들이 경쟁에서 성공하기 위해 어떻게 이 새 각본을 이용하는지 배우게 될 것이다.

전략의 진화

지속적 경쟁우위라는 개념이 최초에 어떻게 확립되었는가? 이 개념이 어떻게 진화해왔는지를 되짚어보고, 학계와 경영실무의 세계에서 이루어진 내 연구가 어떻게 이 책으로 나오게 되었는지를 살펴보기로 한다.

지속적 경쟁우위

역사적으로 전략과 혁신은 연구와 실무에서 두 개의 독립된 분야로 생각되었다. 전략(strategy)이란 하나의 잘 정의된 산업에서 우세한 위치를 발견하고 장기적인 경쟁우위를 이용하는 것에 관한 것이었다. 혁신(innovation)이란 새로운 사업을 창출하는 것에 관한 것으로 기업의 핵심 활동의 집합과는 분리된 무엇으로 간주되었다. 처음에 나는 기업의 혁신과정을 연구하였는데, 이 중 많은 부분이 나의 이전 공동 집필 저서에 제시되어 있다.[2] 당시에는 밥 버겔만(Bob Burgelman), 캐시 아이젠하르트(Kathy Eisenhardt), 나의 공저자이자 멘토이며 동료인 이안 맥밀란(Ian C. MacMillan)을 제외하면 비교적 진지하게 "기업 벤처링(corporate venturing)"을 연구하는 학자들이 별로 없었다.[3] 대신 나의 박사과정 동료들 대부분은 (지속적 경쟁우위를 달성하는 방법을 이해할 목적으로) 산업 내부의 위치역학(positional dynamics)을 연구하느라 바빴다.

당시 내 연구는 대부분 대기업 내부에서의 기업가적 행동(entrepreneurial behavior)을 촉진하는 것과 관련되어 있었다. 당시의 주요 통찰은 여러분이 광범위한 경험 플랫폼이 없는 분야, 다시 말하면 보유한 지식과 비교하여 당신이 만들어야 하는 가정들의 비율이 높은 영역으로 진입하려 할 때 다른 부류의 원칙(disciplines)이 사용될 필요가 있다는 사실이었다. 이안 맥밀란과 나는 이 딜레마를 다루기 위한 제안 방법에 관하여 하버드 비즈니스 리뷰(*Harvard Business Review*)의 가장 잘 나가는 논문인 "발견 주도적 기획(Discovery-Driven Planning)"에 썼는데, 그 이후 이 논문은 기업가정신 및 혁신 강의 코스의 주요 주제가 되었다.[4] 당시엔 알지 못했지만 우리는 지속적 경쟁우위가 실제적 요체가 아닌, 전략에 대한 새로운 접근방법의 기초를 놓고 있었다.

전략에 대한 전통적 접근방법과 실제 사회 간 격차의 증대

나는 자문을 원하는 고객들을 위한 혁신 숙련도(innovation proficiency)의 개발을 돕는 과정에서 그들에게 많은 아이디어들을 적용할 기회가 있었다. 이는 우리가 함께 일했던 대다수의 기업들이 핵심 사업에서 경쟁하는데 있어서 그들의 기본 전략을 적용하는 데 현실적으로 어려움을 겪고 있음이 분명해지기 시작했던 때였다. 듀퐁(DuPont), 쓰리엠(3M), 노키아(Nokia), 인텔(Intel), 아이비엠(IBM)과 같은 다양한 고객들은 모두 전략과 혁신에 대한 전통적인 접근법이 그들이 경쟁하고 있는 시장의 속도에 보조를 맞추지 못하고 있음을 깨닫기 시작하고 있었다.

그러나 경쟁의 속도에 대한 대응에 도움을 줄 것으로 추정되는 경영기법들이 확산되었음에도 경영진은 그것들을 사용하지 않았다. 경영진이 자문회사인 베인(Bain)에 보고하기를 "신경제의 속도 때문에 사람들과 기업들이 경영기법을 실행할 시간이 없고", 특히 북미 기업들은 "인원 부족"을 실감하며, 그 결과 과거에 그들이 이미 경험했던 수단들을 점점 더 고수하고 있다고 하였다. 흥미롭게도 당시에 경영기법과 접근방법의 많은 혁신이 있었음에도 불구하고 기업들은 과거로부터 물려받은 전략기법들에 점점 더 의존하게 되었다.[5] 따라서 비록 그들이 더 세련된 접근법들을 사용하는 것에 관하여 이야기하고 있긴 하지만 그들이 실제 일하고 있는 것을 들여다보면 SWOT(Strength, Weakness, Opportunity, Threat) 분석, 산업분석, 전통적인 경쟁력 분석 등을 발견할 것이다.[6] 경영진이 비록 전략에 대한 새로운 접근법들의 필요성을 느끼지만 여전히 과거의 것들을 사용하고 있거나 심지어는 새로운 접근방법을 전혀 사용하지 않고 있었다.

이러한 실무에서의 격차 증가에 따라 일부 학자들은 지속적 경쟁우위(sustainable competitive advantage)라는 개념에 회의를 품기 시작하였다. 이안 맥밀란(Ian MacMillan)은 전략에 대한 명확한 의미를 알아내려 애쓴 최초의 인물 가운데 한 사람이었다. 그는 경쟁우위란 파동의 형태이며 전략가들이 하는 일이란 새로운 파동에 뛰어들어 전략적 주도권을 잡는 것으로 가장 잘 이해될 수 있을 것이라 추론하였다.[7] 그와 리치 드아베니(Rich D'Aveni)는 기업의 경쟁우위가 재빨리 사라지는 시장의 특징을 파악하여 "무한경쟁(hypercompetition)"이라는 용

어를 만들어냈다.[8]

산업계와 학계에서는 기존의 프레임워크들이 리더들로 하여금 더 빨라지는 경쟁 속도에 대처하는 데 큰 도움을 주지 못하고 있다는 느낌이 커져가고 있었다. 게다가 인터넷 및 전반적인 지식기반경제의 도래, 보호무역 규제의 감소, 기술 진보 등으로 모든 것이 점점 더 빠르게 움직이게 되었고, 이에 대해 잘 대처할 수 있으리라 여겨졌던 기업들이 어떤 이유에선지 그들의 우위를 잃었다. 친했지만 지금은 고인이 된 친구 막스 보이스트(Max Boist)는 지식집약산업에서의 불안정한 우위에 관한 함의를 요약하여 우위의 진화 과정에서 가장 수익성 있는 지점이 가장 깨지기 쉬운 지점이기도 하다는 결론을 내렸다.[9] 1990년대 말 즈음 클레이 크리스텐슨(Clay Christensen)은 『혁신가의 딜레마(*The Innovator's Dilemma*)』라는 책에서,[10] 혁신적인 일들을 하고자 할 때 발견 주도적 기획(discovery-driven planning)을 전략가들의 툴킷(toolkit)의 유용한 요소라고 인용하면서 혁신(innovation)과 전략(strategy)의 연계가 주류를 이루게 되었다.[11]

일시적 경쟁우위

막 발생하기 시작한 일은 경쟁전략, 혁신, 조직변화라는 서로 다른 분야들이 모두 하나로 합쳐지고 있다는 것이었다. 나아가 이는 전략을 실천하기 위한 새로운 프레임워크와 수단을 다섯 가지 힘 분석과 성장률-점유율 매트릭스와 같은 잘 확립된 것들에 추가할 필요가 있음을 의미하였다. 앞서 발간된 나의 책들, 하버드 비즈니스 리뷰 및 학술지 논문들, 강연, 컨설팅에서 나는 새로운 전략 실천방법이 어떠한 것일지 구상하느라 수년간 노력해 왔다. 예를 들면, 옵션추론(options reasoning)은 대량 손실의 위험을 감수하지 않고 미래에 투자하는 하나의 방법이다.[12] 슬기로운 실패(intelligent failures)는 학습을 용이하게 하는 데 도움이 될 수 있다.[13] 기회인식(opportunity recognition)은 체계적인 방식으로 강화되고 발전될 수 있는 기량(skill)이다.[14] 아마도 자원배분과정(resource allocation process)은 조직에서 이루어지는 일과 그 일을 하는 사람에게 영향을 주는 가장 중요한 방법일 것이다.[15] 여러분은 고객을 수요와 공급의 영향을 받는 엄격한 시장이라기보다 "해야 할 일(jobs to be done)"로 생각할 필요가 있다.[16] 비즈니스 모델 혁신(business model innovation)은 R&D나 제품혁신만큼이나 정말 중요하다.[17] 상이한 성숙도를 가진 사업에는 상이한 리더십 행동이 전개될 필요가 있다.[18]

이러한 모든 아이디어들의 함의는 내가 이 책에서 전략을 위한 새로운 각본(playbook)이라 부르는 것으로 취합되었다. 새로운 각본은 세상이 어떻게 움직이는지에 관한 새로운 부류의 가정들, 즉 과거 수십 년 동안 우리가 유용하게 사용해온 프레임워크들과 수단들을 우리에게 가져다준 가정들과는 다른 부류의 가정들을 기초로 한다. 오늘날의 전략각본(strategy playbook)은 일시적 경쟁우위(transient competitive advantage)의 개념에 기초를 둘 필요가 있다. 즉, 경쟁우위가 더 이상 지속적이지 않을 경우 어디서 경쟁하고, 어떻게 경쟁하며, 어떻게 승리할 것인지는 크게 다르다.

여러분은 전략을 새로운 부류의 가정들에 기초하는 것이 바람직하다고는 알고는 있지만 이는 매우 과감한 행동으로 보일 수 있다. 더욱 도전적인 것은 전략의 궁극적인 목표를 지속적 경쟁우위에서 일시적 경쟁우위로 전환하는 것이다. 여러분은 더 이상 기존의 경쟁우위에서 가능하면 많은 것을 짜내려 계획하지 않을 때 새로운 경쟁우위로 더 잘 진입할 수 있다. 그러나 이 책에서 다룬 전 세계의 기업들과 리더들의 이야기에서 보다시피 일단 새로운 전략 각본을 다루기 시작하면 우위의 구성에 있어서 전환은 절대 겁먹을 일이 아니다. 실제 인터뷰했던 일부 경영진은 흥미있어 하는 듯했다. 그들은 방어적이거나 약화되기보다 자기 사람들에게 강렬하고 매력적인 실천과 혁신을 촉발하기 위해 일시적 경쟁우위의 취지를 이용하였다.

신속한 변화 전략(fast-moving strategy)은 경영진에게 함의가 있다. 한 브라질 기업에서 일하는 내 친구는 약간 직관에 반하는 개념을 제안하였다. "브라질에서 우린 인플레이션, 부패, 예상치 못한 정부규제 등 모든 걸 겪었다. 알다시피 당신은 이에 익숙해진다."라고 말했다. 그는 보다 잘 길들여진 형태의 경쟁만을 경험했던 경영자들은 당시의 브라질 리더들이 통상적으로 극복해야 했던 도전들에 대처해야 하는 상황이 되면 당황하게 될 것이라고 지적하였다.

리더들이 동적인 경쟁력을 갖출 준비가 되어 있지 않은 기업들에 대한 대대적 손실을 목격하기는 쉽지만, 그 효익을 깨닫는 것도 중요하다고 나는 생각한다. 경화되고 비효율적인 산업은 진정한 경쟁 위협에 직면할 때 더욱 개선된다. 예를 들어, 정부 소유의 전화회사가 가격 책정과 선택을 지시하던 시절로 누가 돌아가려 할 것인가? 다음의 기회를 잡기 위해 탐색할 때 기업들은 사람들이 정말 무엇을 필요로 하고 어디에 돈을 쓰는지 파악하고, 더 나은 경험을 계획하며, 기존 자산에서 새로운 효율성을 짜내는 일들을 더 잘해내고 있다. 많은 경우 통상 개인이 같은 달러, 엔, 유로로 얻는 가치는 십 년 혹은 이십 년 전의 가치보다 훨씬 더 크다. 그리고 과거 그 어느 때보다 새로운 아이디어들과 신설기업들이 호황을 누릴 기회는 더 많다.

머리말을 맺기 전에 이 책이 세상에 나오는 데 도움을 준 사람들에게 감사를 전하고 싶다. 액센츄어(Accenture)의 질 데일리(Jill S. Dailey)는 지적인 자극을 주는 협력자로서 새로운 아이디어들의 원천과 이들 아이디어들이 실제 어떻게 적용될 수 있는지를 이해하는 자원으로서의 소중한 역할을 입증하였다. 각축장(arenas) 그리고 산업과 경쟁하는 산업(industries competing with industries)이라는 개념은 우리가 열심히 함께 연구해 온 아이디어이다. 이안 맥밀란(Ian MacMillan)은 그가 이해하지 못하는 아이디어들에 대해 과감 없는 비평을 해주었다. 이 책을 위해 인터뷰에 응해준 많은 분들의 제안과 코멘트에 감사를 드린다. 앨리슨 노만(Alison Norman), 장시(Xi Zhang), 이수린(Sooreen Lee)은 연구에 귀중한 도움을 주었다. 하버드 비즈니스 리뷰 출판사(Harvard Business Review Press)의 멜린다 메리노(Melinda Merino)와 그 팀은 여기에 제시된 아이디어들을 공들여 만들고 틀을 잡는 일에 진정으로 협력해 주었다.

나는 여러분이 경쟁우위가 지속되지 않는 때에도 승리하기 위한 가장 좋은 새로운 전략적 사고와 행동을 대변하는 사람들과 기업들과 함께 이 서문을 즐기기를 희망한다. 그들이 항상 올바르게 이해하지는 못한다. 사실, 일시적 우위와 실패로부터의 학습에 관한 나의 아이디어들을 적용한다 하더라도 기업에서 매번 이를 정확히 활용한다는 것은 불가능하다. 그렇지만 기습을 당하거나 부정적인 일이 발생했을 때의 중요한 문제는 다음에 무엇을 하는가이다. 가장 훌륭한 기업들은 발생한 일을 솔직하게 바라보고 다음에 어떻게 더 잘할지를 파악하여 나아간다. 이는 파도타기와 흡사하다. 떨어져서 황급히 해변가로 가버릴 수도 있겠지만 위대한 서퍼(surfer)는 그 위에 다시 올라탄다. 위대한 기업도 이와 마찬가지이다. 그들은 경쟁우위의 파동에서 다른 파동을 움직이며, 소진될 것을 알기 때문에 하나의 파동에 너무 오래 머물지 않으며, 항상 다음 파동을 찾는다. 이들을 알게 되는 것은 즐거운 일이었다.

— 리타 건터 맥그래스(Rita Gunther McGrath)

뉴저지주 프린스턴 정션(Princeton Junction, New Jersey)에서

『경쟁우위의 종말』 한국어판 출판을 축하하며

–원저자 Rita McGrath 교수의 추천사

저의 새로운 책 『경쟁우위의 종말 : 어떻게 당신의 전략을 당신의 비즈니스만큼 빠르게 움직일 수 있을 것인가?』(하버드 비즈니스 프레스 출간)의 출간을 앞두고 한국에 와 있다는 사실이 너무나 기쁩니다. 저는 내일 올해의 「동아 비즈니스 포럼(Dong-A Business Forum)」에서 이 책의 내용을 기반으로 기조연설을 할 예정입니다. 이 책은 이미 한국의 선도기업들로부터 많은 관심을 받아오고 있었기에 이 책의 한국어판 발간을 너무나 기쁘게 생각합니다.

이 책의 핵심 아이디어는 경쟁의 주기가 점점 더 빨라지고 많은 전통적 진입장벽들이 사라짐에 따라, 전략의 새로운 각본(new playbook)이 필요해졌다는 점입니다. 전통적 전략의 많은 핵심 개념들은 우리가 대단히 변화무쌍하고 예측 불가능한 환경에서 경쟁을 할 때에는 많은 지침을 제공하지 못하기 때문입니다. 특히 우리는 다음의 변화된 상황에 대처할 수 있는 새로운 전략각본을 필요로 합니다:

- 우리는 안정성이 가정된 세계에서 지속적인 재구성(continuous re-configuration)의 세계로 넘어가야 합니다. 이 새로운 세계에서는 시간에 따른 작은 변화들이 경쟁적 위치와 적응성에 있어서 대단한 변화로 이어집니다.
- 우리는 사업의 해체(disengagement)가 지연되고 제대로 관리되지 않는 세계에서 해체가 일상적이고 건전한 방법으로 관리되는 세상으로 이동하여야 합니다.

– 우리는 조직 내의 영향력이 있는 사람들이 자원(resources)을 독점하고 그 결과 종종 이들의 개인적인 이해관계로 인하여 사업 전체에 해를 끼치는 세계에서 자원이 조직의 장기목표 달성을 지원할 수 있도록 능숙하게 이동하는 세계로 넘어가야 합니다.

– 우리는 혁신(innovation)이 우연하게 이루어지는 세계에서 혁신이 능숙하게 경영되는 세계로 이동하여야 합니다. 일시적 우위의 경제에서 혁신은 효과적 전략의 수립 및 집행에 필수적입니다.

– 우리는 리더들이 계획을 준수함으로써 보상을 받는 세계에서 리더들이 접하기 어려운 정보를 찾고 이에 따라 계획을 변경시키는 것이 더 많은 인정을 받는 세계로 이동하여야 합니다.

– 마지막으로, 우리는 기업 혹은 조직이 개인의 커리어(career)를 인도해 줄 것으로 기대되는 세계에서 우리 모두가 스스로, 어느 정도는 모험적으로 커리어를 결정할 수 있는 세계로 넘어가야 합니다.

이 책에서 독자들은 일시적 우위(transient advantage)의 환경 속에서 경쟁우위 – 물론 경쟁 그 자체 – 에 관해 어떻게 다르게 생각할 것인가에 관한 진단 테스트, 특정한 가이드라인들과 아이디어들을 발견하게 될 것입니다.

이 책을 읽은 한국의 경영자들은 오래된 규칙들이 작용하지 않고 새로운 규칙들은 아직 정해지지 않은 기업환경을 보다 잘 감지해 내는 데 많은 도움을 받을 수 있을 것입니다. 이 책이 새롭고 급변하는 환경 속에서 한국 기업들이 세계시장에서 성공하는 데 기여할 수 있기를 기대합니다.

2014년 12월 3일

서울에서

Rita McGrath 씀

경쟁우위의 종말

THE END OF COMPETITIVE ADVANTAGE

1

경쟁우위의 종말

후지필름회사(Fuji Photo Film Company)는 시작부터 불안하였다. 이 회사는 1930년대에 만성적으로 적자에 허덕이던 일본 최초의 영화 필름 제조사에서 분사하였다. 이 회사는 수년에 걸쳐 품질에 대한 나쁜 명성을 개선하여 굴지의 글로벌 기업이 되었고, 필름과 필름 프로세싱에서 이스트먼 코닥(Eastman Kodak)과 같은 거대기업에 도전하기 시작하였다. 아마추어 및 프로 화학 기반형 사진 처리를 위한 시장은 백 년 이상 실질적인 변화가 없었는데, 이는 경쟁(competition)이 제품보다는 유통에 기반하는 경향이 있었음을 의미하였다. 그래서 후지는 코닥이 확고히 자리잡고 있는 시장에 진입하는 데 어려움을 겪었다. 분명 롤 필름, 35밀리 필름, 장착이 쉬운 카트리지, 일회용 카메라까지를 포함한 많은 혁신들이 있었지만 사진산업(photography industry)의 경쟁 세계의 중심에 있는 필름의 근본적 위치는 수십 년간 변하지 않았다.

하지만 1970년대에 와서 사진 사업의 발전에 향후 획기적이라고 증명된 사건이 발생하였다. 미국의 가장 부유한 한 가문의 두 구성원인 넬슨 벙커 헌트(Nelson Bunker Hunt)와 윌리엄 허버트 헌트(William Herbert Hunt)는 은 시장(silver market)을 궁지로 몰아넣는 데 일조하였다. 그들은 은을 (당시의 큰 이슈였던) 인플레이션에 대한 방지책으로, 또한 그들이 오일에 상당한 지분을 가지고 있었던 점으로 보아 자산을 다양화하는 수단으로 이용하는 데 관심이 있었다. 그들은 1973년에 은에 투자하기 시작했는데, 당시 은의 온스당 가격은 2달러 이하였다. 1979년 초 그 가격은 약 5달러로 올랐다. 1979년 말 그들의 계획이 공개적으로 드러났는데, 그들은 1억 온스 이상의 은을 사재기하였고, 옵서버들의 추산에 따르면 이는 전 세계 공급량의 약 절반이었다. 그들의 행동은 은 가격을 온스당 50달러 이상이라는 믿기지 않는 숫자로 뛰게 만들었다.[1]

생산업자들이 당황한 것은 당연하였다. 필름 프로세싱에서 핵심 성분인 은이 그들의 경제 모델로 예상했던 것보다 훨씬 더 비싸진다면 어떻게 될 것인가? 더군다나 은 투자가들이 충분한 양의 은이 회전되지 않도록 시장을 꽉 쥐고 있다면 어떻게 할 것인가? 그러나 1980년 3월 은 가격이 끝없이 추락하였는데, 이로 인한 부수적인 피해가 다우존스산업평균(Dow Jones Industrial Average)이 경험한 가장 가파른 하락의 형태로 발생하였기 때문에 그들의 걱정은 그리 오래가지 않았다.[2] 위기가 끝나자 코닥을 포함한 대다수의 사진 기업들은 다시 평상시처럼 사업을 하게 되었다.

그러나 1980년에 후지필름의 CEO가 된 미노루 오니시(Minoru Ohnishi)는 그런 경험에 매우 불편한 느낌을 갖고 있었다. 그는 사진 사업에 근본적인 변화가 진행 중임을 느꼈다. 1984년 소니가 도입한 최초의 디지털 카메라 마비카(Mavica)는 필름 없는 사진을 현실화하였다. 그는 나중에 "그때가 바로 내가 필름 없는 기술이 가능함을 깨달은 때였다."고 말하였다.[3] 그는 이러한 통찰력을 실천하는 데 지체하지 않았다. 그는 사진 사업에서 다음 라운드의 경쟁을 준비하는 디지털 기술에 관한 전문지식을 쌓는 데 집중 투자하였다. 비즈니스위크(*Business Week*)의 기자는 후지가 1999년까지 디지털 제품에 기울인

연구와 기술에 대한 투자를 집계하면 족히 20억 달러에 달한다는 점을 목격하고, 그는 이러한 변화를 준 그의 결정을 "단일 목적을 가진(single-minded)" 것으로 설명하였다. 이 기사는 계속해서 이러한 전략의 정확함에 대한 기업 종사자들의 "신비로운(mystical)" 믿음에 주목하였다. 이러한 태도는 책임 과학자 겸 고위 고문인 히로조 우에다(Hirozo Ueda)에 의해 반영되었는데, 그는 "우리는 멈추지 않을 것이며 이 전쟁에서 지지 않을 것이다."라고 그 기자에게 말했다.[4] 2003년경 후지필름은 미국 전역의 체인점에 약 5천 개의 디지털 프로세싱 랩(labs)을 갖게 되었다. 당시 코닥은 100개에도 미치지 못했다.[5]

오니시(Ohnishi)는 그의 기업이 디지털 사진 기술의 관련성을 유지할 뿐만 아니라 사진사업 이외의 기회들에 영역을 확장하기로 결정하였다. 그는 자기테이프 광학과 하이브리드 전자기기와 같은 신상품을 위한 판매경로를 만들 것을 종용하였다. 이는 비디오테이프를 생산하는 최초의 비-미국 기업이 되었다. 뒤이은 다각화의 노력으로 이 기업은 생명공학과 사무자동화에도 참여하게 되었고, 플로피 디스크 생산에도 참여하였다. 오니시는 후지의 사업 과정에서 명실상부한 혁신가였다. 장기 근속 "샐러리맨"으로 유명한 일본의 환경 속에서 오니시는 본부에서 활동하며 얼마나 많은 직원들이 오버헤드 업무(overhead functions)에 관여하는지에 관하여 40개의 다른 일본 기업들과 비교평가할 정도였다. 후지는 비록 9퍼센트였지만(그리고 그 나머지 기업들의 평균은 16.7퍼센트였다), 오니시는 조직이 업무 부담을 대폭 줄이고 당시의 표준 사업관행이었던 시간소모적인 합의 형성과 문서화 과정을 50퍼센트 제거하도록 요구하여 이 비율을 7퍼센트로 낮추도록 하였다.[6]

시게타카 코모리(Shigetaka Komori)가 오니시를 대신한 이후 일자리를 줄이고 공장들을 폐쇄하는 상당히 뼈아픈 구조조정을 하는 회사의 재구성(reconfiguration)이 계속되었다. 이 기업은 사진필름 사업에서 자원들을 공격적으로 뽑아내어 신사업들에 투자한다는 목표로 25억 달러가 넘는 비용을 기록적으로 삭감하였다.[7] 오늘날 후지는 상당한 보건의료와 전자사업을 갖추고 있고 수익의 45퍼센트를 문서 솔루션과 오피스 프린터에서 얻고 있다.[8] 이 모든 것은 일본의 내수산업이 빈사 상태였고 이 나라가 경기침체를 벗어나기 어려워 보였던 지난 수십 년간 이루어졌다. 2011년 후지(Fuji)는 250억 달러의 수익을 창출하였고, 7만8천 명을 고용하였으며, 포춘지(*Fortune*)의 글로벌 500대 기업에서 377위에 올랐다. 그러나 코닥(Kodak)은 파산하였다.

후지의 이야기는 단순히 잘 관리하고, 질 좋은 제품을 개발하고, 잘 인정된 브랜드를 만드는 것만으로는 점점 더 가열되는 글로벌 경쟁에서 정상을 유지한다는 것은 충분치 않음을 말한다. 기업의 노력이 막대하였다. 후지는 기존의 우위를 손상시키는 위험을 무릅쓰고 극도로 불확실한 미래에 배팅해야 했다. 그러나 궁극적으로 변화에 직면하여 더 강함을 드러낸 것은 새로운 우위(new advantages)에 투자하고 기우는 우위에서 자원을 끌어내는 후지의 접근법(Fuji's approach)이었다. 이것이 항상 옳은 것은 아니었고 때로 변화는 고통스러웠다. 그러나 후지는 과거에 의해 발목을 잡히지 않았다.

경쟁우위(competitive advantages)가 지속되지 않거나 과거와 달리 아주 짧은 시간 동안 지속될 때는 전략각본(strategy playbook)을 바꿀 필요가 있다. 리더들은 어느 시점에서는 합당하더라도 현재의 전략적 변화의 속도를 따라잡지 못하는 많은 아이디어들을 물려받았다. 경영진들은 신속한 변화가 정상(norm)임을 깨닫고는 있지만 그들이 경쟁에서 사용하는 전략들은 여전히 수십 년 전에 가장 효과적이었던 프레임워크들과 실천방안들에 머물러 있다. 지속적 경쟁우위(sustainable competitive advantage)가 과거의 것이 되어버린 것처럼 경영자들은 긴 여정에서 승리하기 위해 새로운 부류의 전략 프레임워크들과 실천방안들이 필요하다.

이 책은 지속적 경쟁우위라기보다는 일시적 경쟁우위(transient competitive advantage)의 역학에 관한 것이다. 이 책은 경쟁우위가 일시적일 때 어디서 경쟁하고, 어떻게 경쟁하며, 어떻게 승리할 것인지에 관한 새로운 전략논리(strategic logic)를 제시하며, 한 일시적 우위에서 다른 우위로 파동을 타는 방법을 배운 기업들로부터 무엇을 학습할 수 있을 것인가를 보여준다.

여러분의 전략은 과거의 가정들에 기초하고 있다

소니(Sony). 리서치 인 모션(Research In Motion: RIM). 블록버스터(Blockbuster). 서킷 시티(Circuit City). 뉴욕증권거래소(New York Stock Exchange). 이미 사라졌거나 아무 관련도 없어졌지만 한 때 전설적이었던 조직들을 나열하자면 앞과 같이 길다. 그들의 몰락은 지속적 경쟁우위(sustainable competitive advantage)의 개념을 중심으로 기획된 경영실무의 예견된 결과이다. 여기에서 근본적인 문제는 경쟁우위로부터 최대한의 가치를 끌어내기 위해 설계된 뿌리 깊은 구조와 시스템이 그와 달리 환경이 단기적인 기회의 파동을 타는 능력을 필요로 할 때에는 골칫거리가 된다는 점이다. 이처럼 더 가변적이고 불확실한 환경에서 경쟁하기 위해서는 다른 접근이 필요하다.

내가 전략 분야를 처음 접했을 때 우리가 복음처럼 여겼던 두 가지 기본 가정(fundamental assumptions)이 있었다. 그 첫째는 *산업(industry)이 가장 중요하다*는 점이었다. 우리는 산업이 비교적 지속적이고 안정된 경쟁적 힘(competitive forces)으로 이루어졌다고 배웠다. 이러한 힘들을 시간을 갖고 깊이 이해하려 노력하여 보란 듯이 한동안 지속될 다른 결정들을 위한 로드맵을 만들어낼 수 있다. 따라서 전략에서 강조되는 것은 분석에 있었다. 산업이 비교적 안정적이라고 가정되기 때문에 산업 추세를 이해하고 이에 따른 전략을 기획하는 분석적 능력(analytical capabilities)에 투자함으로써 상당한 이득을 얻을 수 있었다. 5개년 계획을 세우던 시절에는 그랬다. 여기에는 지금으로부터 5년간의 세상이 현재 어느 정도 이해가능하다는 것이 중요한 가정이었다.

예를 들면, 한정적이고 비싼 방송 주파수역으로 인해 소수의 참여자들(이 경우 주요 네트워크 방송사들)이 고객들에 대한 몇몇 채널들을 장악하고 있었음을 의미하였기 때문에 미국의 전통적인 네트워크 방송 모델은 수십 년간 성공적이었다. 지형도, 배급권, 시청률과 관련된 제약조건들은 모두 이 모델이 오래도록 자리를 보전할 수 있게 해주었다. 이는 광고업자들에게 방송국들이 거대한 대중 시장을 약속해 주었음을 말했다. 지난 30년간 이 모델이 제자리를 지키게 했던 제약조건들은 사라졌다. 케이블 방송(cable television)은 제한된 채널이라는 제약조건을 없애고 대중 시장을 쪼개었다. 비디오 대여업자들은 시청자들로 하여금 그들이 편의대로 콘텐츠를 시청할 수 있게 해주었다. 프로그램을 녹화하고 광고를 건너뛰는 기술은 밀려드는 광고에 싫증을 느낀 대중들에게 환영을 받았다. 더욱 최근에는 인터넷으로 인해 시청자들이 오락을 위해 볼 수 있는 '채널들'이 폭발적으로 증가하게 되었다. 이러한 제약조건들의 완화로 네트워크 비즈니스 모델은 근본적으로 훼손되었다. 사실 가장 중요한 동력은 네트워크-대-네트워크 경쟁이 아니라 다른 산업들로부터의 침입이었다.

그 두 번째 가정은 *일단 달성된 우위는 지속적*이라는 것이었다. 산업 내부에 굳건한 위치를 달성한 기업들은 그들의 인력, 자산, 체제를 이러한 우위를 중심으로 최적화하도록 권고되었다. 지속적 우위의 세계에서는 보다 높은 효율성, 체제로부터의 비용 절감, 기타의 방법으로 대형 사업을 경영하는 데 능통한 사람들을 진급시키는 것이 당연하였다. 자원과 인재를 강력한 핵심사업(core businesses), 소위 "전략

사업단위(strategic business units)"에 투입하는 경영구조는 높은 성과를 가져왔다. 여기서의 핵심 가정은 지속적인 우위의 집합 주위로 시스템과 프로세스를 최적화할 수 있다는 것이었다.

오늘날에도 지속될 수 있는 우위의 예들이 실재한다. 고객과의 긴밀한 관계에서 수익의 창출하고, 비행기와 같이 극히 복잡한 기계를 만들고, 광산을 운영하고, 식품과 같은 일용 필수품을 파는 일 등은 한동안 우위를 활용할 수 있어왔다. 그러나 더욱 더 많은 산업부문, 더욱 더 많은 사업에서 세상은 더 이상 그와 같지 않다. 음악, 첨단기술, 여행, 통신, 가전제품, 자동차 산업, 교육까지도 우위가 재빨리 모방되고 기술이 바뀌고 혹은 고객이 다른 대안들을 찾는 상황에 직면하고 있다.

전략의 새로운 논리

지속적 우위라는 가정은 치명적일 수 있는 안정(stability) 쪽으로의 편견을 낳는다. 내가 연구한 바에 의하면 안정은 사물의 정상적인 상태이고 변화는 비정상적인 상태가 아니라 실제로는 완전히 그 반대임을 보여준다. 극도의 역동적 경쟁환경에 있을 때에는 변화가 아니라 안정이 가장 위험한 상태이다.

안정(stability)이라는 추정은 모든 잘못된 반사작용들을 만들어낸다는 것을 한 번 생각해 보라. 이는 기존의 비즈니스 모델 기조를 따라 구축하게 하는 관성과 권력을 허락한다. 이는 사람들을 마음의 일상과 습관에 빠져들게 한다. 이는 영역 전쟁과 조직 경직성의 조건들을 창출한다. 이는 혁신을 방해한다. 이는 다음 단계의 전략을 사전적으로 수립하기보다는 거부반응을 조장하는 경향이 있다. 그러나 "변화관리(change management)"는 특별한 주의, 훈련, 자원을 요하는 정상이 아닌 활동으로 보인다. "변화 관리"라는 구절을 구글(Google)에서 검색하면 2,160만 건의 결과가 나오는데, 이는 2,100만 건의 인용을 말한다.

균형과 안정을 선호한다는 것은 시장에서의 많은 변화들이 그들에게 부정적인 의미를 가진다는 것을 부인하는 비즈니스 리더들을 만난다는 것을 말한다. 2007년 아이폰의 소개에 대한 (블랙베리 기종의 모기업인) 리서치 인 모션(Research in Motion)의 경영진이 한 반응을 보라. 그 기업의 공동 CEO인 짐 발실리(Jim Balsillie)는 애플(Apple)의 아이폰 출시는 심각한 위협이 아니라 단지 스마트폰 시장에서의 또 하나의 경쟁자의 진입일 뿐이라고 로이터 통신 기자에게 말하였다.[9] 5년 후 이 기업은 많은 실망스런 제품 출시, 이용자 탈퇴, 계속되는 서비스 중단, 주주들의 공개 항의에 직면하여 생존 위험에 처하게 되었다. 이로 인해 전임 경영진들은 교체되었다. 그러나 이 회사의 제품은 사용자들에게 극히 사랑받아 그들에게서 블랙베리를 치우게 하는 것은 그들의 사지를 절단하는 것과 같았다. 어떻게 되었을까? 비교적 안정적인 성공을 이룬 긴 이력 때문에 열심히 새로운 기회를 찾으려는 야망은 위축되었다. 일단 이 기간이 끝나버리고 나면 빠른 경쟁적 공격을 맞아 신속한 회복은 어렵다.

너무 늦어 "모두 손을 놓는(all hands on deck)" 완전한 위기의 지점에 다다를 때까지 문제가 있다는 것을 부정하는 것이 리더들의 전형이다. 주요 의료기기 생산자인 인터뷰 응답자 중 한 사람은 "우리는 그것이 오는 것을 보고는 그것을 무시하고 더 이상 무시할 수 없음이 명백해질 때까지 귀를 틀어막았다."고 말했다. 그때가 되어서야 자원이 움직이고 팀이 형성되며 긴박감이 감돈다. 불행하게도 그 때는 흔히 너무 늦다. 대신 오늘날의 전략은 새로운 부류의 가정들과 실무방안들에 기초할 필요가 있다.

어디서 싸울 것인가: 산업이 아닌 각축장

우리의 가정들에 있어서 만들어야 할 가장 큰 변화들 중 하나는 산업 내 경쟁(within-industry competition)이 가장 심각한 경쟁 위협이라는 점이다. 기업들은 같은 산업 내의 다른 기업들을 가장 중요한 경쟁자들로 정의하는데, 이는 이들 기업들이 서로 유사한 대체재인 제품들을 내놓기 때문이다. 이는 경쟁에 대한 매우 위험한 사고방식이다. 우리는 점점 더 많은 시장에서 산업들이 다른 산업들과 경쟁하고, 심지어 같은 산업 내에서조차 비즈니스 모델들이 비즈니스 모델들과 경쟁하고, 완전히 다른 산업군들이 등장하는 것을 보고 있다. 디지털 혁명을 받아들인 시장에서 이는 더욱 분명하다. 여러분 지역의 서점에서 CD 판매구역이 줄어드는 것을 본다면 (물론 지역 서점이 아직 있다면) 내가 무슨 말을 하는지 알 것이다. 사실 월스트리트저널(*Wall Street Journal*)의 한 기자가 관찰한 바에 따르면 보통의 미국 가족의 구매 유형을 살펴보면 자동차 구입, 의류와 서비스, 오락, 외식이 모두 심하게는 두 자리 수의 비율로 줄어들고 있다. 늘어나는 것은 어떤 것인가? 방송 서비스에 대한 지출은 아이폰이 도입된 2007년 이후 11퍼센트 정도 늘었다.[10]

이는 산업들이 관련성이 없어졌다는 것을 말하는 것이 아니다. 단지 산업(industry)을 분석의 한 차원으로 이용하는 것이 의사결정이 이루어지는 차원에서 실제 무엇이 일어나고 있는가를 결정하기에 종종 충분히 섬세하지 않다는 것이다. 세밀한 차원에서 세분 시장, 제공물, 지리적 위치 사이의 연계를 반영하는 새로운 차원의 분석이 필요하다. 나는 이를 *각축장(arena)*이라 부른다. 각축장은 서로 근접한 대체재가 되는 판매물에 관한 전통적인 설명이 아니라 고객과 솔루션 사이의 특별한 연계로 특정지워진다.

군대에서 쓰는 유사 표현을 빌면, 특정 경쟁자를 이기려면 특정한 지리적 위치에서 특정한 장비를 갖추고 전투에 임해야 한다. 점점 더 그 정도의 정확도로 사업전략이 짜여질 필요가 있다. 범주화의 가장 가능성 있는 동인은 특정 고객들이 찾는 결과물들("해야 할 일들(jobs to be done)")과 이러한 결과물들이 충족될 대안들이 될 것이다. 주어진 경쟁우위에 가장 심각한 위협은 주변적이거나 불명확한 곳에서 일어나기 쉽기 때문에 이는 필수적이다.

나아가 이 이슈는 기업이 스스로 참여하는 모든 각축장들에 적용할 유일한 접근방법을 갖지 못할 수 있다는 문제를 제기한다. 대신 이 접근방법은 당면한 특정 각축장과 경쟁자에 맞추어질 수 있다. 예를 들어, 언어교육 기업인 벌리츠(Berlitz)를 보라. 브라질 지사의 전 사장인 마르코스 저스투스(Marcos Justus)는 브라질에서 대중 시장을 위한 경쟁은 치열하지만 고소득층 고객들을 위한 경쟁은 덜 치열하다고 내게 말했다. 이 시장에서는 상위층에 집중하고 브랜드를 엘리트 상품에 두는 전략이 적중했다. 대다수의 고객들이 중산층인 미국에서는 편의성과 융통성의 특징을 갖는 다른 입지가 적중했다. 이들은 두 개의 다른 각축장에 대응하는 두 개의 다른 전략이다. 그렇지만 이들 두 전략 모두는 벌리츠가 간절히 원했던 문화적 자문회사로 발전하는 원동력이 되었다.

각축장(arena) 개념은 또한 장기적 우위를 낳는 전통적인 개념들이 바뀌어야 함을 제안한다. 제품의 사양, 신기술, 우위의 근원이 되는 "구미 당기는 신제품(better mousetrap)" 종류들은 한때 우리가 생각했던 것보다 덜 지속적임을 입증하고 있다. 대신, 기업들은 고객과의 깊은 관계 그리고 다원적인 각축장에 걸친 대체 불가능한 경험들을 계획하는 능력과 같이 더 일시적인 것들을 이용하는 방법을 배우고 있다. 그들은 우연히 운영하게 되는 모든 각축장들과 관련된 능력과 기술을 창출하는 데 집중할 것이다. 그리고 경쟁이 극히 무형적이고 감성적인 요소들에 의존하게 될 것이기 때문에 진입에 대한 전통적인 보호와 장벽에서도 어느 정도 해방될 수 있다.

산업과 반대되어 각축장의 측면에서 전략을 생각하는 것은 큰 차이가 있다. 산업분석(industry analysis)의 목표는 흔히 동일한 산업의 다른 참여자들에 대한 상대적 위치를 결정하는 것이다. 여기서는 높은 시장 점유율을 차지하는 것이 좋다. 그리고 경쟁 위협은 제품의 도입, 가격 책정, 판촉 등과 관련되어 움직이는 전통적인 형태의 것이다. 이는 맹점에 빠지기 매우 쉽다. 예를 들면, 1980년대에 일반 은행들은 금융자산 종합계좌(cash management account)를 은행에서 제공하지 않았기 때문에 메릴린치(Merrill Lynch)가 이를 고객들에게 제공했을 때에 위협을 느끼지 않았다. 하지만 무슨 일이 일어나고 있는지 깨닫기도 전에 많은 예치금이 이미 빠져 나갔다. 더 최근에는 구글(Google)이 전화 운영 시스템과 온라인 비디오에 진출하면서 전통적인 전화 비즈니스를 혼란스럽게 하였다. 월마트(Walmart)와 같은 소매업자들은 보건의료로 서서히 나아가고 있고, 지불과 관련된 전반적인 활동에는 이동전화 운영자, 인터넷 신용 제공자, 자기카드(swipe card) 생산자는 물론 전통적인 신용(credit) 및 데빗(debit) 카드 제공자들을 포함하는 여러 다양한 산업의 참여자들이 경쟁하고 있다.

비록 좀 지나치게 단순화하긴 했지만 전통적인 전략 분석은 어느 정도 체스게임과 흡사한 것으로 생각할 수 있다. 적을 격파하는 것과 마찬가지로 이는 아주 복잡하고 미묘하지만 그 목표는 주요 시장에서 강력한 경쟁우위(competitive advantage)를 달성하는 것이다. 각축장 기반 전략은 바둑 게임과 훨씬 더 비슷한데, 이의 목표는 가능하면 많은 영토를 차지하는 것이다. 바둑의 승자는 바둑판 위에 바둑알들을 정교하게 놓음으로써 결국은 적을 지배하기에 충분한 영토를 차지하려는 전략적 원칙을 추구한다.

각축장 기반 전략(arena-based strategy)의 형상은 강력한 승리를 도모한다기보다 오케스트라와 유사하고, 특정 각축장 내의 조건들에 맞

표 1-1

어디서 싸울 것인가: 산업 관점 대 각축장 관점

	산업	각축장
목표	입지적 우위	영역 확보
성공의 척도	시장점유율	잠재적 기회 공간의 점유율
가장 중대한 위협	산업 내 경쟁 움직임	산업 간 경쟁 움직임; 기존 모델의 붕괴
고객세분화의 정의	인구통계적 또는 지리적	행위적
주요 추진자	비교가격, 기능, 품질	전체 고객 경험에서 "해야 할 일"
가능한 획득 행동	산업 내 합병 또는 산업을 넘어서는 다각화	흔히 산업간 경계를 넘는 새로운 역량획득을 위한 긴밀한 결합
비유	체스	바둑

닥뜨린 사람들에 의해 현장에서 이루어지는 실행(implementation)이 더욱 중요해지고 있다(<표 1-1>).

어떻게 싸울 것인가:
지속적이지 않은 일시적 경쟁우위

<그림 1-1>에 나타나는 바와 같이 특정 경쟁우위의 발전을 여러 단계로 생각해 볼 수 있다. 기업은 출범과정(launch process)에서 새로운 기회를 잡기 위해 준비한다. 출범이 이루어지는 동안, 새로운 것을 만들어내기 위해 기회가 도출되고, 자원이 배분되며, 팀이 조직된다. 혁신이 도입되는 곳이 이 지점이다.

기회가 견인을 받으면 처음의 몇 안 되는 세분시장에서부터 점점 더 많은 시장을 장악하게 되고 사업이 토대를 잡는 식으로 우위는 도약(ramping up)의 시기를 누리기 시작한다. 사업이 규모를 갖추는 시스템들과 프로세스들이 실행된다. 여기서는 흔히 속도(speed)가 결정

그림 1-1

어떻게 싸울 것인가: 일시적 우위의 파동

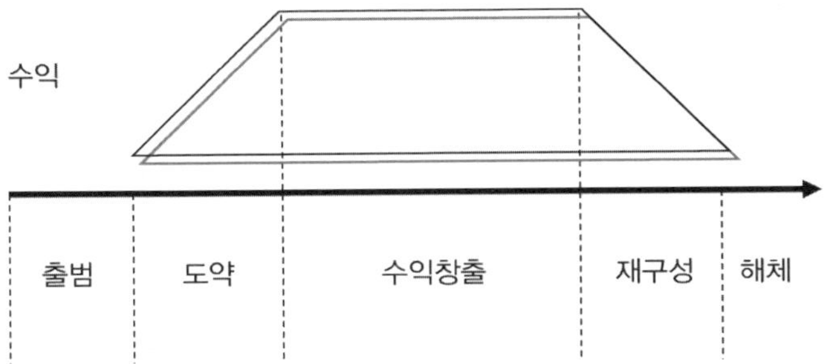

적이다. 너무 느리게 도약을 하면 경쟁자들이 재빨리 따라잡아 당신의 차별화를 무너뜨릴 수 있다.

성공적인 도약의 기간이 지난 후 기업은 때로 아주 긴 수익창출(exploitation)의 시기를 누릴 수 있는데, 이때 사업이 잘 운영되어 상당한 이익이 발생한다. 일시적 우위의 수익창출 단계에서 기업은 고객들이 그 진가를 알게 되어 효익을 누리는 방식으로 경쟁자들과 분명한 차별화를 이룬다. 수익창출의 시기에는 일반적으로 시장 점유율 성장과 수익성이 증가하고, 더 많은 고객들이 선택하며, 가격과 이윤이 매력적이 되고, 경쟁자들이 당신을 물리쳐야 한다고 여기게 된다. 이 시기가 언젠가 사라질 것이라는 점을 마음에 둠과 동시에 어떻게 하면 가능한 한 이 시기가 오래 지속될 수 있을지 파악하는 것이 목표가 된다.

수익창출 단계를 잘 관리한다는 것은 기업이 의미 있는 경쟁적 선별(competitive separation)을 이룬 몇몇 핵심 영역들에 집중함을 의미한다. 이러한 공간 안에서 경영자들은 경쟁 수단 및 대항 수단을 관리하고, 차세대 혁신의 가능성이 높은 역량을 쌓으며, 궁극적으로 새로운 경쟁우위를 기업의 본격적인 사업부문으로서의 핵심 제공물로 확실하게 통합되도록 하고, 다른 영역으로부터의 위협과 기회를 늘 경계할 필요가 있다. 수익창출 시기에 자산과 인력을 과도하게 축적하는 것은 다음 우위(next advantage)로의 이동에 대한 장벽이 될 것이기 때문에 꼭 피해야 한다. 기존의 우위들이 훌륭한 결과를 낳고 있다 하더라도 후지(Fuji)가 필름 기반 사진 사업에서 그랬던 것처럼 선도기업들은 다음 우위를 위한 공간을 만들기 위해 이들로부터 자산과 자원을 끌어낼 필요가 있다.

일시적 우위와 관련하여 우위의 재구성(reconfiguration)과 갱신(renewal)의 필요성이 (본질적으로 새로운 파동을 도입하기 위해) 제기되기 때문에 기존 모델은 항상 중압감에 시달릴 것이다. 재구성을 통해 자산, 인력, 역량이 한 경쟁우위에서 다른 경쟁우위로 이동하기 때문에 일시적 우위(transient advantage)의 상황을 지속하기 위해서는 재구성 과정이 중요하다. 재구성 시기에 도약이나 수익창출에 종사했던 팀들은 다른 부류의 활동들로 옮겨가고, 자산들은 변하거나 재배치되며, 인력들은 한 임무에서 다른 임무로 이동한다. 이들이 지속적 우위의 환경에 있다고 해서 이러한 재구성을 부정적으로 보기보다 일시적 우위의 세계에서 필요하고 유용한 것으로 보는 것이 당연하다. 사실 구조와 과정에 이와 같은 활력을 조직에 불어넣지 못하는 것은 종업원들에게 부정적으로 비칠 수 있다.

마지막으로, 우위가 바닥이 나면 기회는 침식 과정을 겪어 해체(disengagement)의 필요성을 보인다. 해체 과정을 통해 기업은 더 이상 미래와 관련성이 없는 자산과 역량을 팔거나, 중단하거나, 다른 목적에 맞게 만드는 식으로 처분한다. 여기에서의 목표는 이러한 과정을 기품 있고 신속하게 관리하는 것이다. 길게 질질 끄는 해체는 최종 결과를 더 유쾌하게 하지 못하고 자원을 소모할 뿐이다. 일시적 우위 환경에서는 전통적인 경우와 달리 해체가 사업실패(business failure)와 혼동되어선 안 된다. 사실 해체란 절망적인 조직이 선택의 여지가 없을 때라기보다 기업이 아직 경쟁력이 있을 때 이루어질 수 있고 이루어져야 한다.

많은 조직들의 경우 무게 중심은 거의 "수익창출(exploit)" 모드에 있는 사업들에 의해 결정되기 때문에 다른 부분들은 무시된다. 이 파동의 다른 부분들에는 다른 원칙들과 기량들이 유용하기 때문에 이는 문제가 된다. 출범 및 도약의 과정에는 모호함에 익숙하고 학습할 준비를 갖춘 혁신가들(innovators)과 실험가들(experimenters)이 필요하다. 수익창출 단계에서는 효과적인 과정들을 계획하고 이들을 체계적으로 만드는 데 능숙한 사람들이 필요하다. 해체 단계에서는 쇠퇴의 증거를 일찍 감지하는 데 능통하고 하던 일을 중지하는 어려운 결정을 두려워하지 않는 사람들을 필요로 한다.

복잡한 성격을 띠는 조직에서 전략가(strategist) 관점에서의 도전은 다른 단계에서 모두 한꺼번에 발생하는 이와 같은 많은 파동들을 겪게 된다는 점이다. 이러한 파동들을 어떻게 관리할지를 조율하는 일이 점점 CEO가 도전해야 할 중요한 부분이 되어가고 있다. 이 책은 이에 관해 다루고 있다.

어떻게 이길 것인가:
일시적 우위의 파동을 잘 관리하는 기업들

나는 이 책을 위한 연구의 일부로 상당히 오랜 기간 한 경쟁우위에서 다른 경쟁우위로 움직이는 도전을 하는 가운데 대처하는 방법과 심지어 번영하는 방법까지도 파악한 기업들을 찾아내기 시작했다.

2010년 나의 연구팀은 2009년 말을 기준으로 10억 달러 이상의 시가총액을 갖는 모든 상장기업을 추적하였다(4,793개 기업). 당시 우리는 앞선 5년간(다시 말하자면, 2004년부터 2009년까지) 매년 최소 5퍼센트 정도 수익(revenue)이나 순이익(net income)의 증가를 이룰 수 있었던 기업들이 얼마나 되는지 조사하였다. 여기서 우리가 관심을 가졌던 것은 총수익이나 누적 연평균 성장률이 아니라 해마다 꾸준하게 기록한 연간 성장임을 주목하라. 우리가 5퍼센트를 택한 이유는 이 시기에 글로벌 국내총생산(GDP) 성장이 4퍼센트를 맴돌았고 정말 뛰어난 기업이라면 이 수준은 넘어야 한다는 것이 우리의 생각이었다. 결과는 놀라운 것이었다. 기업들 가운데 단 8퍼센트만이 매년 5퍼센트의 수익 성장의 문지방을 넘었고 4퍼센트가 순이익의 문지방을 넘었다.

"아마, 우리가 공정하지 못했을 수도 있다. 왜냐하면 2008년에 시작된 초대형 경기침체(Great Recession)가 정상적으로 잘 나가던 기업들을 매우 어렵게 만들었을 수 있다."라고 우리는 생각했다. 따라서 우리는 다시 조사를 하였는데, 이번에는 2000년부터 2004년까지였다. 수치들은 좀 나아지긴 했지만 그리 크지는 않았다. 수익에 대해선 15퍼센트였고, 순이익에 대해서는 7퍼센트였다. 그러나 이제 우리는 계속 성장을 이루는 기업들이 분명 평균을 훨씬 웃돈다는 데 관심을 가졌다. 다음으로 전체 10년의 기간(2000년부터 2009년까지)을 택해서 얼마나 많은 기업들이 말 그대로 지속적인 성장을 할 수 있었는지를 조사하였다. 해당 연구기간에 딱 10개의 기업만이 최소 5퍼센트씩 꾸준히 순이익의 증가를 이루었다.

꾸준히 순이익이 증가한 기업들은 코그니전트 테크놀로지 솔루션(Cognizant Technology Solutions, 미국), 에치디에프씨 은행(HDFC Bank, 인도), 팩트셋(FactSet, 미국), 에이씨에스(ACS, 스페인), 크르카(Krka, 슬로베니아), 인포시스(Infosys, 인도), 칭따오 맥주(Tsingtao Brewery, 중국), 야후 재팬(Yahoo! Japan, 일본), 아트모스 에너지(Atmos Energy, 미국), 인드라 시스테마스(Indra Sistemas, 스페인)였다. 나는 아주 특별한 이 그룹의 기업들(전체의 0.25퍼센트에 해당)이 엄청난 변화와 불확실성에 직면해서도 특출한 성과를 보였기 때문에 이들을 예외적 성장을 이룬 기업들(growth outlier)이라 부른다(<표 1-2>).

표 1-2

어떻게 이길 것인가: 예외적 성장을 이룬 기업들

예외적 성장을 이룬 기업	국적	하는 일
코그니전트 테크놀러지 솔루션	미국	1994년 던 앤 브래드스트리트(Dun & Bradstreet)의 기술 서비스 부문으로 설립되어 2년 후 독립함. 응용수선을 주업무로 시작. 기업 웹사이트에 따르면 "값싼 인재의 전술적 공급처"
에치디에프씨 은행	인도	세계 수준의 민간 인도 은행이 되겠다는 야심으로 1994년 설립
팩트셋	미국	분석가와 기업을 위한 (개인 투자자가 아닌) 재무 분석 보고서 자동화를 위해 1978년 설립. 주요 고객들에게 돌리는 기업들에 관한 짧은 서면 보고서로 시작하였고 "컴퍼니 팩트셋"이라 불림
에이씨에스	스페인	스페인 건설 서비스 공급업체로 과거 따로 경쟁하던 기업들의 합병과 활성화로 탄생
크르카	슬로베니아	1954년 설립된 크르카는 그 기반을 인접지역 시장으로 확장하고 있는 제약회사
인포시스	인도	1981년 인도에서 6명의 엔지니어에 의해 설립된 정보기술 서비스 공급업체
칭따오 맥주	중국	칭따오 맥주는 중국 칭따오에 정착한 독일인에 의해 1903년 설립
야후 재팬	일본	미국에 본부를 둔 야후와 동경에 본부를 둔 소프트뱅크가 1996년 조인트벤처로 설립한 독립 상장 기업
아트모스 에너지	미국	미국에서 가스만 공급하는 가장 큰 공익사업체. 천연가스를 공급하는 규제부문과 비규제 자회사인 아트모스 에너지 서비스를 두고 있음
인드라 시스테마스	스페인	교통 및 운송, 에너지 및 산업, 행정 및 보건, 재무 서비스, 안전 및 방위, 통신 및 미디어를 포함한 다양한 부문으로 다각화하여 운영하는 글로벌 기술 기업

나는 각 기업을 택해 이를 상위 3개 경쟁자들(후버기업연구조사(Hoover's Business Research)에서 나타난)과 우선 비교한 다음 어떻게 이 기업들이 그러한 지속적이고 꾸준한 성장을 이루었는지에 관하여 서로 비교하여 고찰하였다. 여기에서 주요 결론은 이 그룹의 기업들은 어디로 가야 하는지에 관한 장기적 관점의 전략을 추구함은 물론 현재 그들이 하고 있는 어떤 일도 그들의 미래 성장을 가져다주지 않는다는 인식을 갖고 전략을 추구하고 있었다는 점이었다. 흥미롭게도 그들은 특히 비즈니스 모델과 관련하여 막대한 외부적 기민성(external agility)을 촉발하는 한편 엄청난 내부적 안정성(internal stability)을 결합하는 방식을 도출하여 실천에 옮겼다. 우리는 이 책이 나타내 주는 바와 같이 이들로부터 — 그리고 이러한 새로운 환경에서의 사업을 받아들이는 것으로 보이는 기타의 기업들로부터 — 더 많은 것을 배우게 될 것이다. 그들은 (산업들에서만이 아니라) 각축장들(arenas)에서 경쟁하고 지속적이지 않은 일시적 경쟁우위를 이용하는 새로운 가정들에 기초한 각본인, 전략에 대한 새로운 각본으로 운영되고 있다.

새로운 전략각본

경쟁우위(competitive advantage)의 종말이라 함은 우리가 조직을 운영하는 데 있어 믿어온 많은 것들의 토대가 된 가정들이 깊은 오류가 있음을 의미한다. 이 책의 나머지 부분에서는 이것이 비즈니스 리더들에게 무엇을 말하며 어떻게 세상이 달라 보이게 될 것인지 연구할 것이다(<표 1-3>). 혁신을 추구할 필요성과 같은 새 각본(playbook)의 일부는 (비록 기업들이 여전히 실무에서 올바르게 활용하는데 고생을 하고 있지만) 이미 잘 이해되고 있다. 지속적인 재구성과 해체의 실천과 같은, 새 각본의 다른 요소들은 전략에 관한 대화에서 거의 강조되지 못

표 1-3

새로운 전략 각본

	~에서	~로
지속적 재구성 (제2장)	• 극단적인 인원감축 또는 구조조정	• 지속적인 변형
	• 수익창출 단계의 강조	• 전체 파동을 강조
	• 안정성이나 동력성 중 하나	• 동력성과 결합된 안정성
	• 협의로 정의된 일자리와 역할	• 인재 배치의 신축성
	• 안정된 비전, 획일적 집행	• 안정된 비전, 집행의 다양성
건실한 해체 (제3장)	• 쓰라린 결말로 가는 우위의 방어	• 빈번하게, 공식적으로, 체계적으로 우위를 종결
	• 출구를 전략적으로 바람직하지 못한 것으로 봄	• 출구로부터 학습을 유지할 것을 강조
	• 출구는 예기치 않게 극적으로 발생	• 출구는 일정한 리듬을 갖고 발생
	• 오직 객관적 사실에만 집중	• 주관적인 조기경보에 집중
자원배분을 이용한 능숙함의 촉진 (제4장)	• 자원은 사업단위에 인질로 잡혀있음	• 핵심 자원은 중앙통제하에 둠
	• 기회를 기존 구조에 짜맞춤	• 기회를 중심으로 한 조직화
	• 가능한 한 자산의 이용 수명을 연장하려는 시도	• 경쟁적으로 노후화된 자산의 공격적이고 사전적인 퇴출
	• 종가(terminal value)	• 자산부채(asset debt)
	• 자본예산 사고방식	• 실물옵션 사고방식
	• 투자집중적 전략계획	• 절약, 절약, 절약
	• 소유권이 핵심	• 접근이 핵심
	• 스스로 구축	• 외부 자원의 이용
혁신 숙련도의 축적 (제5장)	• 혁신은 단편적임	• 혁신은 일상적이고 체계적인 과정
	• 거버넌스와 예산편성은 범사업적으로 같은 방식으로 이루어짐	• 혁신을 위한 거버넌스와 예산편성이 일상적 사업과 다름
	• 자원은 주로 수익창출에 투입	• 핵심 사업 지원, 새로운 플랫폼 구축, 옵션 투자를 하는 계획들의 균형잡힌 포트폴리오
	• 사람들은 본업에 추가하여 혁신에 관한 업무를 함	• 혁신활동에 자원의 충분한 투입

	• 가정의 검증 실패; 학습이 거의 없음 • 실패는 회피되고 논의의 여지가 없음 • 계획 지향 • 제공물로 시작하여 새로운 영역으로 확장하려는 혁신	• 지속적인 가정의 검증; 학습이 주요 사업 결정에 투입됨 • 슬기로운 실패의 장려 • 실험 지향 • 고객과 더불어 시작하여 그들의 업무가 이루어지도록 도와주는 혁신
리더십과 사고방식 (제6장)	• 기존 우위가 지속될 것이라는 가정 • 기존 전망을 강화하는 대화 • 비교적 적은 동질적인 사람들이 전략 과정에 관여 • 정확하지만 느림 • 예측 지향적 • 순현재가치 지향적 • 확증 추구 • 문제해결을 지향하는 능력 • 궤적의 연장 • 잘못된 궤적의 수용	• 기존 우위가 압력을 받을 것이라는 가정 • 현상에 솔직하게 의문을 제기하는 대화 • 폭넓은 구성원들이 다양한 투입물로 전략과정에 관여 • 빠르고 대충 맞음 • 발견 추진적 • 옵션 지향적 • 불확증 추구 • 기회의 창출과 포착을 지향하는 능력 • 연속적 변화 촉진 • 재빨리 길을 찾음
일시적 우위의 개인적 의미 (제7장)	• 분석적 전략 수립 강조 • 조직체제 • 안정적 커리어패스 • 위계와 팀 • 흔하지 않은 구직 • 경력은 조직에 의해 관리됨	• 신속한 실행 강조 • 개별 기량 • 일련의 업무들 • 개별 수퍼스타 • 평생 커리어 캠페인 • 경력은 개인에 의해 관리됨

하고 있다. 나는 이어지는 토론에서 이러한 토픽들을 먼저 선택한 다음 새 전략각본(new strategy playbook)의 더 일반적인 도전들에 시간을 할애할 것이다.

"연속적 재구성(Continuous Reconfiguration)"(제2장)은 기업들이 기존의 경쟁우위를 방어하려 하기보다 각축장을 따라 움직이기 위해 역량(capability)을 어떻게 구축할 수 있는지를 모색한다. 이것을 할 수 있는 기업들은 상당한 정도의 안정성과 활력을 모두 보인다. 경쟁우위를 따라 움직이는 것은 예외적인 것이 아니라 아주 정상적인 것으로 간주된다. 과거의 우위에 집착하는 것은 잠정적으로 위험한 것으로 보인다. 출구(exits)는 현명한 것으로 간주되며, 실패는 유용한 통찰력의 잠재적 전조로 여겨진다. 더 중요한 것은 기업들은 각축장을 이리저리 옮겨 다니는 리듬을 개발하며, 각 각축장은 각자의 특정한 수명주기단계가 제시하는 대로 관리된다. 오늘날 비즈니스에서 아주 흔한 인원감축이나 구조조정을 억지로 하기보다 해체(disengagements)는 긴박한 상황에서가 아니라 꾸준한 리듬을 타고 이루어진다.

인포시스(Infosys)의 기획 책임자인 산자이 푸로히트(Sanjay Purohit)는 최근 컬럼비아 대학교 최고경영자 교육과정에 초청 강사로 와서 그의 기업은 2년 내지 3년에 한 번씩 구조조정한다고 설명하였다. 그렇게 함으로써 어떤 조직에서나 시간이 지나면서 자라게 되는 타성이나 복잡성을 없앤다. 또한 고부가가치 활동들에 계속적으로 가치를 더하는 문지방을 넘지 못하는 프로젝트들과 활동들로부터 인원을 계속적으로 차출한다. 인포시스는 고객들의 선택에 아주 잘 훈련되어 있어 기업이 가치의 새로운 공급원을 개발하는 데 도움을 주지 못하는 사람들을 쓰기를 거부한다. 어떤 사람들은 그렇게 잦은 구조조정의 혼란과 비용에 의문을 가질 수도 있는데 이에 대해 산자이는 "기업을 구조조정하는 비용은 폭발적인 성장 잠재력에 비하면 아무것도 아니다. 우리는 우리의 차세대 성장의 축이 어떤 것이 될지 이해하고 기업으로 하여금 이 축들로 움직여가도록 구조조정한다."고 응답한다.

지속적 경쟁우위의 가정과 보다 동적인 전략의 가장 중요한 차이점 가운데 하나는 혁신, 성장, 수익창출과 마찬가지로 해체(disengagement), 즉 소진된 기회로부터 빠져나오는 과정이 비즈니스에 핵심이 된다. 특정 각축장들은 씁쓸한 결말이 올 때까지 우위를 지키기보다 정기적으로 철수에 관한 평가를 받는다. 조기 경고는 무시하기보다 주목할 필요가 있다. 해체란 잃어버린 영광의 실망스런 신호라기보다 귀중한 자원들을 해방시켜 재의도하는 방법으로 간주된다. 제3장인 "건실한 해체(Healthy Disengagement)"에서는 이 주제를 다룬다.

야후 재팬(Yahoo! Japan)의 투자가 관리책임자인 마키코 하마베(Makiko Hamabe)에게 기업이 해체를 어떻게 다루어야 하는지 물었다. 이러한 과정이 이루어지게 하는 것의 일부는 사람들이 서비스를 어떻게 이용하고 있고 이것이 얼마나 수익성이 있는지에 관한 자료의 투명성에 있다고 그녀는 말했다. 그녀는 모든 사업 책임자들은 수익성이 있는 것과 없는 것을 알기 위해 거래 수치를 보는 법을 알고 있고, 또 기업이 언제 주 고객과 마찰을 일으키는지 이해할 수도 있다고 설명했다. 이 시점에서 출구의 결정은 잘 이해되고 수용되며 사람들을 다른 기회들로 이동한다.

"자원 배분을 이용한 능숙함의 촉진(Using Resource Allocation to Promote Deftness)"(제4장)에서는 일시적 우위(transient advantage)가 자산의 관리와 조직에 관한 방법에 대해 의미하는 엄청난 차이를 제시한다. 자산의 소유권(ownership)이 아닌 자산에 대한 접근(access)이 중요한 주제가 될 것이다. 가변적이며 다원적 용도를 가진 자산은 많은 경우 고정적이고 몰입된 것들보다 더 매력적으로 보일 것이다. 한 리더가 너무 오래 낡은 우위에 매달리는 위험을 기업들이 깨닫게 되면서 특정 우위를 가진 리더들이 자원을 볼모로 잡는 것을 방지하는 것이 더 중요한 기준이 될 것이다.

대형 프로젝트들의 구축과 관리는 그만큼 엄격하고 계층적일 것으로 생각될 것이다. 에이씨에스(ACS)의 CEO인 플로렌티노 페레즈(Florentino Perez)는 "기업을 설립하는 것은 서비스, 인프라, 허가, 더욱 최근의 에너지에 참여하는……도급업자와 똑같은 문화를 요구하는 활동들로 다각화되었다."고 주장한다. 에이씨에스(ACS)는 스페인의 다양한 산업부문들의 구조조정에 중추적인 역할을 하는 것으로 잘 알려져 있는데, 이 회사는 새로운 산업과 새로운 지역으로 다각화하고 이들 부문들에게 유연성을 구축하고 있다.[12]

"혁신 숙련도의 축적(Building an Innovation Proficiency)"(제5장)은 일시적 우위의 세계에서 혁신은 많은 기업들에서와 같이 가끔씩 발생하는 일시적인 과정이라기보다 계속적이고 핵심적이며 잘 관리되는 과정일 필요가 있다는 점을 제시한다. 고군분투와 뜻밖의 실패가 흔한 실험적 성향, 각 혁신 단계를 관리하는 정의된 과정, 혁신가들을 위한 커리어패스 모두가 가능하다.

빠르게 성장하는 인도 은행인 에치디에프씨 은행(HDFC Bank)은 혁신을 체계화하여 리더십 어젠다에 올리는 중요성을 강조한다. 이 회사의 CEO인 아디티아 푸리(Aditya Puri)는 "우리는 세 가지 범위에 걸쳐 성장을 계획한다. 첫 번째는 목전에서 볼 수 있는 것이고, 두 번째는 목전에서 볼 수는 있지만 지금으로부터 5년 후에 큰 사업이 될 것이고, 세 번째로는 피라미드의 바닥에 자리하여 아마 지금으로부터 5년 후에나 큰 사업이 될 가능성이 있는 것이다."라고 설명한다.[13]

가변적인 시장에서의 경쟁은 리더들이 사업에 투입하는 사고방식(mind-set)에 영향을 주는데 이는 제6장에서 탐구한다. 경쟁의 속도가 빨라질수록 신속하고 "대충 맞는(roughly right)" 방식으로 이루어지는 결정이 보다 정교하지만 더 늦은 의사결정 과정을 이기기 쉽다. 예측과 "올바른(right)" 것은 신속한 반응과 교정 조치를 취하는 것보다 중요하지 않을 것이다. 그리고 올바르다는 것을 보여주는 정보를 찾아내는 오늘날 대부분의 기업 의사결정과정과 달리 일시적 우위의 세계에서는 가장 가치 있는 정보란 흔히 불확증(disconfirming)을 증명하는 것이다. 즉, 이는 틀린 쪽에 위치하는 가장 큰 위험이 어디에 있는지를 강조하는 데 도움을 준다.

지속적인 성장을 이룬 기업들의 리더들이 얼마나 냉정하고 솔직한가의 이야기는 전설적이다. 코그니전트(Cognizant)와 그 CEO인 프랜시스코 드수자(Francisco D'Souza)의 예를 들어보자. 전임 CEO인 락시미 나라야난(Lakshimi Narayanan)에 따르면 드수자가 계획을 통해 면밀히 조사하는 방식에는 일말의 안주도 없다. "그에게 하는 어떠한 제안도 도전을 받게 될 것이다. 결과도 도전을 받을 것이고, 결과에 숨은 추론도 도전될 것이며, 자료의 출처도 도전될 것이다. 또한 운이 좋지 않은 날엔 출처의 방법들과 동기들도 도전될 것이다… 이는 모든 사람들로 하여금 냉정하게 대안들을 생각하고 보게 한다."라고 나라야난은 말한다.[14] 에치디에프씨 은행(HDFC Bank)의 아디티아(Aditya)도 비슷한 접근방법을 취한다. "나는 사람들에게, CEO의 방문을 치과의사의 방문처럼 대해 달라고 말한다. 거기에는 고통이 있을 것이다. 내가 할 일은 무엇이 될 것이고 무엇이 안 될 것인지를 여러분들에게 말하는 것이다."[15]

마지막으로, 제7장에서는 여러분들이 리더이든, 종업원이든, 고객이든, 아니면 단순한 관찰자이든 관계없이 이 모든 것이 여러분들에게 무엇을 의미하는지를 생각하게 할 것이다. 하나의 실체는 우리가 양분된 세계를 보기 시작하고 있다는 사실이다. 어떤 사람들에게는 경쟁우위의 종말(end of competitive advantage)이 그들이 희소하거나 가치 있는 기량을 소유하지 못해서 업무에서 하고자 하는 일을 고통스럽게 하향 조정해야 함을 의미할 것이다. 그들은 유연성을 극대화하려는 기업의 무자비한 고정비용 감축에 상처를 입기 쉽다. 그렇지만 가치있고 희소하거나 수요가 많은 기량을 가진 사람들에게는 보상이 정말 풍부할 것이다. 이 책의 마지막 장에서는 일시적 우위의 관점에서 당신의 개인적 커리어 전략(career strategy)에 대해 어떻게 생각해야 하는지를 논의한다.

앞으로 더 나아가기 전에 여러분은 현재 종사하는 기업의 전략을 평가하고 싶을 것이다. 여러분은 낡은 경쟁우위의 함정에 빠져 있는가? 여러분은 시대에 뒤떨어진 가정들을 기초로 경쟁하고 있는가? 아래의 첨부에 있는 평가 방법에서 찾아보라. 그런 다음 다른 기업들이 어떻게 도전들을 극복했는지 즐겁게 배우라.

평가

당신의 기업은 경쟁우위의 함정에 빠져 있는가?

좋은 기업들이 낡은 우위(aging advantages)의 함정에 빠져 상황이 변할 때 당황할 수 있다. <표 1-4>의 진단법은 여러분이 보지 못하는 위험에 처해 있는 영역을 지적하고 여러분이 할 수 있는 변화들을 제시하는 데 도움을 줄 수 있다. 간단하게 여러분 조직의 현재 운영방식에 대해 평가서에 나와 있는 두 항목 사이의 등급을 매기라. 등급의 왼쪽 부분에 해당하는 영역들은 여러분이 면밀히 검토하길 요하는 영역들이다.

표 1-4

우리 조직의 현재 업무 방식

기존 우위의 연장에 집중	척도	일시적 우위에 대처할 능력이 있음
예산, 사람, 기타 자원들은 대개 기존 사업의 책임자들의 통제를 받는다.	1 2 3 4 5 6 7	중요한 자원들은 사업을 운영하는 사람들과 독립된 그룹의 통제를 받는다.
우리는 할 수만 있다면 체계화된 우위를 연장하고자 한다.	1 2 3 4 5 6 7	우리는 새로운 것으로 옮겨갈 목적으로 체계화된 우위에서 일찍 탈출하고자 한다.

우리는 사업으로부터 해체하기 위한 체계적 과정을 갖고 있지 않다.	1 2 3 4 5 6 7	우리는 체계적 사업 출구 방식을 갖고 있다.
해체는 고통스럽고 어려운 경향이 있다.	1 2 3 4 5 6 7	해체는 정상적인 사업 주기의 일부일 뿐이다.
우리는 불확실한 상황에서도 실패를 피하려고 애쓴다.	1 2 3 4 5 6 7	우리는 실패를 피할 수 없음을 인정하고 이로부터 학습하려 애쓴다.
우리는 1년에 한 번 또는 그보다 더 긴 시간을 두고 예산편성을 한다.	1 2 3 4 5 6 7	우리는 분기별 또는 사안에 따라 신속한 주기로 예산편성을 한다.
우리는 계획이 수립되면 고수하고 싶어 한다.	1 2 3 4 5 6 7	우리는 새로운 정보가 들어오면 계획을 바꾸는 일에 익숙하다.
우리는 자산활용에 대한 접근방법에 있어서 최적화를 강조한다.	1 2 3 4 5 6 7	우리는 자산활용에 대한 접근방법에 있어서 신축성을 강조한다.
혁신은 단속적인 과정이다.	1 2 3 4 5 6 7	혁신은 우리에게 체계적이고 핵심적 과정이다.
보다 불확실한 기회들을 지원하기 위해 성공적인 사업에서 자원을 끌어오기 어렵다.	1 2 3 4 5 6 7	보다 불확실한 기회들을 지원하기 위해 성공적인 사업에서 자원을 끌어오는 것이 일상적이다.
우리의 최고 인재는 문제를 해결하고 위기를 대처하는데 대부분의 시간을 보낸다.	1 2 3 4 5 6 7	우리의 최고 인재는 조직의 새로운 기회들과 관련된 일을 하는데 대부분의 시간을 보낸다.
우리는 조직구조를 비교적 안정되게 유지하고 새로운 아이디어들을 기존 구조에 맞추려 노력한다.	1 2 3 4 5 6 7	우리는 새로운 기회들이 다른 구조를 요구하면 재조직한다.
우리는 실험보다 분석을 강조하는 경향에 있다.	1 2 3 4 5 6 7	우리는 분석보다 실험을 강조하는 경향이 있다.
무언가 잘못되어 갈 때 고위 리더들에게 솔직해지는 것이 쉽지 않다.	1 2 3 4 5 6 7	무언가 잘못되어 갈 때 고위 리더들에게 솔직해지는 것이 아주 쉽다.

2

지속적 재구성:
안정성과 기민성 사이의 균형 잡기

자산, 인력, 역량이 한 우위에서 다른 우위로 이동하는 것은 재구성(reconfiguration)을 통해서이기 때문에 일시적 우위의 상황과 관련하여 남겨진 비법은 재구성 과정(reconfiguration process)이다(<표 2-1>). 이는 전통적 전략에서의 사고와 아주 다르기 때문에 이 책의 나머지 부분의 적절한 출발점이 될 것으로 생각된다. 이에 맞는 조직들은 자기의 모습을 멋대로 바꾸는 조직들(shape shifters)이다. 극적인 인원감축이나 구조조정이 없고, 사람들이 하나의 역할을 고수하지도 않으며, 기업의 진화경로에 관한 혼란도 보기 어렵다. 그 대신 어떤 것들

표 2-1

새로운 전략 각본: 재구성

~에서	~로
• 극단적인 인원감축과 구조조정	• 지속적인 변형과 변화
• 수익창출 단계에 있는 각축장들에 대한 과도한 강조	• 각축장 내 경쟁 수명주기의 모든 단계들에 대한 동등한 강조
• 안정성과 동력성 중 하나	• 동력성과 결합된 안정성
• 협의로 정의된 일자리와 역할	• 인재 배치의 신축성
• 안정된 비전, 확일적 집행	• 안정된 비전, 집행의 다양성

은 새로운 것들에게 길을 내어줄 필요가 있음을 이해하는, 현재의 활동들에 관한 일관된 재평가(reevaluation)가 있다.

극적인 인원감축이나 구조조정이 아닌 지속적인 변형

일시적 우위의 환경을 숙지한 조직들에서 찾게 되는 패턴은 새로운 우위에 자금을 지원하기 위해 과거의 우위에서 자원들을 계속 풀어내는 것이다. 예를 들면, 인포시스(Infosys)는 인재와 인력들을 주로 저비용의 인도 노동력을 독려하던 비즈니스 모델에서 빼내 독립적인 소프트웨어 테스트와 기업 어플리케이션과 같은 서비스들을 포함한 새로운 비즈니스 모델로 보냈다. 포드자동차(Ford Motor Company)의 CEO인 앨런 멀랠리(Alan Mullally)는 (정점의 시기인 1978년의 58만 대에서 2009년 9만2천 대를 판매한) 포드의 아이콘인 머큐리 브랜드를 종료함에도 불구하고 여기에서 풀린 자원들을 링컨 및 다른 브랜드에 투입할 것이라고 발표했다. 통신업체 버라이즌(Verizon)은 광섬유 서비스 기술(FIOS)과 무선 접속기를 기반으로 하는 사업들을 성장시키기 위해 전화번호부, 육상 통신선과 같이 현금은 창출하지만 저성장을 하는 각축장들에서 자원을 차출하였다.[1]

비공개 섬유회사인 밀리컨&컴퍼니(Milliken&Company)는 산업 전반을 위기에 빠뜨린 경쟁력의 위기를 극복하기 위해 애썼던 훌륭한 기업 사례이다. 나는 컬럼비아대학의 내 강의에 참여한 어떤 사람을 통해 이 회사를 처음 알게 되었다. 그는 숭배의 대상이나 록스타에게 흔히 보이는 식의 열정으로 이 회사의 당시 CEO였던 “밀리컨 씨(Mr. Milliken)”에 대해 얘기했다. 이 회사에 대해 연구하면서 그들의 리더가 그와 같은 열정을 진작시킨 이유가 분명해졌다. 밀리컨의 과거 경쟁자들은 모두 사라졌는데, 이들은 전체 섬유생산업을 아시아로 옮겼던 글로벌 경쟁이라는 파도의 희생자들이었다. 1991년경 미국의 모든 섬유 및 의류의 58퍼센트가 수입되었다.[2] 로저 밀리컨(Roger Milliken)은 원래 공격적인 홍보와 로비 활동으로 수입의 조류를 막으려 애쓰다가(실제로 그는 영향력 있는 "미국의 자존심으로 만든(Crafted with Pride in the USA)" 캠페인을 만들었다), 결국 기업의 사업을 재구성하는 데 미래가 있다고 결정하였다.[3] 이 기업은 혁신 활동들의 오랜 역사를 갖고 있는데, 1958년 첫 연구소의 설립을 시작으로 혁신적인 경영 실천방안을 채택하여 첨단 아이디어들로 자주 상을 받았다.

우리는 밀리컨의 사례에서 더 낡고 소모된 각축장에서 해체함과 동시에 새롭고 더 희망적인 각축장으로 진입하는 분명한 패턴을 보았다. 결국 종전의 섬유 라인들에서 대부분 빠져나오긴 했지만 그것이 갑작스럽게 이루어진 것은 아니었다. 1980년대와 1990년대에 외국 경쟁사들이 미국 시장에 대한 공습을 시작했을 때 밀리컨은 꾸준히 공장을 폐쇄하였다. 공장을 현대화하고 경쟁력을 갖추려는 노력에도 불구하고 1980년대 7개, 1990년대 몇 개 더, 그리고 2003년 2개, 2008년 한 군데 더 공장을 폐쇄함으로써 그러한 각축장들에서 점진적인 철수를 하게 되었다. 그 결과 고통을 겪은 노동자들을 재배치하려는 모든 노력을 다 기울였다고 나는 감히 말할 수 있다. 동시에 밀리컨은 회사의 역량이 접근을 허용하는 새로운 각축장들로의 진출을 포함하여 국제적 확장, 신기술, 새로운 시장에 투자하였다. 2012년 1월 월스트리트저널(*Wall Street Journal*)의 우호적인 기사에 "밀리컨은 덕트 테이프(duct tape)를 강화하는 섬유, 냉장고 음식 보관 용기를 깨끗하게 만들고 아이들의 미술 마커를 세탁가능하게 만드는 첨가물, 매트리스를 내화성 있게 만드는 제품, 항균성 조리대, 더 가벼운 풍차, 보호성이 강한 전투복 등을 만들고 있다."고 전하였다.[4]

여러분은 <그림 2-1>에 나타나는 라인을 따라 밀리컨의 재구성 경

그림 2-1

밀리컨의 재구성 경로

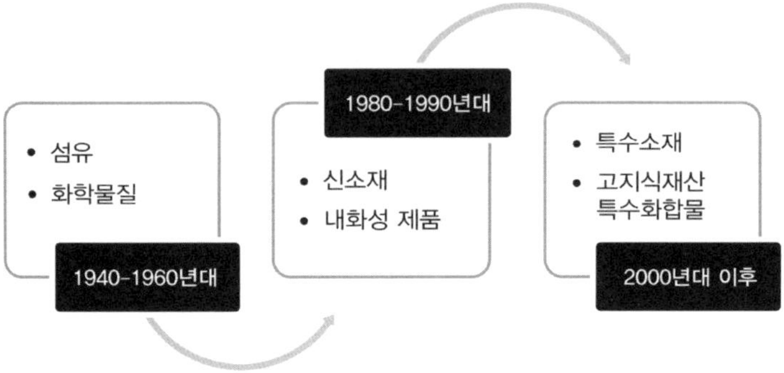

로를 시각적으로 생각해 볼 수 있다. 동시에 밀리컨은 주로 훈련과 내적 개발, 기업의 업적에 대한 강한 자부심으로 전설적인 기업 문화를 유지하고 있음을 자랑하였다. 만약 밀리컨이 섬유에서 첨단기술로 그 모델을 바꿀 수 있었다면 다른 쇠퇴하는 기업들에게도 희망은 있다.

경쟁우위의 함정 피하기

넷플릭스(Netflix)의 CEO인 리드 헤스팅즈(Reed Hastings)는 고객들을 격분하게 한 몇 차례의 재배치 수순을 감행한 일로 비즈니스 잡지에서 웃음거리가 된 적이 있다.[5] 그 첫 번째는 2010년 여름의 대폭적인 가격상승이었다. 그 아이디어는 점차 디지털로 가고 있는 세상에서 DVD를 선적하는 비용을 대는 것은 물론 더 많은 콘텐츠를 얻기 위해 넷플릭스에 충분한 현금 흐름을 주자는 것이었다. 결과적으로 많은 가입자들이 격분하여 회사를 등졌다. 이런 움직임에 이어 50만 명 이상의 고객이 떠나는 상황이 된 스트리밍과 DVD 서비스를 두 개의 독립 기업으로 분리한다는 결정이 이루어졌다. 스트리밍 중심의 새로운 기업은 넷플릭스라는 이름으로 계속될 예정이었다. DVD 사업은 퀵스터(Qwickster)라는 이름을 붙여 자체 웹사이트, 기업 구조, 독립 경영을 할 예정이었다. 이 아이디어는 고객들을 화나게 만들어 헤스팅즈는 어느 주말 외진 곳에서의 미팅에서 그가 음식감정사를 두어야 할지 모른다는 농담을 하였다. 퀵스터 서비스를 중단하는 아이디어와 함께 사업에 대한 신속한 철수가 이루어졌다.

비록 이러한 결정들을 다루고 소통하는 방식에 대해 많은 비난이 있겠지만 넷플릭스의 이야기는 경쟁우위가 전환될 때의 근본적 딜레마(fundamental dilemma)를 설명해 주고 있다. 즉, 우위가 침식되고 있다는 조기경보 신호를 알아차릴 때 당신은 무엇을 할 것인가? 차기 우위로 자원을 이동함과 동시에 당초의 우위로부터 해체하기 위해 당신은 조직을 어떻게 재구성(reconfigure)할 것인가?

넷플릭스의 경우, 헤스팅즈는 유저들이 어떠한 기기를 사용하는지에 관계없이 스트리밍이 콘텐츠에의 접근을 위해 선호되는 수단이 될 것이라 확신하고 있었다. 더 나아가 DVD 사업은 넷플릭스의 미래 목표의 핵심이 되진 않을 것이라 여겼다. 여러분이 그 사실을 믿는다면 두 부분을 분리하는 것은 일리가 있다. 넷플릭스 지도부의 일은 디지털 콘텐츠로의 빠른 성장과 접근을 관리하는 한편, 가능한 한 오래 지속적으로 이윤이 나도록 사업을 경영하고 그로부터 수익을 짜내는 것이었다. 이 양자는 상충하는 활동들이다. 하지만 기업의 관점에서 보면 이는 이치에 완전히 맞다.

그런데 여기에 문제가 있다. 고객의 입장에서 보면 그러한 전환(switch)은 매우 화나는 일이었다. 고객들은 한 장소에 영화와 다른 콘텐츠의 "큐(queues)"를 두는 것에 익숙하여 그들이 두 포맷에 계속 접근해야 한다면 노력을 중복해야 한다는 아이디어에 격분하였다. 더구나 DVD 영역에서의 영화 목록이 스트리밍에서보다 훨씬 더 풍부하였고, 이는 사용자들이 보고 싶은 것을 어디서 얻을 수 있는지 찾기 위해 두 곳을 검색할 필요가 있기 때문에 더욱 좌절하였다. 그리고 콘텐츠 공급자들은 비싼 케이블 방송 가입과 같은 일에 파괴적 성향을 보이는 넷플릭스를 경계하였지 다른 네트워크들과 경쟁하고 있는 넷플릭스의 스트리밍에는 특별한 관심을 기울이지 않았다.

이 정책의 성공 여부에 대한 판단은 아직 내려지지 않았다. 내 생각에는 비록 DVD 사업에 대한 의존도를 줄이려는 움직임이 멀리 보면 타당하지만 사업전환을 너무 서둘러 시도한 것으로 보인다. 넷플릭스가 DVD를 스트리밍으로 전환하는 것에 대해 비판의 여지는 있지만 이 회사는 더 많은 기량으로 다른 영역들로의 전환을 관리하고 있다. 예를 들면, 텔레비전 쇼와 오리지널 프로그래밍의 제공을 시작하기 위해 영화에 대한 의존도를 줄였다. 다음 장에서 우리는 넷플릭스가 DVD 사업의 사례에서 얼마나 보기 좋게 해체를 관리했는지 보게 될 것이다.

예외적 성장을 이룬 기업들 : 수익창출에만 집중하기보다 전체 파동에 대한 균등한 강조

일부 기업들은 꽤 보기 좋게 비즈니스 모델 전환(business model transitions)을 관리할 수 있었던 것으로 보인다. 1999년부터 2000년 사이 시장, 경제, 산업에서의 엄청난 격변에도 불구하고 꾸준한 성장률을 유지해 낸, 거의 5천 개 기업들 가운데 10개의 보기 드문 기업들의 집단으로, 첫 장에서 얘기했던 예외적 성장을 이룬 기업들(growth outliers)을 상기해보라(<표 2-2>). 이 집단의 기업들은 특히 비즈니스 모델의 관점에서 볼 때 엄청난 외부적 기민성(external agility)을 유발하면서 동

표 2-2

예외적 성장을 이룬 기업들

예외적 성장을 이룬 기업들	산업	본부가 위치한 국가	설립연도	2009년말 시가총액 (백만달러)	종업원 수 (2009년)
인포시스 (Infosys)	IT 자문 및 기타 서비스	인도	1981	$31,894	113,800
야후 재팬 (Yahoo! Japan)	인터넷 소프트웨어 및 서비스	일본	1996	$20,334	4,882
에치디에프씨 은행 (HDFC Bank)	다각화된 은행	인도	1994	$16,554	51,888
ACS(Activedades Construccion y Servicios)	건축공학	스페인	1983	$15,525	142,176
코그니전트(Cognizant Technology Solu-tions)	IT 자문 및 기타 서비스	미국	1994	$13,312	78,400
칭따오 맥주 (Tsingtao Brewery)	맥주 양조업	중국	1903	$7,214	33,839
인드라 시스테마스 (Indra Sistemas)	IT 자문 및 기타 서비스	스페인	1921	$3,666	26,175
크르카(Krka dd Novo Mesto)	제약회사	슬로베니아	1954	$3,186	7,975
팩트셋(FactSet)	응용 소프트웨어	미국	1978	$3,009	4,116
아트모스 에너지(Atmos Energy Corporation)	가스설비	미국	1906	$2,614	4,913

시에 엄청난 내부적 안정성(internal stability)을 결합하는 방식을 모색하고 실행했다는 사실이 이 연구의 중요한 결론이다. 그 밖에도 우위와 우위를 넘나드는 훌륭한 실적을 가진 다른 기업들이 어떻게 동력성(dynamism)과 안정성(stability)을 결합하는지를 검토해 보자.

안정성의 원천

동력성과 신속한 변화가 우리 주위에 흔하긴 하지만 극도의 불확실성에 직면할 때 사람들은 아주 비효과적이고 무력해지는 경향이 있다. 따라서 예외적 성장을 이룬 기업들(outliers)은 사람들이 당면해야 하는 불확실성과 변화의 크기를 결합하는 사회적 아키텍처(social architecture)를 만들었다. 사실 예외적 기업들(outlier companies)에 종사하는 종업원들은 실제로 내가 일했던 보통의 많은 조직들에 있는 사람들보다 조직의 역할과 구조에 대해 걱정하면서 보내는 시간이 적다.

야망

예외적 기업들에게 공통된 점은 모두 전략적 방향에 대한 분명한 감각과 더불어 세계적 수준의 야망(ambition)을 공개 선언한 것이었다. 이는 분석가들과 외부 옵서버들이 이들을 참고 기업으로 한 리뷰에 잘 반영되어 있는데 이를 서술한 것을 읽는 것은 대개 지루하다. "잘 관리된", "모범 경영", "벤치마크"라는 구절들이 연속적으로 반복되어 있다. 경쟁자들과 비교하면 그들의 리더십은 수준 높은 특단의 야망(outsize ambition)을 갖는 것으로 보인다. 또한 그들의 리더십은 강력한 전략적 진단의 결과가 되는 공통의 핵심 테마들을 촉진한다. 예를 들면 인포시스(Infosys)에서는 리더들이 인포시스 1.0(노동력 차익거래), 인포시스 2.0(서비스로의 글로벌 확장), 그리고 현재 인포시스 3.0의 등장에 대해 이야기한다.

에치디에프씨 은행(HDFC Bank)은 경영 전반에 최적 경영 기준을 갖춘 진정한 글로벌 인도 은행이 되겠다는 분명한 의도를 가지고 설립되었다. 이 은행의 웹사이트는 "에치디에프씨 은행(HDFC Bank)은 '세계적 수준의 인도 은행'이 되겠다는 간단한 미션으로 1995년 운영을 시작했다. 우리는 상품의 질과 서비스의 우수성에 전념하는 것만이 이를 달성하는 데 도움이 될 것임을 깨달았다."고 주창하고 있다. 인포시스에서처럼 이 은행의 설립 팀은 투명하고 세계적으로 인정받는 경영 방안을 갖춘 현대적인 인도 기업을 설립하기로 결정하였다. (이 회사의 CEO는 2009년 경영자상인 싱커스50(Thinkers50)이 주는 세계에서 가장 영향력 있는 경영 사상가 50인 가운데 한 사람으로 인정받았다.) 코그니전트(Cognizant)는 던 앤 브래드스트리트(Dun & Bradstreet)의 파생기업으로서 '천부적 글로벌 기업(born global)'이었으며 처음부터 야심찬 성장 목표들을 전략에 투영하였다.

크르카(Krka)는 전 세계에 걸친 투자와 협력으로 (회사의 역량 확장을 지원하기 위해 중국과 다른 나라들에서의 협력을 포함하는) 동유럽의 뿌리에서 벗어나 야심차게 확장하고 있다. 아트모스 에너지(Atmos Energy)는 가스 생산업의 규제 부분에서 세계적 수준의 효율성 달성과 비규제 부문에서의 꾸준한 성장을 달성하겠다는 목표를 세우고 있다. 에이씨에스(ACS)는 "모든 종류의 인프라와 서비스의 촉진, 개발, 건설, 관리에서 세계적인 준거 기업"임을 자랑스럽게 말하고 있다.[6]

포상과 표창에 대한 언급들이 기업의 공동 웹사이트를 장식하는 것이 흔하게 발견됨은 놀랄 일이 아니다. 에치디에프씨 은행(HDFC Bank)은 포상에 전 섹션을 할애하는 특색이 있다. 이 은행은 2010년에만 34개의 상을 받았다고 목록으로 남기고 있다. 어느 누구도 하나의 상도 받지 못한 해에 경영의 책임을 맡으려 하지 않을 것이라는 간결한 상징주의를 주목하라. 인포시스(Infosys)는 포춘(*Fortune*)이 정하는 상위 10대 기업들과 같은 순위에서 자주 상위를 차지한다. 팩트셋(FactSet)은 포춘의 일하기 좋은 100대 기업, 비즈니스위크(*BusinessWeek*)의 커리어를 시작하기 좋은 곳의 순위 등에 포함되었다. 인드라 시스테마스(Indra Sistemas)는 2007년 컴퓨터월드(*Computerworld*)의 최고 서비스 기업상을 받았다. 또한 일련의 "최고 지속가능성 있는(most sustainable)" 상들을 받은데 이어, 2010년 세계 "최고 윤리적 기업들(most ethical companies)"의 하나로 인정받았다. 크르카(Krka)는 소비자들이 가장 신뢰하는 브랜드로 선정하는 제품에 주어지는 황금 오티스 신뢰상(Golden Otis Award of Trust)을 받았다고 자랑스럽게 강조한다. 여기서 중요한 점은 이들 각 기업들의 전략은 기업을 위한 강력한 야망(compelling ambition), 즉 구성원들에게 목표 지점(aiming point)을 제시하는 야망을 근간으로 하고 있다는 점이다.

확장적 야망(stretch ambitions)이 장기적인 재구성에 중요하다는 발견은 다른 옵서버들이 결론을 내린 바와 같이 기업들이 어제의 우위를 쫓아 안주하고 만족하지 않는 것이 핵심적이라는 점과 일치한다. 예를 들면, 가장 잘 나가던 시절에 노키아(Nokia) 최고 중역으로 오래 있었으며 현재는 고문이자 교수인 미코 코소넨(Mikko Kosonen)은 기업이 꼼짝 못하게 되는 것을 방지하기 위해서는 확장(stretch), 불안정성(instability), 다차원성(multidimensionality)이 결정적으로 중요하다고 주장한다. 그는 나와 인터뷰하면서 다양한 우위의 관점에서 다른 방식으로 사업을 보는 것을 촉진하도록 사람들을 이리저리 이동하는 것과 같은 안주함을 궁지에 모는 메커니즘들과 마찬가지로 "확장(stretch)과 모순되는 목표들(contradictory goals)이 중요하다."고 지적했다.

정체성과 문화

안정성(stability)의 두 번째 근원은 공통의 정체성, 문화, 리더십 개발에 대한 책무 등을 창출하기 위해 이들 기업들이 하는 투자이다. 그들은 가치, 문화, 조화에 상당한 관심을 기울이고, 또 훈련에 끊임없이 투자한다.

에치디에프씨 은행(HDFC Bank)의 문화를 조사한 최근의 MBA 논문에서는 일반적으로 종업원들은 조직 효과성, 종업원 참여, 후원적 문화와 같은 기업의 문화적 가치에 높은 점수를 주고 있음을 나타내주고 있다.[7] 팩트셋(FactSet)에서는 이 회사에서 일하고자 하는 잠재적 직원들에 대한 핵심 유인책으로서 문화(culture)를 웹사이트에 홍보하고 있다. 에이씨에스(ACS)의 회장은 최근 연차 보고서에서 "최고의 인재를 찾고 유지하는 일"을 기업 전략의 네 가지 "벡터(vectors)" 가운데 하나로 강조하였다. 아트모스 에너지(Atmos Energy)의 당시 CEO 밥 베스트(Bob Best)는 1997년 문화(culture)와 공유가치(shared values)의 창출이 기업의 차별요인(differentiator)이 될 것이라고 결론지었다. 그는 "나는 문화에 대한 올바른 기초를 세우는 것이 변화의 필요가 있을 때 변화를 가능하게 한다고 생각한다. 문화는 모든 성공의 토대가 된다. 이것이 우리 기업의 장기적 건전성과 성공에 매우 중요한 과정이었다."고 말했다.[8]

배치도 좋지만 계발도

한 부류의 우위에서 다른 부류로 움직일 수 있는 기업들에게서 작용을 하는 또 하나의 요소는 그들이 의식적으로 종업원들을 교육시키고 능력 향상을 추진하였다는 점이다. 인포시스(Infosys)의 크리스 고팔라크리슈난(Kris Gopalakrishnan)은 자신의 기업이 훈련을 크게 강조하고 있다고 설명하였다. 어떻게 이 기업이 종업원들을 한 경쟁우위에서 다른 우위로 이동시키는지 그에게 물었을 때, "우리는 학습가능성(learnability)을 보고 채용한다. 우리는 의도적으로 새로운 것들을 배우는 능력을 보고 사람들을 선택한다."고 말했다. 그가 관찰한 바에 따르면 인포시스가 어느 때에는 약 80퍼센트의 인원을 어떤 방식으로든 배치(deployment)하였는데, 이것은 수익을 창출하는 방법이므로 잘된 일이다. 배치를 받지 못한 20퍼센트의 시간이 있는 사람들은 교육과 훈련의 기회를 가질 것으로 권고되었는데, 그 결과 그들의 역량이 지속적으로 향상되었고 한 우위에서 다른 우위로 이동을 위한 잠재력을 확보할 수 있었다. 인포시스는 동시에 13,500명의 교육생들을 훈련할 능력을 갖춘 1억2천만 달러의 시설인 인포시스 교육센터(Infosys Education Center)를 갖춘 것으로 알려져 있다.

영리한 기업들은 지속적인 훈련과 계발(continuous training and development)이 경쟁 조건이 바뀔 때 직원들을 해고해야 하는 상황을 피하는 메커니즘이라는 이유에서 배치를 행함과 동시에 훈련에 투자한다.

씨엘에스 커뮤니케이션(CLS Communication)을 보자. 이 회사는 스위스에 본부를 둔 언어 서비스 공급업체인데, 원래 스위스은행(Swiss Bank)과 취리히파이낸셜서비스(Zurich Finanacial Service)의 사내 번역 서비스로부터 1997년에 파생된 스핀오프 기업이다. 이후 작문, 교정, 번역이라는 핵심 사업들에 대한 원천 기술이 엄청난 변화를 겪음에도 불구하고 이 회사는 빠르게 성장하고 있다. CEO인 도리스 알비서(Doris Albisser)에게 비즈니스 모델과 기술 변천의 인간적인 측면을 어떻게 다루는지 물었다. 그녀는 니즈가 변함에 따라 지속적인 훈련과 기업 내의 인력 이동을 강조하였다. 그녀는 특별히 새로운 기술의 도입에 연계된 훈련, 즉 텍스트 데이터베이스와 연계된 기계 번역을 하는 것에 대해 언급했다. 비록 직원들이 새로운 접근방법을 채택하는 것에 저항했지만 결국은 고참 번역가들 중 한 사람이 실제로 다른 사람들을 훈련시키기 시작했을 때 그 돌파구가 마련되었다.

요점은 당신이 변화를 피할 수 없다고 인식할 때 하나의 우위에서 또 다른 우위로 이동할 수 있도록 사람들을 훈련시키는 것이 사업을 수행하는 데 수반되는 비용이라는 점이다. 이는 등을 켜두거나 컴퓨터를 돌리는 데 지불하는 것과 마찬가지로 꼭 지불해야 하는 비용이다. 이동을 할 수 있도록 종업원의 역량에 투자하는 것은 변화에 대한 거대한 장벽을 없애고, 순수한 배치로부터 전환역량(transition capability)의 창출로 경영의 주안점이 전환되도록 권고한다.

전략과 리더십

예외적 성장을 이룬 기업들(outlier firms)의 전략 보고서에서 안정성(stability)은 우리가 연구하는 기간 전반에 걸쳐 괄목할 만한 부분이다. 이 시기는 인터넷 버블 폭발이 시작되고, 9·11 참사, 세계적인 주택 및 신용 버블, 유로화 도입, 이라크 및 아프간 전쟁, 상업 수단으로서의 인터넷 폭발, 2008년의 큰 경기침체가 있었던 격동의 시기였다. 그러나 이들 기업들은 그러한 혼란을 자신들의 환경 속에 내부화하지 않았던 것으로 보인다. 이들 기업들의 경영진들과의 인터뷰는 몇 가지 투명하고 간략한 전략적 우선순위, 문화 창출과 재능 계발의 중요성, 몇 가지 핵심역량들의 지렛대 활용에 관한 것들로 점철되어 있다. 이들 CEO들과 경영팀들은 큰 변화의 소용돌이 가운데서도 안정성을 위한 막강한 힘을 발휘하였다.

예를 들면, 칭따오 맥주(Tsingtao Brewery)에서는 추진력 강한 CEO의 갑작스런 죽음에도 불구하고 다음 리더들이 그의 국제적 확장 전략을 철저히 따르는 데 전념하였다. 1983년 설립된 스페인의 에이씨에스(ACS)의 경우, 당시 CEO가 이 기업을 스페인에서 가장 수익성 있는 공개 건설기업으로 만들겠다고 약속했다. 오늘날 이 회사의 전략은 "토목 공학 및 산업 공학 프로젝트"에서 선도자가 되겠다는 공개적 목표로 계속되고 있다. 아트모스 에너지(Atmos Energy)는 전임 CEO가 규제 사업에서의 효율성을 레버리지화하고 비규제 사업에서의 성장을 추진하겠다는 1997년에 천명한 전략을 현재에도 추진하고 있다. 팩트셋(FactSet)의 전략 보고서는 근간이 되는 기술들의 엄청난 변화와 핵심 고객들에 관한 정보의 폭발에도 불구하고 설립 이후 전혀 바뀌지 않았다.

또한 이들 기업들의 최고 지도부는 대부분 안정적이었다. 우리가 연구한 10개 기업들 모두 현재의 최고 경영진이 내부에서 승진했다.

어떤 백기사나 사외 구세주도 없었다. 흥미롭게도 그리고 지난 수년간 다른 연구자들의 연구결과와도 일치하는 바와 같이, 이들 기업들의 최고 경영진들은 일반적으로 저자세를 취했다. 비록 그들이 큰 기여를 했다고 존경과 인정을 받고 언론에 어느 정도 알려지긴 했지만 대부분의 경우 고자세를 취하는 공개적 인물이 아니었다. 에이씨에스(ACS)의 CEO는 예외여서 보기 좋게 레알 마드리드 축구팀(Real Madrid Soccer Team)을 사들여 매우 비싸고 국제적으로 유명한 선수들을 영입하였다. 개인적으로 즐겁게 만났던 다섯 사람은 매우 저자세였고, 예의가 있었으며, 대화 상대의 코멘트를 경청하였다.

안정적 관계

예외적 성장을 이룬 기업들(outlier firms)과 그들의 단골고객들 그리고 생태계 파트너들 사이의 관계는 극히 안정적이기도 하다는 점 또한 주목할 만하다. 팩트셋(FactSet)은 지난 10년간 고객 유지율(client retention rate)이 95퍼센트 이상이었고, 웹사이트에서는 90퍼센트의 종업원 유지율(employee retention rate)을 가지고 있다고 말하고 있다. 분석가들은 인포시스(Infosys)와 코그니전트(Cognizant) 모두 강력한 고객 유지율을 갖고 있음을 확인하고 있다. (최근의 연구에서 코그니전트는 90퍼센트의 고객 만족도를 자랑하고 있고 인포시스는 우리와의 최근 인터뷰에서 95퍼센트로 얘기하고 있다.) 인드라 시스테마스(Indra Sistemas)는 연차 보고서에서 "인드라는 공급자들과 지식창출 기관들을 가치 창출 파트너, 혁신의 협력자로 생각하며 이는 하나의 중요한 책무이다."라고 진술하고 있다. 이 요소는 예외적 성장을 이룬 기업들의 경우 고통스러운 변화는 좀처럼 전략적 변화의 특징이 되지 못한다는 우리의 관찰과 잘 일치한다. 즉, 고객들이 변함에 따라 그들이 진화적 방식으로 변할 수 있다는 사실은 고객들의 이해와 서비스 기업들의 이해가

서로 다툼이 있는 것이 아니라 잘 조정된다는 점을 나타내 준다.

물론 다른 기업들도 관계를 유지하는 가치를 알게 되었다. 흥미롭게도 그들은 약화되고 있는 우위에 종사하는 사람들에게 발생하는 문제에 대해 매우 진지하게 받아들이고 의도적으로 그 과정을 관리한다. 월터스 클루워(Wolters Kluwer)의 CEO인 낸시 맥킨스트리(Nancy Mckinstry)는 대부분의 출판물들을 디지털 세계로의 힘겨운 전환을 추진하면서 자주 이 문제에 대처해야 했다. 그녀는 하나의 시장에서 다른 시장으로의 재배치(redeployment) 그리고 종업원을 유지하는 동시에 유연성을 유지하는 핵심요소로 재훈련(retraining)을 강조하였다.

물론 사람들을 재배치하거나 재훈련하는 것이 항상 가능하지는 않아서 때로는 갈라서는 방법도 필요하다. 모범적인 기업들은 전직한 사람들이 해고나 일시해고를 당한 후에도 기업과 사이좋은 관계를 유지하는 방식으로 이러한 헤어짐을 관리한다. 캠브리지 자문회사인 사젠시아(Sagentia)는 유동성, 변화, 비즈니스 모델 전환을 기업의 문화로 구축하였기 때문에 진정한 의미의 일시적 우위 기업(transient-advantage firm)이다. 하지만 이 기업의 경우에도 때때로 사람들을 일시 해고할 필요성이 있었다. 최고 경영자 중 한 사람에게 이에 대해 물었더니 그는 그러한 인사 결정이 공정하고 투명한 것으로 느껴지도록 매우 노력한다고 말했다. 그렇다면 그 사람들에게는 어떤 일이 있었을까?

"그들 가운데 일부는 스스로 자문회사를 설립했다. 일부는 그들이 자문해 주던 기업의 최고위직을 맡았다. 중요한 것은 사람들이 잘 정착한다는 사실이다. 나는 개인적으로 그들과 연락을 유지하고 있다."

따라서 변화를 수용하고 이를 잘 관리하는 듯이 보이는 기업들도 사업에 있어서 엄청난 안정성의 요인들이 있다. 그렇다면 그들은 고도의 경쟁적 시장들이 요구하는 동력성을 어떻게 유지하는가? 이 질문에 답하려면 기업 안에서 무엇이 진정으로 변하는지를 살펴볼 필요가 있다. 다시 말해, 이런 기업들이 동적이고 기민한 방식으로 행동하는 것을 우리는 어디서 보게 되는가?

기민성의 원천

나는 이들 기업들에게서 비전, 전략, 문화, 리더십에 있어서의 시간에 따른 안정성을 창출한 내부 시스템과 구조와는 대조적으로 전략적 기민성(strategic agility)을 촉진하는 잘 개발되고 정교한 접근법들, 다시 말하면 일상적으로 그리고 지속적으로 변화를 촉발하는 접근방법들을 발견하였다. 그 첫 번째 접근방법은 상당히 놀라운 것으로 전체 연구기간에 걸쳐 이 기업들은 어떠한 극적인 규모축소나 구조조정 또는 기업매각을 하지 않았다는 점이다.

극적인 구조조정이 아니라 모습의 변화(Shape Shifting)

내가 처음 예외적 성장을 이룬 기업들에 관한 연구를 시작했을 때 일시적 우위(ephemeral advantages)에도 불구하고 살아남을 수 있었던 기업들은 규모축소, 구조조정, 아니면 중요한 방식으로 쇠퇴하는 영역에서 빠져나오는 데 큰 성공을 이루었을 것이라는 사실을 찾아내길 기대했다. 그래서 내 연구 학생들에게 어떻게 이들 기업들이 시장에서 나오거나 프로젝트를 취소하거나 아니면 사업 영역에서 빠져 나오는지에 관한 사례들을 찾게 하며 온 여름을 보냈다. 학생들은 점차 좌절감을 느끼며 아무것도 찾아내지 못했다.

대신 예외적 성장을 이룬 기업들(outlier firms)은 경쟁자들에 비해 보통의 일상에서의 변화를 구체화하고 있는 것으로 보였다. 그들은 갑작스런 기업매각이나 구조조정을 통해서라기보다 지속적인 기반으로 유연하게 자원들을 재분배하였다. 우리가 최선을 다해 노력했음에도 불구하고 갑작스럽고 고통스러운 출구(exit)의 사례는 거의 발견하지 못했다. 그 대신 우리가 발견했던 것은 자원들을 재배치하고 주안점을 바꾸려는 경향이었다. 우리는 또한 이들 기업들이 밀리컨(Milliken)에서 보는 바와 같이 비용 삭감이나 기업 매각을 하는 대신 더 새로운 시장으로 진입하기 위해 산업의 진화(특히 기술에 관한 진화)를 받아들이고 변화를 수용하는 경향이 있음에 주목하였다. 그들은 산업의 변화를 오래된 사업들에서 나와 새로운 고성장 부문으로 진입하는 기회로 이용하였다.

내 연구 조교였던 앨리슨 노먼(Alison Norman)이 진술한 바에 따르면, 이들 기업들에 대한 출구 정보(exit information)는 "찾기 힘들었고(elusive)" 그녀가 연구한 5개 기업들의 경우 오래된 기술들을 새로운 파동으로 통합하는 경향이 있었으며, 산업의 진화는 받아들였지만 완전한 투자회수를 하기보다 이들 기술들을 새로운 시장으로 끌어들였다. 다른 연구원인 장시(Xi Zhang)도 "그들은 기업 매각이나 처분 대신 가치사슬의 상향 이동을 위하여 업그레이드하는 쪽을 택한다. 신속한 업그레이딩은 내가 연구한 세 기업들[인포시스, 에치디에프씨 은행, 팩트셋] 모두의 공통된 특징이다."라고 동일한 결론을 내렸다.

우리의 연구 기간 동안 코그니전트(Cognizant)는 아홉 번의 전략적 인수를 하였지만 기업매각(divestures)은 하지 않았다. 이 기업은 던 앤 브래드스트리트(Dun & Bradstreet)의 스핀오프였고 간단한 기술 서비스를 제공하는 것으로 사업을 시작하였다. 이 기업은 수년 동안 더 전문적인 자문 서비스로 나아가 강력한 산업 집중 및 서비스 팀과 고객의 코-로케이션(co-location)으로 차별화하였다. 기업이 진화함에 따라 기술과 인력을 저성장 사업들(예를 들어 간소한 경영 관리 아웃소싱과 같은)에서 완전하고 복합적인 소프트웨어 솔루션을 파는 것과 같은 보다 노동 집약적이고 접촉 지향적인 사업들로 이동시켰다. 이 기업은 CEO 프란치스코 드수자(Francisco D'Souza)가 말하는, 노동력 중개(labor arbitrage)로부터 지적 중개(intellectual arbitrage)로의 진화라는 전략을 추구하고 있으며 경쟁사인 사타얌 컴퓨터 서비스(Satayam Computer Service)가 겪었던 대규모 인원 감축 없이 운영되고 있는 것으로 보인다.

어떻게 이들 기업들이 출구(exit)를 하였는지에 있어 흥미로운 것은 이들이 경쟁자들이 그랬던 것보다 훨씬 더 진화적인 경로(evolutionary path)를 따랐다는 점이다. 인포시스(Infosys)의 전략팀장인 산자이 푸로히트(Sanjay Purohit)는 "우리는 어딘가에서 빠져나오려고 결정할 때에는 이들에 대한 자원을 배분하는 속도를 줄인다. 이들은 일정 기간 별것 아닌 길을 가게 된다. … 완전히 잘라낼 필요 없이 그냥 알아서 생존하도록 할 필요가 있다. … 지도부나 인재들에게 다른 영역을 찾도록 재의도하는 것이 쉽다. 우리는 결코 사람들을 해고하는 기업이 아니다. 우리는 고객을 전환시키고 종업원들은 다른 의무를 진다."고 내게 설명하였다. 나는 이것이 일시적 우위에 익숙한 기업이 어떻게 생각하는지에 관한 매우 간결한 설명이라고 생각했다.

예산관리는 빠르고, 유연하며, 강력한 경영진에 의해 볼모로 잡혀있지 않음

이런 고통스러운 변화 없는 변환 접근방법의 보다 간결한 함의의 하나는 이들 기업들이 중요한 자원배분을 중앙집권적으로 관리한다는 것이다. 많은 기업들의 경우 자원들은 갇혀 있어 이것은 문제가 된다. 주요 다국적기업의 전략 책임자로 있는 내 친구의 말을 빌리면 자원은 부서 혹은 사업단에 "볼모(hostage)로 잡혀" 있다. 사업이 어려움에 처하거나 기회가 부서들 간에 걸쳐지는 경우, 기존의 경영진은 변화를 위협으로 간주하기 때문에 기업이 효과적으로 반응할 수 없다. 예외적 성장을 이룬 기업들(outliers)의 경우, 주요 전략적 도전들에 관한 의사결정은 사업단 차원에서 상당한 정도의 재량을 가지고 있음과 동시에 중앙집권적으로 조정되었던 것으로 보인다. 또한 예산관리(budgeting)는 다른 조직들보다 훨씬 실시간으로 이루어진다.

예를 들면, 인포시스(Infosys)의 경우 예산은 분기별로 조정된다. 그리고 산제이(Sanjay)는 심술궂은 웃음을 띠며 “만약 필요하다면 나는 7일 단위로 기업을 재예산할 수 있을 것이다. 그것은 사람들을 미치게 만들 것이므로 그렇게 하진 않지만 실행할 수는 있다.”고 말한다. 인포시스는 “매우 빠른 속도로(at a very fast pace)” 자원을 재배분할 수 있음을 자랑으로 여긴다. 산제이의 업무는 기업기획으로서 역할 변경과 재배분을 담당한다. 인포시스는 사업이 그렇게 많은 자원이 필요하지 않은 경우 매우 투명한 방식으로 모두에게 명백하게 자원배분을 실행한다. 사업단장은 실제로 산제이에게 전화를 걸어 이번 분기에 사업이 규모를 지탱하지 못할 것이므로 일부 자원들을 돌려달라고 요청할 수 있다. 통상적인 위계를 가진 기업에서 그러한 대화를 상상할 수 있겠는가? 고급 데이터 시스템과 절대적인 투명성은 이 과정에 도움이 된다. 산제이는 기업에 숨겨둔 데이터라는 개념은 없고, 기업 전체와 마찬가지로 사업단위에도 모든 것이 투명하고 오직 한 가지 형태의 진실만이 있다고 내게 말한다. 그는 “우리 기업의 회장은 이에 대해 대단한 명언을 가지고 있는데, 즉 ‘신의 이름으로 우리는 신뢰하며, 모든 사람들이 데이터를 가져온다.’”라고 말한다.

통상적인 기업의 사업단장이 전략 책임자에게 와서 자원의 차출을 요구하는 것을 상상하며 나는 매우 놀랐다. 사람과 자원이 관리되는 것이 기업 중요성의 척도가 되는 기업에게는 이런 일은 결코 일어나지 않는다.

유연성

예산관리에서와 마찬가지로 변화에 대응하여 자기의 모습을 멋대로 바꾸는 접근방법을 지지해 주는 것으로 보이는 한 요인으로는 예외적 성장을 이룬 기업들은 유연성(flexibility)에 상당한 투자를 한다는 점이다. 따라서 과다한 연차 예산관리 과정과 효율성 지향적 가치보다는 비록 약간의 차선책이 될지는 모르지만 유연성 증대에 투자한다. 예를 들면, 크르카(Krka)는 기업의 다섯 가지 핵심 가치들에 "속도(speed)와 유연성(flexibility)"을 포함하고 있다(다른 것들로는 파트너십과 신뢰, 창의성, 효율성이 있음). 급기야는 이러한 속성들을 가장 잘 구현하는 직원에게 연례적으로 주어지는 상을 만들었다.

예외적 성장을 이룬 기업들(outlier companies)에서는 전략에 대한 조정과 자원 배분에서의 변화는 연례행사가 아니라 분기별 행사에 훨씬 더 가까웠다. 이는 승진과 인사 평가에도 마찬가지로 적용된다. 예를 들면, 야후 재팬(Yahoo! Japan)의 경우 투자자 홍보 책임자인 마키코 하마베(Makiko Hamabe)는 어떤 사람을 승진시킬지 여부를 결정할 360도 평가제와 결합하여 분기별 목표와 평가 시스템에 관해 설명하였다.

이러한 기업들의 운영 방식에서 흥미로운 점은 운영의 가속화된 속도로 말미암아 더 엄격한 연례과정(annual process)을 갖는 기업들보다 변화와 빠른 적응의 필요성을 보다 일찍 알아차리고 환경에 있어서의 변화에 대해 대단히 빠르게 반응한다는 점이다. 또한 그들은 효과적인 변화에 대한 주요 장벽을 해결하여야 했던 것으로 보인다. 이는 두려움과 경영자들이 흔히 이미 움직였어야 했음에도 여전히 기우는 사업들에 오래도록 매달리게 하는 진로의 위기를 의미한다.

혁신은 표준(norm)이지 예외가 아니다

수익창출을 의도하는 기업들에 혁신(innovation)이란 아주 흔한 일로 하나의 결과론이다. 예외적 성장을 이룬 기업들에서 혁신이란 가끔씩 발생하거나 나타났다가 사라지는 노력이라기보다는 연속적이고 주류가 되는 일이며 모든 사람들의 업무의 일부다. 혁신 및 기회인식의 과정은 기업들의 웹사이트에 끊임없이 등장하고, 채용 자료에 포함되며, 투자로 강화된다. 모든 기업들은 연구개발(R&D)이나 국제적 확장과 같은 새로운 활동들에 얼마나 많이 투자하는지를 자랑스럽게 열거한다. 이들 기업들이 사업단위들 전반을 가로지르는 전체적 혁신 파이프라인(innovation pipeline)을 관리하는 프로세스를 갖추고 있는 것도 주목할 만하다.

예를 들면, 야후 재팬(Yahoo! Japan)에서는 네 가지 성장전략을 추진하고 있다고 하마베(Hamabe)는 설명했다. 첫째, "어디서나 야후!"라는 것으로 어느 종류의 기기에서나 사이트에 접속할 수 있게 하는 것이다. 둘째, 사용자 지향적인 소셜 미디어로, 이는 사용자들로부터의 정보를 더 가치 있게 하기 위해 이를 야후 재팬 사이트에서 찾을 수 있는 다른 데이터에 부가하는 것을 말한다. 셋째, 흥미와 니즈를 기초로 특정 개인들을 위한 제공물을 개발함에 초점을 맞춘 개인화된 부분적 정보이다. 그리고 넷째, 공개 네트워크 협력으로, 여기에서는 온라인 결제를 받아들이는 것과 같은 문제들에 대한 비즈니스 솔루션을 제공하는 것을 목표로 한다.

이들 각 영역 안에서 가장 설득력 있는 것으로 보이는 기회들에 자원을 투입하는 과정과 더불어 전도유망한 새로운 부류의 기회들이 있다고 생각되는 곳을 찾아낼 기회가 경영자들에게 정기적으로 주어진다. 이와 동시에 기업의 리더들은 언제 어떤 서비스가 중단되어야 할지를 결정하기 위해 핵심 서비스들의 사용법과 이들의 중요 파트너들과의 관계에 미치는 그 영향을 지속적으로 모니터한다.

인포시스(Infosys)에서는 최고경영자팀이 매년 모든 사업단위들에게 사업을 극적으로 또한 실시간으로 진척시키고 또한 공개적으로 선언하여야 할 두 가지 중요한 일을 분명히 밝힐 것을 임무로 부과한다. 모든 사람들이 "일상적 업무(day job)"의 일부로 새로운 것들을 지속적으로 생각해내고 있다. 팩트셋(FactSet)은 "삼십 년간의 혁신"을 자랑으로 여기고 있으며 정부와 함께했던 2008년 10-K 파일링에서 핵심경쟁요인의 혁신 능력을 선언하기에 이르렀다.[9] 칭따오 맥주(Tsingtao Brewery)는 중국 기업들 가운데서 지속적인 혁신으로 인정을 받고 있다. 보다 큰 통합으로 가는 지침의 변화를 발표하는 자리에서 한 때 CEO였던 어떤 사람은 "우리는 강력해지기 위해 커지려 해서는 안 된다. 우리는 커지기 위해 강해져야 한다."라고 말했다. 최근 이 기업은 환경적으로 책임 있는 양조의 추진에 혁신 노력을 집중해오고 있다. 한 지역 신문이 보도한 바에 따르면 이 기업은 수년간 힘겨운 노력을 기울였다. 칭따오 맥주는 사천성 지방의 청두에서 2010년 열린 중국연례그린기업정상회의(Annual Summit of China Green Companies)에서 중국 상위 100대 그린 기업 리스트의 다른 경쟁자들을 물리치고 정상을 차지하였다.[10]

시장탐색(market exploration)에 대한 옵션 지향적 패턴

공동 저자이며 동료인 이안 맥밀란(Ian MacMillan)에게 이 책의 초본을 보여주었더니 일정 기간 우리가 연구한 옵션 지향적 접근방법(options-oriented approach)이 이들 기업들이 기회에 대해 어떻게 생각하는지와 아주 잘 어울리는 것으로 보인다고 말했다. "이는 옵션을 조금씩 먹는 기업을 설립하는 것과 같다. 항상 테스트하고, 다음으로 관계를 맺고 진입하며, 그 다음으로 비용이 많이 드는 해체로 가기 훨씬 이전에 소진된 영역에서 해체를 한다."고 그는 표현하고 있다. 새로운 전략각본(strategy playbook)이 체화되기를 모색하는 것은 이 패턴을 배양하는 사고방식과 일련의 경영과정이다.

우리의 샘플에 있는 기업들은 경쟁기업들에 비해 새로운 기회를 찾기 위해 옵션 지향적 패턴을 공유하는 것으로 보인다. 이 접근방법의 핵심은 이들이 기회를 모색할 때 초기투자를 적게 하고, 나중에 기회가 보장될 때 보다 확실한 투자를 한다는 것이다. 또한 그들은 효과적으로 개발될 것 같지 않으면 특정 사업을 기꺼이 포기할 의향이 있다. 전체적으로 보면, 이들 기업들은 최종 시장의 규모가 명확하지 않다 하더라도 매력적으로 보이는 영역으로 경쟁자들보다 더 일찍 움직이는 경향이 있었다. 또한 새로운 사업들의 일정한 흐름을 쫓는 데 더 적극적이었던 것으로 보였다.

다양한 신규 성장 시장으로 진입하는 에치디에프씨 은행(HDFC Bank)의 전력은 이에 대한 본보기가 된다. 이 기업은 1998년 전 세계의 마스터카드 보유자들이 이 은행의 ATM 네트워크를 이용할 수 있도록 시러스 얼라이언스(Cirrus alliance)에 가입하였다. 다음으로 2001년 비자카드와 함께 국제 데빗 카드(debit card)를 출시한 인도 최초의 은행이 되었다. 그 뒤로 특별히 농업 종사자들을 위한 신용카드, 2007년 농업 종사자들을 위한 신용 편의를 제공하기 위해 타타 파이프스(Tata Pipes)와의 계약과 같은 신용카드 이용에서의 혁신이 이어졌다. 대조적으로, 주요 경쟁자인 아이씨아이씨아이 은행(ICICI Bank)은 2000년에 국제적으로 연결된 데빗 카드를 찾아 나서기 시작했다. 에치디에프씨 은행(HDFC Bank)은 빠른 움직임과 텔레뱅킹 서비스, 모바일 뱅킹, (자동차용 라디오를 위한 금융과 같은) 소비자 금융, 전자상거래, 도매금융, 온라인 회계 서비스, 외환 서비스 등을 제공하는 세계적인 ATM 네트워크로의 연결을 포함한 새로운 다른 많은 시장들에서 초기 성공을 이루는 유사한 패턴을 따랐다. 실은 성장시장에서 수익을 창출하는 데 있어서 경쟁자가 에치디에프씨 은행(HDFC Bank)을 이긴 것으로 보이는 유일한 시장은 인도 시골 시장이었는데, 여기에는 인도주립은행(State Bank of India)이 이미 안정적인 위치를 차지하고 있었다. 이에 대한 에치디에프씨 은행(HDFC Bank)의 대응은 특색이 있었다. 이 기업은 우체국과 연계하여 영역을 확장하고 자립집단들(self-help groups)을 위한 시장 연계 프로그램들과 같은 혁신적 상품들을 내놓았다(자립집단들은 보통 여자들로 구성되는데 이들은 규칙적으로 적은 양의 돈을 적립하여 대부를 할 정도로 충분해지면 회원들이나 다른 투자처로 돌린다). 또한 이 기업은 실험과 지속적인 혁신을 강조하는 것을 자랑으로 여긴다.

에치디에프씨 은행(HDFC Bank)의 장기적 성공을 조사하던 한 기자는 CEO인 푸리(Puri)를 학습, 수용, 생존력 증명, 한 범주에서 다른 범주로의 확장이라는 과정을 통해 신중하게 새로운 영역으로 진입하는 "신중한 은행가(cautious banker)"로 보았다. "개인융자, 금대출, 미소금융, 이륜차대출, 곡물대출 등은 똑같이 신중한 과정들이다."라고 푸리는 말한다.[11]

또한 다른 경쟁자들과 달리 예외적 성장을 이룬 기업들(outlier firms)은 옵션 지향성과 일치하는 바와 같이 대형, 고위험의 전부 혹은 전무의 양단간 내기를 하는 일은 드문 것으로 보인다. 예를 들어, 인드라 시스테마스(Indra Sistemas)를 BAE시스템(BAE System)과 비교해 보면, 연구기간 동안 두 기업 모두 인수와 처분을 하지만 BAE가 금액이 더 큰 경향이 있었다. 대부분의 인드라 인수는 1억 달러 미만인데 반해 대부분의 BAE 인수는 그 액수를 웃돌아 그 가운데 하나는 엄청난 액수인 45억 달러짜리(2007년 아머 홀딩스(Armor Holdings)) 인수였다. 인포시스(Infosys)의 전임 CEO인 크리스 고팔라크리슈난(Kris Gopalakrishnan)은 나에게 자신의 기업은 문화 및 사업의 하강 리스크를 제한하기 위해 가치가 수익의 10퍼센트를 넘는 합병은 절대하지 않을 것이라고 말했다.

마지막으로, 이들 기업들은 다양하지만 연관성 있는 포트폴리오(portfolios)를 갖고 있었다. 이들 기업들의 각각은 새로운 대체안을 찾는 한편 핵심사업의 갱신에도 동시에 투자할 수 있는 충분한 다각화를 포트폴리오에 유지하고 있는 것으로 보였다. 그들의 일관된 성과는 한 부문이 쇠퇴에 접어들 때 다른 부문들이 수익을 창출할 수 있다는 사실을 부분적으로 반영해 준다. 예를 들면, 인드라 시스테마스는 방위 사업에서 시작하여, BDE의 인수로 컴퓨터 시스템 디자인으로, 다이아그라마 FIP(Diagrama FIP)를 사들여 은행업으로 다각화(diversification)를 추진할 수 있었다. 계속되는 인수(acquisitions)를 통해 하나의 비즈니스 모델이나 최종 시장에 과도하게 의존하지 않고 엄청난 솔루션 포트폴리오(solutions portfolio)를 만들고 유지할 수 있었다. 두 단품기업인 칭따오 맥주(Tsingtao Brewery)와 야후 재팬(Yahoo! Japan)의 경우에도 지리적 범위에서의 다양성(칭따오)과 제공되는 서비스 및 부문의 다양성(야후 재팬)을 통하여 이 원칙을 돋보이게 하는 것으로 여겨진다.

지속적 재구성에서의 안정성(stability)과 기민성(agility)의 역설적 결합

나는 특정 경쟁우위가 일시적인 상황에서 기업들이 어떻게 견디고, 성장하고, 심지어 번영을 누리게 되는지를 파악하려는 목적으로 예외적인 성장을 이룬 기업들에 관한 연구에 착수하였다. 이 연구에서 얻은 중요한 결론은 이러한 기업들은 겉으로 양립할 수 없어 보이는 요구들을 능숙하게 헤쳐 나간다는 사실이다.

한편으로 그들은 엄청난 안정성(stability)을 보인다. 그들의 가치, 문화 규범, 핵심전략, 역량, 고객관계, 리더십 등이 시간이 지나도 상당히 일관되게 유지된다. 그들이 변화하고 적응한다지만 그 변화는 진화적이고 그 적응은 신속하고 단순하다. 그들은 일부 리더들의 의미 있는 상징적 행위들에 의해 지원되는 기업가치를 훈련하고 강화하는 것과 같은 "연성(soft)" 요소들에 많은 투자를 한다.

그러나 이러한 안정성의 플랫폼에 대응하여 엄청난 양의 실험(experiment)과 혁신(innovation)이 있다. 기업들은 신기술을 개발, 사용하고, 새로운 시장으로 진입하며, 새로운 비즈니스 모델을 탐구하고, 심지어 새로운 산업을 열기도 한다. 그들은 인수를 통해 그들과 전혀 다른 사람과 조직으로부터 외적 투입(external inputs)을 얻는 법을 공격적으로 찾는다. 그들은 신속하게 자원을 조정 또 조정하고, 역할에서 역할로 경영진과 사람들을 이동시키는 데 익숙하다.

일관성과 조정을 유지하는 동시에 현재 상황을 혁신하고 도전하는 두 개의 쌍둥이 능력은 처음 보이는 바와 같은 배타적인 것이 아니라 매우 상호의존적이다. 투명한 가치를 갖는 안정적 조직 환경은 직원들로 하여금 실험에 요구되는 리스크를 감수할 수 있는 자신감으로 이어진다. 높은 성과기준과 "참조기업(reference company)"의 야망은 안정성이 안주로 이어지는 것을 막는다. 강력한 가치는 합리적인 윤리기준을 상징적으로 유지하게 한다. 지속적인 작은 변화들은 대량 구조조정이라는 "빅뱅(big bang)" 리스크를 면하게 함과 동시에 조직에 활력을 불어넣고 진부해지지 않게 한다. 경영층의 지속성은 비공식적인 내부 네트워크의 형성을 가능하게 하며, 이는 성공적 혁신과 관련되어 있음이 오랜 연구로 밝혀진 바 있다. 일관된 기업 리듬과 내부 실무관행들은 지난 일들이 어떻게 일어나야 했는지를 선별하는 데 사용되었어야 할 시간과 에너지를 새로운 일들을 위해 사용할 수 있게 해준다.

따라서 리더십과 경영의 도전은 혁신하려는 세력과 안정을 위한 세력 사이의 보완성(complementarity)을 유지할 수 있는 조직체계(organizational system)를 유지하는 것이다. 혁신의 방향으로 너무 지나치게 기우는 것은 기업의 일관성과 통합의 효익을 망가뜨린다. 안정성의 방향으로 너무 기울면 혁신과 변화가 어려움을 겪을 수 있다. 이들 각각의 경우, 우리의 연구에서 차이가 났던 것은 자본구조, 자본비용, 자산가치, 또는 시장 자본화와 같은 "경성(hard)" 분석 이슈들이 아니었다.

재구성(reconfiguration)에 관한 이 장에서 우리는 경쟁우위가 들쑥날쑥할 때 호황을 누리기 위해 무엇을 해야 하는지 꽤 높은 차원에서 짚어보았다. 다음 장에서 우리는 핵심 과정들에 더 깊이 있게 파고들 것이다. 이어서 우리는 실제 기울어가는 사업라인으로부터 건실한 해체가 어떻게 이루어지는지 살펴볼 것이다.

3

건실한 해체

전략과 혁신에 대해 언급한 글에는 리더들이 해야 할 새로운 일들에 관한 대단한 아이디어들이 넘쳐난다. 그러나 내가 함께 일했던 한 최고 경영자는 최근 "해서는 안 되는 것에 관한 글은 거의 없다!"고 한탄했다. 잠정적 우위(temporary advantage)의 세계에서 어떤 일을 그만둔다는 것, 즉 쇠퇴하는 우위에서 탈출하는 것은 어떤 일을 시작하는 것만큼이나 중요하다. 더 이상 좋은 성장 잠재력을 보이지 못하거나 경쟁자들이 우리 제품을 상품(commodity) 형태로 만들거나 — 어떤 제품이 다른 제품들과 차별성이 없을 경우 '상품'형 제품이라고 함(역자주) — 혹은 단지 성장 전망이 별로 없을 수 있다는 이유로 활동들을 중지해야 하는 경우가 있다.

앞 장에서 우리는 예외적 성장을 이룬 기업들(outlier firms)이 보다 실체적인 출구(exit)와 해체(disengagement) 결정을 내려야 하는 것을 피하기 위해 지속적인 작은 변화로 이루어진 과정을 어떻게 이용하는지에 대해 살펴보았다. 그러나 모든 기업이 다 그렇게 운이 좋았던 것은 아니다. 보다 급진적인 해체가 필요한 경우도 상당히 있었다. (1990년대 후지 필름에 있었던 것과 같이) 생각보다 더 빨리 사업이 무너지거나, (스마트폰 사업에 아이폰의 도입으로 일어났던 것처럼) 시장이 급진적인 방식으로 변하거나, 혹은 기업이 "수익창출(exploit)" 단계에서 단

표 3-1

새로운 전략각본: 해체

~에서	~로
• 쓰라린 결말로 가는 우위의 방어	• 빈번하게, 공식적, 체계적으로 우위를 종결
• 출구를 전략적으로 바람직하지 않은 것으로 봄	• 출구로부터 학습을 유지할 것을 강조
• 출구는 예기치 않게 극적으로 발생	• 출구는 일정한 리듬을 갖고 발생
• 객관적인 사실에 집중	• 주관적인 조기 경고에 집중

지 너무 오래 꾸물대는 것이 그 이유가 될 수 있을 것이다. 이 장에서는 이런 문제에 대해 논의한다(<표 3-1>).

쇠퇴의 조기경고 : 무엇을 찾고 있는가?

보통 사업이나 비즈니스 모델이 사양길에 접어들 것이라는 증거는 기업 위기가 발생하기 훨씬 전에 아주 분명히 나타난다. 만약 누가 그 증거를 찾으려 한다면 훌륭한 정보를 많이 발견할 수 있다. 문제는 이런 정보는 기업이 사업 추진을 위해 사용하는 일상적 측정으로는 발견되지 않는다는 것이다.

혁신에 대한 수익 감소

첫 번째의 뚜렷한 경고 신호는 차세대 혁신이 사용자의 경험에 가져다주는 개선이 점점 줄어들 때이다. 차세대 제품을 디자인하는 사람이 차별화하는 새로운 방법을 생각해내는 데 어려움을 겪는다면 그건 좋지 않은 신호다. 만약 일부 새로운 발견이 기존 궤적을 훼손할 것이라고 당신과 일하는 과학자와 공학자들이 예측한다면 이 또한 좋지 않다. 예를 들어, 리서치 인 모션(RIM: Research In Motion Ltd)의 블랙베리(BlackBerry) 이메일 기기들은 초기의 무선호출수신기에 키패드를 달면서 자연스럽게 등장한 것이었다. 그들의 개발 궤적은 크게 바뀌지 않았고 대부분 컬러 스크린, 카메라, 음성 녹음기, 그리고 일부 응용과 같은 부가적인 터치들을 추가하였다. 비록 고객들이 이러한 혁신을 높이 평가하긴 했지만 그들을 흥분시킬 정도는 아니었다.

상품화(commoditization)의 증가

두 번째 분명한 경고 신호는 새로운 대체 제품들이 고객들에게 점점 더 받아들여지고 있다는 말을 듣기 시작할 때이다. 혹은 더 좋지 않은 상황은, 더 싼 다른 제품들이 당신이 제공하는 것만큼 훌륭하고, 둘 사이에 차이가 별로 없을 때이다. 예를 들면, 구글(Google)은 턴바이턴(turn-by-turn) 음성 내비게이션을 제공하는 안드로이드 장착 모바일 폰을 위한 맵 어플을 개발하였다. 이는 독립형 GPS 내비 기기들의 매력을 쇠퇴시켰고, 그러한 기기들이 더 이상 자동차 계기판(automobile dashboards) 속에서나 손 안에 드는 컴퓨터(handhelds)로서의 인기가 없어질 것이라는 예측까지 하게 되었다.

더 나쁜 상황은, 경쟁 혹은 대체 제공물이 소비자들이 찾고 있는 경쟁의 차원을 바꾸는 정도의 위협을 보일 때로, 특히 이것이 갑자기 닥칠 때 더욱 그렇다. 최근의 일로 2007년 아이폰 도입에 대한 리서치 인 모션(RIM)의 반응을 한 내부자는 다음과 같이 보고하였다.

> 모토롤라, 노키아, 팜, 그리고 기타 초기 개척자들은 물론 리서치 인 모션도 자멸적인 태도로 인해 그들의 기반의 일부분을 잃었다. 특히

리서치 인 모션(RIM)은 처음부터 스마트폰이 무선 호출기의 부산물이고 충분한 배터리 수명이나 더 많은 기능을 위한 무선 기술은 결코 없을 것이라 가정했다. 아이폰이 출하되기도 전 이런 견해를 넘어서는 성장을 시작했지만 최근까지도 운영체제(OS: Operating System)는 초기의 가정에 기반을 두고 있었다.

이 주장은 블랙베리 스톰(BlackBerry Storm)의 개발이 오래전에 진행되고 있었던 것이 아니라 아이폰이 공개된 이후에 시작하였다는 공공연히 알려져 있는 사실을 확인해 주는 것이다. 아이폰이 그 정체를 드러낸 지 2년 후인 2008년 말 스톰이 선적되고 나서야 리서치 인 모션은 최초의 터치스크린 폰을 갖게 되었고 바로 지난 여름 토치(Torch)가 등장하고 나서야 멀티 터치 폰이나 정확한 웹 브라우저를 갖게 되었다.[1]

고객들이 당장 원하는 특징들을 (최소한 안드로이드 폰에 대한 경쟁가로 제공되는 특징들을) 정신없이 따라잡으려고 허둥대는 입장에 있는 리서치 인 모션은 시장 점유율 감소에 골머리를 앓고 있는 중이다.

자본투입에 대한 수익 감소

마지막으로 여러분은 수치에 대해 생각해 볼 수 있다. 흔히 발생하는 첫 번째 일은 판매 성장률의 약간의 감소이다. 이어서 제자리걸음을 하고, 마지막으로 판매 감소로 이어진다. 불행히도 성과상의 수치 감소가 나타나는 시점은 대개는 사전적 반응을 하기에 너무 늦어 원래 있었던 위치보다 더 낮은 곳에서 다시 올라오려고 애쓰는 스스로를 발견하게 된다.

한때 전통적인 출판사였던 월터스 클루워(Wolters Kluwer)는 현재 디지털 세계로의 전환으로 향해가고 있고, 제품 포트폴리오의 관리는 이 기업이 매우 잘 수행해 온 역량이다. 아직 얼마간의 수명이 남은 제품들을 가지고 이 기업은 CEO인 맥킨스트리(McKinstry)가 지적하는 바에 의하면 "가지치기(pruning)"로 경영을 한다. 새롭게 하는 것은 별로 자주 일어나지 않고, 편집 자원이 이에 거의 투입되지 않을 수 있다. 이것은 "수확(harvesting)"이라는 것으로 출판수명주기가 관리되는 방식의 일부로 쉽게 채택되어왔다. 훨씬 더 어려운 것은 철저한 철수(outright divesture)라는 도전이다. 매킨스트리는 그녀의 회사에 "부문별로 소규모 미시시장들을 조직하자"는 검토안을 제도화하였다. 5퍼센트 이상의 유기적인 성장은 고성장(high growth)으로 간주하여 계속 지원하게 된다. 2퍼센트 내지 5퍼센트의 성장은 "유지(maintain)"로 간주된다. 2퍼센트 미만은 수확의 후보가 되어 "철수(divestiture)"로 가게 된다. 월터스 클루워를 장악한 후 맥킨스트리가 한 혁신 가운데 하나는 오늘날 "우리 자본의 60퍼센트 이상이 5퍼센트 이상의 성장 시장에 투입되고 있는" 결과를 가져온 보다 구조화된 포트폴리오 검토과정을 실천하는 것이었다고 그녀와의 인터뷰에서 말했다. 그녀는 분석적인 주안점으로 넘어가기 이전에 "그들이 그동안 추진하였던 것보다 더 많은 것으로부터의 철수"가 가능했던 것은 포트폴리오 관리에 관한 이 규칙(discipline)을 유용하게 활용한 탓으로 돌린다.

누가 출구(exit) 결정을 내리는가?

경영자들의 커리어와 미래 전망이 "그들의" 사업 계속성에 달려 있다는 점에서 이들이 두 손을 들고 해체가 적절하다고 제시하기를 기대하는 것은 비현실적이다. 사실 수익창출 기간에 매우 중요한 효율성 증대 및 고객 충성도 강화에 관한 모든 기량들은 실제 해체(disengagement)의 후보가 되어야 하는 사업을 꽤 오랫동안 매력적으로 보이게 만들 수 있다. 나아가 많은 기업들의 경우, 결정에 의심의 여지가 없다는 식으로 사업이나 사업부에 문제가 될 수 있는 정보는 총합되거나 제시되지 않는다.

이러한 도전을 극복하는 방법에는 세 가지가 있는 것으로 보인다. 그 첫째는 월터스 클루워(Wolters Kluwer)의 경우와 같이 기업의 포트폴리오를 정기적으로 살펴서 해체 혹은 철수 후보를 확인하는 지속적인 전담팀(dedicated team)을 만드는 것이다. 두 번째는 자문회사 엑센추어(Accenture)에서 발견된 패턴으로 경영 팀(management team)을 공격적으로 자주 바꾸어주는 것이다.[2] 세 번째는 프록터 앤 겜블(Proctor & Gamble)의 래플리(A. G, Lafley)가 기업의 "외부를 내부로 연결(linking the outside to the inside)"이라 정의한 도전으로, CEO가 사업 포트폴리오 내 · 외부에 있어야 하는 것에 관한 정기적 평가를 추진하는 것이다. 하버드 비즈니스 리뷰(*Harvard Business Review*) 기사는 "CEO만이 어려운 결정을 포함하는 모험적 전망을 한다."고 주장한다.[3]

제1장에 언급된 바와 같이 (예외적 성공을 거둔 기업 중의 하나인) 야후 재팬(Yahoo! Japan)에서는 이 같은 생각을 여러 차례 강조한다. 이 회사의 투자자 관계부서 책임자인 마키코 하마베(Makiko Hamabe)는 "우리 CEO는 스스로를 가장 중요한 사용자로 생각하며, 사용자로서 그는 야후 재팬이 그를 성가시게 하는 것을 원치 않는다. 그것이 기본 개념이다."라고 말한다. 사업에 대한 이런 연계성으로 인해 그는 야후 재팬이 어떠한 제공을 추진하고 어떤 것을 버려야 하는지 비교적 냉정하게 수치에 근거한 평가를 추진할 수 있다. 이 기업에서 해체의 주된 이유는 사용이나 수익성이 낮거나 제공되는 서비스가 다른 사업과 충돌을 빚을 때이다. 충돌은 서비스의 중단을 촉발할 수 있다. "우리 경영팀은 수익성이 낮다고 보거나 다른 사업과 충돌을 빚을 때 사업을 중단할 것이다. 예를 들어, 몇 년 전 우리는 비디오 방송(videocast) 제공을 중단했다. 이는 사람들이 동영상을 업로드할 수 있는 유튜브

같은 것이었다. 하지만 당신도 알다시피 유튜브(YouTube)에는 허가받지 않은 많은 비공식 동영상들이 있다. 그래서 우리는 대신 훌루(Hulu)와 — 우리는 이를 옐(Yell)이라 부른다 — 같은 서비스를 하고 있다. 동영상 서비스도 있지만 콘텐츠 인가도 받았다."고 하마베는 말을 이었다. 비디오 방송(videocast) 사업은 콘텐츠 공급자와 좋은 관계를 유지할 수 없었기 때문에 종결되었다.

마지막 순간이 모두 같지는 않다

톨스토이(Tolstoy)는 어떤 입담꾼들이 "안나 카레니나 법칙(Anna Karenina principle)"이라고 부르는 문구를 다음과 같이 썼다. "불행한 가족들은 모두 그들만의 방식대로 불행하고 행복한 가족들도 마찬가지다." 사라져가는 경쟁우위에서도 그렇다. 모두 다 같지 않으므로 모두 다 같은 결과를 보이지 않고, 모두 나쁘게 끝나지 않을 것이다. 통계학적으로는 시간이 지남에 따라 모든 사업은 가치를 잃는다. 사실 몇 년 전 『창조적 파괴(*Creative Destruction*)』라는 책에서 당시 맥킨지(Mckinsey)의 연구원이었던 리차드 포스터(Richard Foster)와 사라 카플란(Sarah Kaplan)은 기업이 수령이 차면서 주주들의 총수익이 산업 전체와 비교하여 체계적으로 감소함을 발견하였다.[4] 뒤이은 하버드 비즈니스 리뷰(*Harvard Business Review*)의 논문에서는 만약 당신에게 철수나 축소 후보가 있다면 시간이 지나가면서 잔여 가치가 급속히 파괴될 것이므로 신속하게 움직여야 한다고 지적하였다.[5]

그러나 여기서 우리는 때때로 피할 수 없는 문제, 즉 경쟁우위를 창출하고 있는 이전의 사업을 기업 포트폴리오(corporate portfolio)에서 제거하여야 하는 시점에 대해 숙고하고 있다. 다음 셋 가운데 하나가 그 이유가 될 수 있다. 첫째, 넷플릭스(Netflix)의 경우와 같이 당신의 핵심 제공물이 어떤 이유로 진부화되어 고객, 공급자, 조직을 새로운 플랫폼으로 전환할 필요가 있다고 결론지을 수 있다. 둘째, 사업이 실제 강력한 현금 흐름을 가지고 있고 계속사업으로 매력적이지만 더 이상 당신의 전략에 맞지 않을 수 있다. 혹은 마지막으로, 결국 사업이나 역량이 순전히 쓸모없는 쪽으로 가고 있을 수 있다. 다음에는 시간(time)의 문제가 있다. 우위의 이동(shifts in advantage)은 비교적 진화적이어서 이행하는 데 아주 많은 시간이 든다. 이런 요소들을 결합하여 여섯 가지 형태의 해체 활동들을 생각해 볼 수 있다.

해체를 위한 여러 전략

첫 번째 차원은 미래의 자산이나 역량에 관한 경영층의 판단에 관한 것이다. 두 번째는 상당한 시간적 압력의 결과 해체가 이루어지는 것에 관한 것으로 <표 3-2>에서 보는 바와 같은 간단한 매트릭스를 보여준다.

순차적 이동(Orderly Migration) : 고객의 니즈는 새로운 방식으로 충족될 수 있겠지만 당신은 시간이 있다

2010년 비즈니스위크(*BusinessWeek*) 기사에서 나는 노르웨이의 쉽스테드(Schibsted)라는 기업에 관한 놀라운 이야기를 접하게 되었다.[6] 쉽스테드는 1839년에 설립된 유서 깊은 신문사이다. 이는 다른 신문사와 마찬가지로 수입 감소로 휘청거리고 있다. 비즈니스위크 기사는 2000년에서 2010년 사이 미국 신문 광고 수입이 2000년 486억 달러에서 2009년 248억 달러로 매우 비극적으로 주저앉았고, 분류광고(classified ads)가 가장 큰 하향세를 겪었다고 지적했다. 미국 동종지와 마찬가지로 VG나 아프텐포스텐(Aftenposten)과 같은 쉽스테드(Schibsted)의 일

표 3-2

해체전략

	역량이 사업의 미래에 핵심	역량이 가치가 있지만 우리에게는 아님	역량의 쇠퇴중임
비교적 적은 시간 압력	**순차적 이동** 현재의 구성에서 미래의 구성으로 사업의 변천 양상	**중고물품 세일** 우리가 더 이상 관심이 없는 자산에 대해 상당한 가격을 유지	**유출** 투자를 줄이면서 고객에게 지원을 계속하여 상당한 보수를 받음
강력한 시간 압력	**긴급상황** 과거의 핵심역량에서 벗어나 새로운 핵심으로 빠르게 이동하는 해법을 찾음	**폭탄 세일** 우리가 더 이상 수익창출의 위치에 있지 않은 비핵심 자산을 처분	**마지막까지 살아남는 자** 합병을 촉진하거나 아니면 수익성 있는 종반전 입지를 위해 노력함

간지도 광고, 특히 분류광고의 수입이 격감되었다. 그러나 미국 동종지와 달리 쉽스테드는 이에 전혀 관심을 기울이지 않았다. 드러난 바에 의하면, 대부분의 고객 이탈은 여러 쉽스테드 소유 기업들로부터 하나의 쉽스테드 소유 기업으로 옮아가고 있었다. 1999년 이 기업은 온라인 광고를 위한 플랫폼을 제공하는 FINN.no라는 온라인 기업을 분리 신설하였다. 이 기업은 신문들과 직접 경쟁하는데, CEO 롤프 에릭(Rolv Erik)은 분위기가 괜찮다고 말한다. "우리는 수익이 있는 사업부문을 미리 없애는 것을(역자주: cannibalize에 대한 번역으로 이는 기업이 사업부문이 수익이 있음에도 불구하고 환경변화에 대응하여 전략적으로 이를 없애는 것을 의미함) 두려워하지 않았다."고 그는 한 기자에게 말했다.[7]

쉽스테드가 추구하는 온라인 비즈니스 모델은 미국 신문 경영자의 두통거리인 크레이그리스트(Craigslist)의 경우와 그리 다르지 않다. 대부분의 목록은 무료로 이용가능하다. 쉽스테드 사이트는 보다 잘 보이게 목록을 게재하는데 프리미엄을 물리고, 크레이그리스트가 취급하지 않는 기업체의 목록도 게재한다. 이 기업은 구직과 자동차 판매업을 하는 자매 사이트도 갖고 있다. 이 둘의 운영비를 최소화함으로써 온라인 광고(online ads)가 여태까지의 인쇄물 광고(print ads)보다 더 수익성이 있다는 결과를 얻었다. 이들 노르웨이인들은 본격적인 활동을 시작하여 인수 혹은 새로운 영역을 개척하여 22개국에 광고 사이트를 열었다. 이 기업은 현재 온라인 광고 부문에서 크레이그리스트와 이베이 다음으로 세계 3위를 달리고 있고, 일부 사이트에서의 이익률은 60퍼센트를 기록하고 있다.

리스달(Ryssdal)의 전임 CEO인 크엘 아모트(Kjell Aamot)는 스칸디나비아에서 저명한 인물로 이 지역에 본부를 둔 상장 기업에 가장 오래 재직한 CEO 중 한 사람이었다. 그는 "20년 내에" 현재의 인쇄 신문 모델의 소멸을 예측하여 평판이 좋지 않았는데, 한 옵서버는 이에 자극을 받아 "신문 사업의 종말에 관한 이 모든 예측들이 완전히 넌덜머리가 난다."고 불평하였다.[8] 그는 어디서 이런 영감을 얻을까? 다른 곳이 아닌 그의 손자들로부터였다. 인쇄 미디어의 한 옵서버는 아모트가 내린 미래에 대한 결론을 설명하면서 그는 손자들이 텔레비전을 덜 보는 대신 인터넷과 모바일 폰 사용을 선호하는 것을 보았다고 했다. 또한 그는 그 아이들이 실시간 상호 게임을 하다 다른 일로 옮겨가는, 즉 얼마나 자주 습관을 바꾸는지에 놀랐다. 그는 종래의 신문은 그들의 니즈에 맞지 않다고 단정적으로 평가했다.[9] 아모트는 원래의 비즈니스 모델의 쇠퇴를 준비하여 기업이 인터넷 특성으로 이동하게 한 주요 추진자였다. 그렇다면 그 미래는 어떨까? 아마 그가 지적하는 바와 같이 신문업은 차량 판매와 같이 다른 사업으로부터 나오는 보조금을 지급받아야 할지 모른다.

쉽스테드의 이야기는 고객과 수익 흐름을 점진적으로 이동시키며 과거의 우위에서 새로운 우위로 모델을 운영함으로써 어떻게 한 사업에서 해체하는지를 말해준다. 또한 이는 역발상적 고객수용(reverse customer adoption)이라는 흥미로운 접근방법이다. 온라인으로 가고 싫어하는 고객들은 이를 위해 마련된 수단을 찾아 쉽게 전환하였다. 그렇게 하고 싶지 않은 사람들은 준비를 갖출 때까지 강요받지 않았다. 대량판매 시장을 통한 조기 수용자들의 움직임은 쉽스테드에 의해 능숙하게 관리되었다.

넷플릭스(Netflix)의 경우는 그렇지 않았다. 이 기업은 많은 사람들이 준비를 갖추기 전 고객에게 변화를 강요함으로써 그들을 화나게 만들었다. 넷플릭스는 어느 부문에서 출구가 이루어져야 하는지 파악하여 순차적으로 진행하지 않고 한꺼번에 모든 사람에게 동일한 전략을 시도하였다. 그 결과 대량판매 시장이 들고 일어났다. 내 생각에는 이 기업은 고객들에게 이전(transitions)을 준비하게 하는 것은 이들을 새로운 제품수용과정(new product adoption process)을 통과하도록 하는 것과 같다는 사실을 먼저 깨달았어야 했다. 물론 그 반대가 되는 예외의 경우도 있다. 하지만 모든 고객들이 같은 속도로 움직일 준비를 하지는 못할 것이다. 처음부터 이동해야 하는 고객, 그 다음, 그 다음과 같이 순서가 있다.

리드 헤스팅즈(Reed Hastings)가 모든 사람들에게 가격을 올리는 대신 DVD 서비스를 중지하는 사람들에게 가격 인하를 선택적으로 해주었다면 그 부문을 새로운 모델로 이동시켰을 것이다. 그랬다면 그는 "라이트 유저(light user)" DVD 고객들에게 원할 때마다 새 DVD를 갖는 대신 같은 가격에 한 달에 하나씩 갖도록 제의할 수 있었을 것이다. 만약 그들이 빠른 서비스를 원한다면 가격은 올라갈 것이다. 그러나 이는 DVD 사용이 줄어드는 쪽으로 움직일 것이다. 그런 다음 모든 스트리밍이 그렇게 나쁘지 않음을 깨닫기 시작할 즈음 주류의 구매자들에게 큰 폭의 가격 인상을 할 수는 있었다. 그러나 많은 사람들이 그럴 준비를 갖추는 것보다 더 빠르게 고객들을 무리하게 움직이게 함으로써 헤스팅즈는 기업을 전략적 실책에 노출시켰다.

긴급상황(Hail Mary) : 핵심사업이 긴박한 위협 상황에 놓이면 확실한 위기로 느껴진다

이는 당신이 결코 놓이고 싶지 않은 상황이다. 핵심사업(core business)이 파이프라인에 묘책이 없는 긴박한 시장 점유율 및 이윤의 위협에 놓일 때 당신은 어디에 집중해야 할지 신속히 결정해야 한다. 노키아(Nokia)를 보자. 노키아는 라인에 있는 제품들의 수요가 감소하는 깊은 경기침체, 일부 핵심 사업에서의 손실, 새로이 등장하는 성장시장에의 적절한 침투의 실패, 리더십의 불안정, 주가의 붕괴 등을 겪었다. 미안하지만 나는 2011년의 노키아를 얘기하는 것이 아니다. 강력한 기업이 운이 좋지 않아 이 기업의 경영진들이 라이벌 기업인 스웨덴 기업 에릭슨(Ericsson)에게 기업을 구매하라고 했다가 결국 거절당하는 굴욕적인 수순을 밟았던 1980년대 말의 노키아에 대해 얘기하고 있다.

몇 년 후 결국 엄청난 반전을 이루게 된 일에 참여했던 경영팀 구성원 가운데 한 사람이었던 마티 알라후타(Matti Alahuhta)는 "알다시피 그때는 아주 간단했다. 우리는 달리 방법이 없었다."라고 내게 말했다. 이 기업은 과거 컴퓨터화와 통신기술에 대한 투자로부터의 자산과 과거 정부 소유의 통신 독점기업들에 대한 인수에 의존하여 초기 통신사업에 희망을 두기로 결정하고, 나머지 사업들은 모두 버렸다. 고무장화, 케이블 생산, 기타 산업재, TV 사업 등 모든 것을 버렸다. 이것이 핵심사업이 부적절해지기 직전 해체의 속성이다.

하지만 물론 내가 연구하고 일하며 수년간 지켜본 기업인 현재의 노키아에 대해 당신도 비슷한 이야기를 쓸 수 있을 것이다. 2000년도에 처음으로 이 기업과 교류를 시작했을 때 나는 다른 많은 사람들처럼 매우 감탄하고 있었다. 이 기업은 한동안 모바일 수신기(핸드폰)로 대단한 성장을 했고, 그 일은 무척이나 놀랄만한 일이었다. 그러나 처음에 노키아 벤처 조직(Nokia Ventures Organization)을 위한 초이스 프로그램(Choices program)에서, 그리고 나중에 많은 경영 프로그램들에서 더 많은 시간을 보내기 시작하면서 나는 걱정이 되기 시작하였다. 내가 오랫동안 훌륭한 본보기로 들었던 (그리고 연구를 해서 여러 학술 논문에 발표한) 그 벤처 과정(venturing process)이 최고경영진의 지지를 잃어가고 있는 것처럼 보인 것이다.[10] 제품지향(product orientation)보다는 수치적 지향(numbers orientation)을 더 따르는 새 CEO의 지명으로 능력 있는 많은 사람들을 잃었다. 그리고 비록 인도나 중국과 같은 곳에서 기세 좋게 성장하고 있었지만 미국이 그들의 핵심 목표 시장이라고 말하는 수년간의 전략적 진술(strategic statement)에도 불구하고 이 기업은 미국 어디에도 없었다.

어떤 베테랑 노키아 연구가이자 산업 전문가는 "그들의 가장 큰 문제는 안주(complacency)이다."라고 내게 말했다. 의자에 깊숙이 기댄 채 당시의 많은 노키아 리더들의 보디랭귀지를 흉내 내어 팔을 꼰 채 "사실 그들은 안주하는 태도에 실제로 만족하고 있다."고 말했다. 그때 나는 웃었다. 2001년도에 그 기업과 일하면서 나는 다시 웃었다. 당시에 나는 많은 노키아 엔지니어들과 핀란드 오울루(Oulu)에 있는 추운 호텔에 함께 있었다. 새로 출시된 아이팟(iPod)에 관한 이야기가 등장했고 그들은 아주 건방지게 "그거? 그건 단지 좋은 케이스에 낡은 기술로 만든 하드드라이브일 뿐이야."라고 말했다. 2006년경 나는 그 기업과 적극적으로 일하는 것을 그만두었지만 이 무렵 이루어지고 있는 경영 의사결정들에 대해 새로이 알게 될 때마다 경고 벨이 울리고 있음을 알았다.

노키아를 비롯해 많은 연구 프로젝트에 참여했던 한 동료가 보낸 2007년 1월자 이메일을 받고 나는 깜짝 놀랐다.

리타에게,

오늘 노키아에서 아주 재미있는 미팅이 있었어. 신사업 그룹(New Business Group) 책임자가 마지막 순간에 출장을 가서 그를 만나지 못하고 그의 전략담당 이사를 만났어. 그들은 (노키아 벤처 조직(NVO)의 책임자이며 CEO의 역할 등) 인사상 많은 변화를 겪은 이후 다시 한 번 그들의 신사업 개발부서를 재창조했어. 벤처 창업에서 완전히 벗어나 지금은 노키아 벤처 조직(NVO)을 수익(AND)과 성장을 보여야 하는 자체 사업 집단으로 보고 있어. 그들은 그 많은 초기 단계의 활동들을 포기하고 (즉, 작년 8월의 이노벤트(Innovent)의 폐지), 소위 프로젝트 혹은 비즈니스 라인 형태의 다른 산업 분야에 접근하려 하고 있어… 내 생각으로는 그들이 큰 실패로 가고 있는 것으로 보이는데, 더 나쁜 것은 조직의 많은 사람들이 그것을 알고 있다는 점이야(그 전략담당 이사는 모든 것을 핵심 위치에 있는 사람들에게 얼마나 의존하고 있는지에 대해 말하고 있었어).

독자들은 지금쯤 이 기업이 어디로 가고 있는지 알 것이다. 그 뒤 그 동료와 나는 전화 통화를 했고, 교육의 목적으로 사용했던 본보기가 되는 혁신기업에서 노키아를 빼기로 결정했다. 그것이 2007년이었다. 지금이 2012년이고, 그 기업은 또다시 위기에 처해 있다.

노키아가 마이크로소프트의 오피스 사업부에서 영입한 CEO인 스테판 엘롭(Stephan Elop)은 1980년대말 이 기업의 리더들이 마주했던 것과 똑같은 도전에 직면했다. 이 기업이 차세대 궤적으로 옮겨갈 수 있도록 부담을 줄일 수 있는 방법은 없을까? 나는 스테판이 마이크로소프트에서 일하며 그 핵심사업인 190억 달러의 오피스 프랜차이즈를 운영하고 있었을 때 그를 처음 만났다. 그의 관심은 전략, 성장, 적절한 사업 규모, 새로운 영역을 쫓아 핵심 프랜차이즈에서 자원을 끌어오는 일을 다루는 법, 몇몇 중요 위치에서 그들이 범한 오류의 원인,

즉 간단히 말해서 소프트웨어 자이언트(software giant)의 생각에 도움이 될 것으로 생각되는 많은 것들에 관한 관점을 공유하는 데 있었다.

그렇다면 노키아에서 엘롭이 내린 중대한 해체 결정은 무엇이었나? 그는 노키아 운영 체제인 미고(MeeGo)의 개발을 버리고 대신 마이크로소프트의 윈도우즈 7 소프트웨어를 채택하였다. 미고는 안드로이드와 애플 스마트폰에 대응한 그 기업의 해법으로 기업을 구하는 데 어떤 역할을 할 거라 널리 회자되었으므로 그 결정은 가볍게 이루어진 것이 아니었다. 엘롭과 최고 개발책임자인 카이 오이스테뫼(Kai Oistämö)는 미고 프로젝트에 깊이 관여하고 있던 20명과 인터뷰를 하여 제품 검토를 한 다음 슬프고도 놀라운 결정을 내리게 되었다. 최선의 진전 속도로 그 기업은 2014년 이전 단 3개의 미고 장착 수신기를 소개할 것이지만 이는 이미 노키아의 핵심사업을 괴롭히는 위기에 대처하기엔 너무 늦었다는 것이었다.[11] 엘롭은 개발 노력을 중지하는 대신 이 불운의 운영체제에 참여하고 있는 인재들을 더 미래 지향적인 프로젝트로 재결집하기로 결정하였다. 애플의 운영체제를 사용하는 것은 불가능하였다. 구글의 운영 체제로 가동하는 것은 노키아를 선도적 입지에 두지 (노키아의 나브텍 사업단(Navteq unit)에 경쟁력을 주지는) 못할 것이다. 그러면 마이크로소프트가 남는다. 미국의 스마트폰 시장에서 마이크로소프트는 소프트웨어 기업으로서 지분이 극히 적긴 하지만 노키아의 오랜 소망인 미국 시장에 접근에 도움을 줄 수 있는 기업 및 유통 파트너와 강력한 제휴를 맺고 있다.

이제 전략은 세 부분으로 나뉜다. 첫째, 노키아가 자체 소프트웨어를 가졌을 때보다 더 빨리 움직이기 위해 마이크로소프트의 소프트웨어를 사용해 스마트폰 게임으로 돌아가라. 다음으로, 이머징 마켓에서의 존재를 확인하라. 그리고 비즈니스위크(*BusinessWeek*) 기사가 설명하는 바와 같이 중기적으로는,

엘롭의 세 번째 우선순위는 새로운 혼란(New Disruptions)을 일으켰다. 이는 완전히 인정된 비밀 연구개발팀들(skunkworks)로, 헬싱키팀과 실리콘밸리팀이 있는데, 여기에는 중단된 심비안(Symbian)과 미고(MeeGo)를 위해 애썼던 최고의 기술자들이 배치되었다. 이 계획은 완전히 새로운 기기를 탄생시키기 위해 노키아가 2009년에 한 오픈소스 전도사를 고용하는 것으로부터 시작되었다. 몇 달 후 심비안의 대체안을 개발하기 위해 그들은 재배치되었다. 엘롭은 2월 29일 베를린에서 엔지니어 단체에게 "목표는 애플, 안드로이드, 지금 우리가 마이크로소프트와 하고 있는 모든 것을 날려버리고 상관없게 만드는 차세대의 대형 제품을 다시 한 번 찾는 것이다. 그렇게 해서 다음 12개월이 지나 노키아를 진정한 궁지에서 구해낼 걱정을 하지 않게 된다면 나는 족쇄에서 풀려나게 될 것이다."라고 말했다.[12]

그것이 효과가 있을 것인가? 한 기업이 이런 형태의 해체 결정으로 씨름하고 있을 때 많은 일들이 잘못될 가능성이 있고, 노키아는 많은 시간을 허비하였다. 반면 이 기업이 더 일찍 깨달았다 하더라도 별로 달라질 것은 없었다. 2011년 10월경 그 제휴에서 나온 첫 스마트폰은 "노키아가 게임에 돌아오다(Nokia Gets Back in the Game)"라고 외치는 헤드라인으로 비평가들의 찬사를 받으며 시장에 등장했다. 어떻게 될지는 다음 장에서 알아보자.

중고물품 세일(Garage Sale) : 사업은 가치가 있지만 우리에게는 더 이상 그렇지 않다

특정의 우위가 없는 일부 사업들이 여전히 괜찮은 성장을 하거나 현금 흐름의 잠재력을 갖기도 하지만 모기업이 가졌던 오버헤드 비용 구조나 수익의 정도에는 미치지 못한다. 제약회사들이 특허기간이 끝난 의약품을 처리하는 방식은 이러한 딜레마를 반영하고 있다. 복제 의약품 사업은 머크(Merck)나 노바티스(Novartis)와 같은 조직에는 흥미 없어 보일지 모르지만 저비용 글로벌 경쟁자 테바(Teva)에게는 엄청나게 매력적이다. 이와 마찬가지로 버라이즌(Verizon)에게는 전화번호부 사업이 상품화의 영역으로 가는 길인 것처럼 보였겠지만, 그 사업이 창출하는 일관된 현금 흐름에 매력을 느끼는 두 비공개 기업은 이 사업을 열성을 다해 낚아채었다.

버라이즌의 장기간 CEO로 재직한 이반 사이덴버그(Ivan Seidenberg)의 지휘 아래 그 기업은 육상 통신선과 같은 과거의 저성장 핵심 사업에서 벗어나 무선 및 데이터 서비스를 포함하여 더 경쟁적이고 리스크가 있는 방향으로 움직이는 공격적 전략을 추진하였다. 컬럼비아대학교 경영대학 동료인 브루스 그린발트(Bruce Greenwald)로부터 약간 자극받아 2001년의 이른 시기에 사이덴버그는 35퍼센트는 무선에서 20퍼센트는 데이터에서 나오는 1천억 달러 이상의 연간 수익을 창출하는 기존의 우위가 사라질 것을 예상하고 있었다.[13] 그는 또 전통적인 음성 수익이 전체 수익의 60퍼센트에서 약 35퍼센트로 낮아질 것이라 예상했다. 그 이후 이 기업은 전화번호부와 같은 저성장 사업 단위들을 (견고한 현금 흐름을 제공함에도 불구하고) 처분하였다.[14] 버라이즌은 그 대신 이런 스핀오프 사업들에서 벌어들인 현금을 방송 및 인터넷 서비스를 제공할 때 케이블 방송사들과 경쟁할 수 있도록 광섬유 서비스 기술과 같은 새로운 영역에 대량 투자하였다. 사이덴버그는 많은 기업들이 실패했던 일을 해냈다. 그는 핵심사업들이 상당한 현금을 창출하고 있는 동안 기업의 미래에 과감한 투자를 하였다.

핵심사업에서 출구하여 기업을 성장 반열에 올려놓는 가장 어려운 도전 가운데 하나는 투자단체(investment community)에게 그렇게 하는 것이 잘하는 일이라는 확신을 심어주는 것이다. 버라이즌의 주가는 브로드밴드 제공에 돈을 쏟아 부은 수년간 완만하게 기울었다. 그러나 2007년을 시작으로 "버라이즌의 중대한 TV 배팅이 성공하다(Verizon's Big TV Vet Pays Off)"라는 제하의 기사들이 등장하기 시작했다. 2009년 초 배런(Barron)에 실린 버라이즌에 관한 기사는 이렇게 시작했다. "버라이즌은 아주 정상적인 시기에 믿을 만하고 평상시와 다름없는 결과를 주는 기업에 투자하고, 성장 가도에 계속 집중하며, 시장을 제패하는 수익의 전망이 있는 기업에 투자한다. 뉴욕에 본부를 둔 자이언트 통신업체인 버라이즌 통신(Verizon Communications)은 꼭 필요한 것을 잘 공급한다."[15]

이전의 핵심사업에서 출구하는 기업의 과감함을 옹호하는 입장에 선 기사로 버라이즌은 분명 크게 만족했을 것이다.

폭탄세일(Fire Sale) : 긴급 중고물품 세일

일시적 우위 현상과 관련하여 경영 교육자들을 가장 좌절하게 하는 일 중의 하나는 정말로 흥미로운 일을 하는 훌륭한 기업사례를 전략적으로 찾아내자마자 이 기업이 곧바로 우위에 손상을 입고 희생되는 경우이다. 그렇게 되면 나중의 나쁜 성과로 인해 그들이 시작한 흥미로웠던 아이디어가 온전히 불명예스럽게 된다. 멕시코 시멘트 생산업체인 시맥스(CEMEX)에 대해 내가 느꼈던 것이 그런 경우에 해당한다. 나뿐만 아니라 많은 경영 연구자들이 시맥스를 혁신, 디지털 기술의 현명한 사용 그리고 공격적인 인수와 합병(M&A) 활동을 통하여 글로벌 참여자가 되어 오늘날 세계 3위의 시멘트 기업이 된 왕성한 지역 기업으로 칭송하는 글을 썼다.

불행히도 이 기업은 일부 시의적절치 못한 인수와 글로벌 건설경기 침체로 2009년도에 거의 파산에 이르게 되었고, 2011년 3분기에만 8억 2,170만 달러의 손실을 보게 되어 시맥스에 큰 불명예를 안겨주었다.[16] 시맥스는 핵심 사업에 위협을 받게 되어, 부채를 줄이고 재무

계약에 맞추기 위해 2012년 말 10억 달러에 달하는 소위 비핵심 자산의 대규모 해체(disengagement)를 강행했다. 시맥스의 CEO인 로렌조 잠브라노(Lorenzo Zambrano)는 10퍼센트의 자본이익률을 내지 못하면 해체한다는 각오로 기업의 모체 권한 안에 남겨둘 사업들을 도전적으로 선별하였다. 해체하여야 할 목록에는 채석장, 조인트 벤처가 보유한 자산, 부동산, 그리고 연말까지 이자, 세금, 감가상각비, 분할상환금 이전 수익을 창출하지 못하는 기타 유휴자산들 등이 들어 있었다.[17]

앞서의 범주에 드는 보다 조정된 자산 처분과 달리 이러한 폭탄세일(fire sales)은 흔히 은유적 갈퀴로 무장한 투자자들과 분석가들이 손실을 없애고 집중하라는 압력을 경영진에 행사하기에 상당한 강박 아래서 이루어지며, 기업의 전환 이유에 관한 설득력 있는 이야기를 만들어낸다. 이 점에서 친구이자 동료인 해리 코린(Harry Korine)이 자주 지적했듯이, 때로는 적극적인 투자자들이 어려운 결정을 내리기 꺼려하는 경영팀에게 핵심적인 압력을 행사할 수도 있다.

유출(Run-off) : 사양 기술이나 역량이지만 아직 원하는 누군가가 있다

어떤 것이 수명 만료 단계에 있을 때도 아직 거기에 의존하고 있는 중요한 구성요소들이 종종 있다. 이런 상황에 있는 기업은 남겨질 고객들과 주주들에게 적절한 지원을 제공하면서 타당한 규모로 사업을 줄여나가는 방법을 모색해야 한다. 흔히 비교적 가격에 민감하지 않고 깊은 욕구가 있는 틈새고객(niche customers)들이 이에 해당한다.

비공개기업인 GDCA(과거 GD 캘리포니아)는 고객 기업들이 핵심고객들에 대한 약속을 저버리지 않고 낡은 기술들을 거두어들이게 함으로써 제품 노후화(product obsolescence)에서 효익을 본 기업이라는 하나의 훌륭한 사례가 된다. (보드와 같은) 컴퓨터 장비의 주류 공급업자들이 기술개선과 제품소멸 결정에 대한 반응으로 낡은 장비를 없애고 반들거리는 새 기계들로 공장을 채운다면, 그들의 보드를 끼워 넣었던 정확도가 요구되는 의료, 군사, 산업 장비의 생산자들에게 엄청난 문제를 야기하게 된다. 부품을 바꾸는 경우, 그 부분과 관련된 제품의 재디자인이 필요할 수 있고, 이는 나아가 장비가 적절히 가동될 것이라는 품질 및 보증이라는 갱신 라운드를 요구를 촉발시킬 수 있다. 수명 만료 상황에서 더 빈번하게 일어나는, 예상 수요에 대처하기 위해 과거의 보드를 충분히 사두는 식의 과거형 솔루션은 비용이 많이 들고 번거로운 것으로 드러나고 있다.

이런 어려움에 접한 GDCA는 반직관적으로 하류 고객들에게 그들의 디자인에 들어 있는 정확한 보드를 계속 구매할 수 있도록 보장하기 위해 노후화된 보드 디자인을 생산하는 비즈니스에 뛰어들었다. 이 기업의 이용가능성 보장 프로그램(Availability Assurance Program)은 기본적으로 부품 노후화와 고객들이 겪게 되는 문제에 대한 보장 정책이다. 가입자들은 원공급업자가 보드를 만드는 것을 중단하기로 결정하면 GDCA에 문의하게 된다. 다음으로 GDCA는 원공급업자로부터 기업 내 엔지니어링 그룹으로 기술을 이전하고, 예비부품을 비축하며, 필요시 더 많은 단위를 생산하고 수리를 하며, 고객이 최종적으로 이동할 준비가 되었다고 결정되면 그 프로그램을 종료한다. 2003년을 기준으로 가입비는 건당 10,500달러이고, 여기에 보드당 연간 수선비 3,000달러가 추가된다.[18] GDCA는 또한 단순히 생산에 의존하는 것이 아니라 보장(insurance)을 하는 혁신적인 비즈니스 모델을 개발함으로써 사양 품목에서 효익을 본 점은 주목할 만하다.

이러한 “적절한 규모로 감축(shrink to the right size)” 전략에 있어서 많은 기술기업들은 개발된 사업이 중단될 때 귀중한 기술역량(technological capabilities)을 잃는 위험을 감수하게 된다는 점을 고려해야 한다. 이 문제에 대처하기 위해 기업들은 이러한 역량들을 살려놓는 데 집중하는 특수사업단(special business unit)을 발족하기도 한다. 예를 들어, 통신 공급업체 어바이어(Avaya)는 "맞춤개조(custom engineering)"단을 유지하고 있는데, 여기서는 기본적으로 역량을 사용하지 않고 두었다가 다시 한 번 고객의 문제와 관련되는 것으로 보이는 경우 이들을 활성화하거나 혹은 고객이 더 이상 지원을 원하지 않을 때 이들을 퇴출시킨다. 어바이어의 전임 전략책임자인 모하마드 알리(Mohamad Ali)는 기업이 "특정 역량을 살려두기" 위해 사용하는 방법에 대해 설명해 주었다. 조기 수용자들이 주어진 솔루션을 구매하기로 결정하고 나면 "당신은 그것을 중단하여 고객을 저버릴 수 없다."고 그는 말했다.

그는 이 기업이 일본 시티뱅크(Citibank)를 위해 개발한 상품의 예를 들었는데, 이 기업은 폰이나 비디오 이송 수단을 이용하여 수백 마일 떨어져 있는 고객과 은행원이 상담할 수 있는 것으로, 고객이 떨어져 있는 은행원과 상담할 수 있는 "씬 콜(thin call)" 솔루션이라는 것을 개발하였다. 그의 말을 빌리면, "우리가 씬 콜을 없애기로 결정했다고 하자. 우리가 포기한다면 시티뱅크는 좋아하지 않을 것이다. 그래서 우리는 그것을 맞춤개조단에 남겨두어 시티뱅크가 고객으로 남아 있는 한 우리는 계속 그것을 지원할 것이다." 맞춤개조단은 또 어바이어가 즉각적인 상품개발을 위해 동원하진 않지만 인력과 노하우에 접근할 수 있도록 해놓은 장소이기도 하다. 이는 효과적인 해체(effective disengagement)를 위한 두 원칙을 설명하고 있다. 첫째, 사업이 끝남으로 인해 핵심역량을 잃는 것은 아니다. 둘째, 당신이 무언가를 하던 것을 그만둠으로써 악영향을 받게 되는 이해관계자들은 건재하다는 것이다.

마지막까지 살아남는 자

해체를 위한 한 가지 전략은 사양산업의 통합(consolidation)을 촉진하여 선도 공급자의 하나로 남음으로써 효과적으로 시장을 줄여나가는 것이다. 여기에서의 전략적 논리는 사양길에 접어드는 사업은 비교적 적은 투자를 요하고, 비용은 매몰되며, 생존이 달려 있는 경쟁자들과 부딪치지 않는 범위에서는 생산량이 준다고 하더라도 실제 현금 흐름이 아주 좋을 수 있다는 것이다. 물론 이러한 전략이 적용되려면 사업 참여자들이 모두 이 전략을 성공적으로 수행할 수는 없어야 한다. 즉, 일부는 출구전략을 추진하여야 한다. 이 과정은 극적인 효율성을 갖추고 있어 다른 경쟁자들이 떨어져 나갈 때까지 비용을 줄여서 운영할 수 있는 단 하나의 경쟁자에게만 도움이 될 수 있다. 잉여 역량(excess capacity)을 줄이는 또 하나의 방법은 다른 기업의 자산을 사들이거나 그들의 생산역량을 넘겨받거나, 혹은 역량을 확보할 조인트 벤처를 설립하거나 외주 파트너로 활동함으로써 이를 줄여나가는 것이다. 또한 강력한 기업에게는 사양사업에 공격적으로 투자하는 옵션이 있는데, 이는 경쟁자들에게 동종산업에 남아 있는 것이 매우 매력적이지 않게 해준다. 이런 방식은 헌츠만 케미컬(Huntsman Chemical)의 존 헌츠만(Jon Huntsman, Jr)이 직물 염료와 패스트푸드 체인을 위한 "조가비(clamshell)" 용기를 만들기 위해 사용한 화학제품에서 보듯이 다양한 산업을 통합하는 과정에서 성공적으로 수행되었다.

물론 경쟁자의 행동과 산업에서의 가능한 미래 가격책정은 예상하기 어려우므로 그러한 전략에 위험이 없는 것은 아니다. 글로벌 철강산업이 이를 보기 좋게 설명해 주는 흥미로운 부문이다. 어느 누구도 아르셀로미탈(ArcelorMittal)의 CEO인 락시미 미탈(Lakshmi Mittal)을 자신감이나 비전이 부족하다고 비난하지 않을 것이다. "용감함만이 모든 것을 변화시킨다."는 문구에 따라 미탈은 논란이 되는 수많은 합병들을 해냈다. 세계 무대에서 처음으로 그를 주목하게 한 것은 엄청난 규모로 성장한 그의 인도 회사가 2006년 프랑스 철강기업 아르셀로(Arcelor)를 손에 넣으려고 했을 때였다. 프랑스인들은 건방졌고(이 거래에 자금을 대기로 한 자본은 "원숭이 자금(monkey money)"이라 불림), 일반적으로 유럽인들은 신흥공업국으로부터 등장한 한 기업이 유럽의 아이콘을 인수할 힘을 모을 수 있다는 사실에 깜짝 놀랐다.[19]

미탈은 승리했고, 그는 비용을 빼면 경쟁우위가 별로 없는 이 산업에서 선도적 위치를 차지하겠다는 목표로 글로벌 철강산업의 합병을 강화하기 위한 20년간의 비전을 실현하는 데 하나의 마일스톤을 추가하였다. 미탈은 수년간 노력했음에도 불구하고 운이 닿지 않아 비용효과나 합병의 효익을 얻지 못했고, 2010년 여름 아르셀로미탈은 스테인리스 강 사업을 계열분리할 계획을 발표하였다. 이 상황은 사양하는 각축장(declining arena)에서 선두가 되는 것이 얼마나 어려운지를 전형적으로 보여주는 일례이다. 한 옵서버(이름을 밝히길 거부한 한 북유럽 분석가)는 "기업의 규모를 줄인다면 그 부문이 혜택을 보겠지만 아무도 자청하려 하지 않는다. 나는 아무 일도 일어나지 않을 거라 생각하고 싶다."고 주장한다.

그래서 건실한 해체(healthy disengagement)의 원칙이 있다. 첫째, 경고신호들을 확인하라. 흔히 이들은 정량적인 후행지표보다는 정성적인 선행지표들이다. 다음으로는, 수치의 중요성이 인정되는 방법을 창출하라. 그리고 일단 결정이 내려지면 당신이 처해 있는 상황을 확정하고 가장 합리적인 해체전략을 수립하라.

지금까지 여러분이 본 바와 같이 종래의 예산관리 및 기획 과정은 일시적 경쟁(transient advantage) 환경에는 별로 도움이 되지 않을 것으로 보인다. 한 사업의 출구를 결정하고 효과적으로 출구를 실행한다는 것은 예산 봉쇄를 돌파하고 자원들을 효과적으로 다른 곳으로 이동시키는 능력을 요구한다. 다음 장에서는 내가 칭하는 "능숙한

(deft)" 조직이 우위에서 우위로 옮겨갈 때 대응성과 신축성을 높이기 위해 그들의 자원을 어떻게 사용하는지 더 자세히 알아볼 것이다.

주 : 가치획득해체(value-capturing disengagement)를 추진하는 방법에 관한 논의는 『발견 주도적 성장(*Discovery-Driven Growth*)』의 제8장을 보라.

4

자원배분을 이용한 **능숙함**의 **촉진**

조직이 행동하는 방식을 구축하려면 자원배분과정(resource allocation process)이 핵심이라는 것이 학문적 연구에서 얻게 되는 매우 강력한 결론이다.[1] 일시적 우위의 조건 아래서 호황을 누리기 위해 설립된 기업들은 수익창출(exploitation)을 위해 설립된 기업들과는 매우 다르게 자원들을 다룬다. 수익창출을 지향하는 기업에서는 믿을 만한 성과, 규모, 한 위치에서 다른 위치로의 프로세스 복사는 보다 효율적으로 운영하고 규모의 효익을 얻을 수 있기 때문에 매우 적절하다. 그러므로 자원은 이러한 목표를 뒷받침하도록 방향성을 가지며, 이러한 자원흐름에 변화를 준다는 것은 고통스럽고 어렵다. 반면 일시적 우위 지향적 기업(transient-advantage-oriented firm)은 내가 말하는 능숙함(deftness), 즉 어느 정도 수월하게 프로세스를 재빨리 재구성하고 변화시키는 능력을 촉진하기 위해 자원을 배분한다.

통상적 기업(typical firm)에서는 자원이 강력한 기존 사업에 의해 통제를 받으며, 강력한 사람들이란 지난 세대 경쟁우위(last-generation competitive advantage)를 지배했던 사람들이다. 이는 새로운 기회들이 살아남아 있다면 흔히 이들은 기존의 구조에 억지로 맞추어지는 것을 의미한다. 일시적 우위 기업의 자원은 주어진 사업단위와 분리된 거버넌스 메커니즘(governance mechanism)에 의해 감독을 받는다. 더 나아가 새로운 기회에 어울리는 구조가 창출된다. 통상적 기업에서는 기존 자산으로부터 가능한 한 많은 영업이익을 얻어내기 위해 모든 노력을 기울인다. 일시적 우위의 기업에서는 한 자산의 경쟁수명(competitive life)이 회계수명과 다를 수 있음을 사람들이 알고 있어 자산이 더 이상 경쟁력이 없어 어쩔 수 없어지기 전에 퇴출되게 한다. 그런 기업들은 순현재가치(NPV) 지향적 계산에서 나오는 "종가(terminal value)"라는 개념을 대신하는 "자산부채(asset debt)", 즉 모든 자산을 최상의 경쟁상태로 유지하는 데 필요한 투자가 있음을 알고 있다. 통상적 기업에서는 (예를 들어) 성장을 위한 자원 배분은 크게 돌려받겠다는 희망을 갖고 대형 블랙홀 형태의 투자가 이루어지는 자본예산(capital budgeting)의 정신으로 이루어진다. 대신, 일시적 우위 지향 기업에서는 자원을 극도로 절약하여 다루는데, 그것도 콘셉트가 증명되고 난 후에야 투자된다. 마지막으로, 통상적 기업에서는 소유자산이 과거에 진입장벽을 이루었기 때문에 자산의 소유(ownership)를 중요하게 여긴다. 대신 일시적 우위의 관리에 정통한 기업들은 소유권보다는 자산에 대한 접근(access)이 특정 경로에 몰입하지 않은 채 유연성과 확장성을 제공하며 자산에 대한 준비된 접근능력은 많은 경우 실제로 이를 소유하는 우위를 제거하는 것을 알고 있다. <표 4-1>은 이런 차이들을 요약하여 보여준다.

인질(Hostage) 문제로서의 자원

제2장 및 제3장에서 지적했던 것처럼 일시적 우위의 핵심적 함의는 특정 사업에 좋다고 하는 것이 조직 전체에는 좋지 않을 수 있다는 사실이다. 전통적인 기업에서는 자산이나 그들에게 보고하는 스태프

표 4-1

새로운 전략각본: 자원과 조직

~에서	~로
• 자원은 사업단 위에 인질로 잡혀 있음	• 자원은 중앙 거버넌스 체계 하에 있음
• 기회를 기존 구조에 짜맞춤	• 기회를 중심으로 한 조직화
• 가능한 한 자산의 이용수명을 연장하려는 시도	• 경쟁적으로 노후화된 자산의 공격적이고 사전적인 퇴출
• 종가(terminal value)	• 자산부채(asset debt)
• 자본예산 사고방식	• 실물옵션 사고방식-변동비, 유연한 투자
• 투자 중심적 전략계획	• 절약, 절약, 절약
• 소유권이 핵심	• 접근이 핵심
• 스스로 구축	• 외부 자원의 이용

를 많이 가진 사람이 그 기업의 중요한 사람이었다. 이 개념은 헤이 그룹(Hay Group)의 포인트 배정(point allocation)과 같은 시스템으로 강화되었는데, 더 큰 운영을 하는 경영자들에게 더 많은 보수와 권한이 주어지는 것으로 가정되었다. 바로 얼마 전 어느 주요 출판 기업의 재능 개발 책임자와 얘기를 나누고 있었는데, 그는 이런 방식으로 사람들을 평가하는 것은 더 민첩한 경쟁자가 되는 데 가장 큰 장애가 된다고 믿고 있었다. 조직이 클수록 좋다는 사고방식은 우위가 왔다가 사라지는 환경에서는 치명적이다. 사람들은 기존 우위로부터 자산이나 인력을 이동시킬 경우 그들의 권위, 세력 기반, 보상이 줄어든다면 현상 유지를 위해 모든 수단과 방법을 동원해 싸울 것이다.

소니(Sony)는 교훈적인 이야기를 제공하고 있다. 이 회사는 애플(Apple)에 휴대용 음악의 지배권을 내주었고, 다른 기업들에게 플라즈마, LED와 같은 전체 디스플레이 기술들에 관한 리더십도 넘겨주었으며, 터치스크린 계산기와 같이 오늘날 가장 흥분시키는 많은 기술들에 대해 존재감이 없다.

"소니는 스스로 경쟁우위의 함정에 빠졌다. 그들은 그들의 자체 기술을 보호하기를 원했다. 고객이 (전 CEO인) 이다이(Idei)에게 플라즈마나 HD 텔레비전을 만들지 않는 이유를 묻는다면 트리니트론(Trinitron)이 최고의 기술이라고 말할 것이다."라고 한 내부자가 내게 말했다. 그것이 바로 고객이 원하는 것이 무엇인지에 상관하지 않는 최고이다. 사실 2003년으로 돌아가 보면 옵서버들은 이미 이 기업의 콘텐츠 부서와 하드웨어 부서 간의 목표 차이를 아무도 중재하지 못하는 소니 내부의 "내란(civil war)"의 위험성을 지적하고 있었다.[2]

일시적 우위의 상황에서 경쟁하기 위한 결정적 조건은 개별 사업 차원에서 자원이 배분되는 것을 허락하는 대신 사업단위(business unit) 리더들의 통제 아래 있지 않는 자원을 제어하는 거버넌스 프로세스(governance process)를 가져야 한다는 것이다. 사용되지 않고 있는 자원을 돌려달라고 요청하는 인포시스(Infosys)의 산자이 푸로히트(Sanjay Purohit)가 얼마나 대단한지 상기해 보라. 강력한 권한이 있는 사람으로부터의 통제에서 벗어나는 것이 늘 쉬운 것은 아니지만 규칙이 개별 리더에게 유리하게 적용되고 있는 조직의 이해관계를 피하고 싶다면 이는 절대적으로 필요한 일이다. 낸시 맥킨스트리(Nancy McKinstry)는 월터스 클루워(Wolters Kluwer)를 기존 비즈니스 모델에서 디지털 비즈니스 모델로 바꾸면서 그 주요 수단의 하나로 자본배분과정(capital allocation process)에 대한 지배를 이용하였다. 실제로 사업에서 그런 큰 전환에 직면한 다른 CEO들에게 해줄 수 있는 조언은 어떤 것이냐고 물었을 때, "다른 CEO에 대한 나의 조언은 자본배분에 집중하는 것이다."라고 그녀는 말했다.

유통할 수 없는 유증자산(Legacy Assets)을 효율적으로 가동

새로운 기회를 쫓아 기존 구조를 재구성할 필요가 있는 것과 마찬가지로 이런 기존 구조에 묶여 있는 자산(assets)을 다룰 필요가 있다. 많은 경우 그들은 당신 조직에 여전히 필요하지만 더 이상 성장의 기회가 되진 못한다. 여기서 명심해야 할 것은 이들이 더 이상 기회를 나타내지 못하므로 이들 활동들을 가동하던 것에서 가능한 한 많은 자원을 뽑아내는 것이다. 나아가 이들은 현재의 상품화된 사업(now-commoditizing business)을 지원하기 위해 계획된 과정들을 유지하려 하기 때문에 능숙한 조직(deft organization)을 창출하는 데 장애가 될 수 있다. 보상 시스템, 프로세스, 레거시 프로그램, 구조, 네트워크, 오래된 우위에 사용된 기타 요소들을 해체하는 것은 우연히 이루어지는 것이 아니라 진정한 리더십을 요구한다. 예를 들면, 아이비엠(IBM)에서 오에스2(OS2)와 같은 프로젝트를 중단하고 퍼스널 컴퓨터(PC) 사업에서 출구(exit)하는 것은 기회들에 집중할 수 있도록 자원, 시간, 집중을 해방시키는 두 가지 움직임이었다.

전략적으로 깨어 있지 않으면 유증자산(legacy assets)의 침식되는 차별화는 슬그머니 다가온다. 지난 연구에서, 기업들이 제공한 제품, 서비스, 기타 제공물에 한 때 신나고 흥분했던 것이 종국에는 상품화되고 유통 불가능한 속성(commoditized nonnegotiable attribute)을 가지게 된다는 사실에 대해 언급했다.[3] 이는 고객이 모든 공급자에게서 비슷한 것을 기대함을 의미한다. 여기에서 딜레마는 이것이 흔히 대단히 비싼 판돈이라는 것이다. 이를 고객들에게 제공하지 않으면 그들을 화나게 하지만 이를 제공하는 것은, 특히 예외적으로 아주 잘 제공한다고 해도, 경쟁적인 측면에서 당신에게는 의미가 없다. 케이블 서비스의 네트워크 이용, 호텔의 깨끗한 침대, 평범한 자동차 점화장치, 당신이 주문한 것을 가져다주는 레스토랑, 정확한 계산서 등 모든 것을 해내기는 어렵다. 이들을 수행해야 하지만 이윤이 더해지거나 시장 점유율을 얻게 해주지 못하기 때문에 이들을 제공할 때 명심해야 할 것은 원가절감(cost savings)에 집중하는 것이다. 이것은 흥분시키는 것에서 유통 불가능한 것으로 내려가는 것이기 때문에 비싸고 유통 불가능한 속성을 보이는 자산을 운영하는 방법을 바꿀 필요가 있다.

이는 기존 자산에서 마지막까지 모든 생산성을 짜내는 완고한 수익 창출 전문가를 불러들일 수 있다. 이는 1997년 스티브 잡스(Steve Jobs)가 경영을 위해 애플(Apple)에 복귀했던 때로 그는 생산, 재무, 비영업 부문 업무 등의 영역에 세계적 수준의 경영역량을 주입하기 위해 재빨리 움직임으로써 모든 사람들을 놀라게 했다.[4]

차별적이지 못한 활동을 더욱 경제적이게 하는 데는 여러 방법들이 있다. 그 하나는 여러 곳에서 이루어지는 일들의 중복을 종식시키기 위해 공유 서비스 모델(shared service model) 아래 이들을 집중시키는 것이다. 또 하나는 수없이 많은 특별히 계획된 작업방식을 계속 지원하기보다는 절대적으로 표준화된 프로세스를 만드는 것이다. 문제가 되는 활동이나 일은 경쟁우위를 가져다주지 못하기 때문에 산업에서 흔히 말하는 개인별 맞춤은 절대 정당화될 수 없음을 기억하라. 책임 이양의 축소, 부분 자동화, 혹은 사용자가 만들어낸 프로세스를 만드는 등의 단순화(simplification)는 원가절감의 추가적인 원천이다. 물론 그 활동이 당신의 경쟁 비법의 특별한 일부가 아니라면 아웃소싱(outsourcing)을 하는 것도 좋은 방안이다. 예를 들어, 태국의 두 통신사인 CAT Telecom과 TOT Plc는 그들의 3G 무선 네트워크를 합병할 계획이다.[5] 네트워크 운영이 더 이상 경쟁우위를 주지 못하기 때문에 유통 불가능한 상품을 제공하는 비용을 공유하고 서비스 기반으로 경쟁하는 것은 당연하지 않은가? 대형 통신 서비스업체인 에릭슨(Ericsson)은 이런 아이디어에 편승하여 고객을 위한 네트워크를 가동하여 자신에게 차별적으로 간주되지 않는 기술들을 여전히 제공하고 있다.

더 이상 경쟁우위가 없는 자산을 선제적으로 퇴출시켜라

언젠가는 대부분의 유증자산(legacy assets)을 한꺼번에 퇴출시키는 결정을 해야 할 때가 온다. 이 과정을 설명하기 위해 자문회사 액센츄어(Accenture)의 최고 정보관리 책임자(CIO: Chief Information Officer)인 프랭크 모드루손(Frank Modruson)이 10년 이상 체계적으로 노후자산을 대체한 일을 살펴보자. 모드루손은 혁신적인 사람으로 보이지는 않는다. 그는 말하기 전 그가 말해야 할 것을 주의 깊게 생각하는 조용하고 사려 깊은 사람이다. 그러나 그가 액센츄어의 IT 조직에서 이룬 변화는 매우 혁신적이었다. 대부분의 조직에 자리잡고 있는 기존 시스템은 일시적 우위의 대처에 필요한 능숙한 구조와는 정확히 반대되는 "콘크리트 신발(concrete shoes)"과 같다고 그는 표현한다.

다른 비즈니스 자산과 마찬가지로 정보 시스템도 감가상각한다. 시간이 지나면 결국 그들은 완전히 쓸모없어진다. 문제는 필수적인 기업 정보가 이들 안에 있기 때문에 이들을 대체하고 업그레이드하는 데는 파괴적이고 비용이 많이 든다는 점이다. 게다가 공장이나 설비자산과 달리 IT 시스템은 더 이상 경쟁 기준에 들지 않는 지점을 가늠하기가 어렵다. 그 결과 통상적으로 IT 시스템은 조금씩 고쳐서 계속 사용되게 된다. 최고 정보관리 책임자들에게 시스템을 고치는 것이 아닌 대체를 위한 자원은 배분되지 않는다. 단기적으로는 위험해 보이지는 않겠지만 유증 시스템(legacy systems)의 운영을 유지하는 것은 유증 시스템이 과거의 구조와 운영을 강화하기 때문에 기업이 능숙함(deftness)을 얻기 위해 필요한 재구성에 주요 장벽이 된다.

우리는 지금 컴퓨터 시스템에 대해 얘기하고 있지만 어떤 종류의 유증 자산들에 대해서도 이 논리를 생각해 볼 수 있다. <그림 4-1>을 보라. 이는 1960년대부터 지금까지 정보기술의 진화를 시대별로 보여준다. 1960년대에는 중앙컴퓨터(mainframes)가 있었는데, 기업당 하나의 컴퓨팅 플랫폼이어서 링크된 네트워크가 하나도 없었다. (사람들은 테이프나 디스크와 같은 기록물로 정보를 공유하였다.) 선호된 언어는 어셈블리(Assembly)와 코볼(COBOL)이었고, 데이터는 가상기억접근 메모리 파일(과거 IBM 표준)에 저장되었으며, 전화통화 방법은 교환대를 이용하였다. 수년간 이런 기술들이 부닥쳤던 문제들은 점차 더 새롭고, 더 싸고, 다른 운영방식으로 해결되었다. 따라서 오늘날의 개인휴대정보단말기(PDA)와 스마트폰 같은 소비자 기술은 과거에는 중앙컴퓨터로 씨름했을 많은 컴퓨팅 잡무를 떠안게 되었다. 같은 논리가 다른 기술들의 변화에도 적용된다. 1980년 이후 전파식별(RFID), LED, LCD 전구, 24시 ATM, DNA 테스트, 자기공명 이미지 기기, 심장 스텐트, 유전자변형식품, 바이오연료와 같은 신기술이 이전의 기술을 능가하는 우위를 제공하여 과거의 솔루션을 쓸모없게 만들었다.

여기에서 문제는 유증자산(legacy assets)을 업그레이드하는 것은 비용이 많이 들기 때문에 기업들은 가능한 한 오래 이를 이용하려는 강한 유혹이 있다는 점이다. 결과적으로 종종 비효율적이고, 변화시키기 어렵고, 융통성 없는, 기술의 황당한 조각대기 업무(patchwork)를 하게 된다. IT의 경우, 최고 정보관리 책임자(CIO)가 기업에 마지막 남은 코볼(COBOL) 프로그래머들이 은퇴하지 않고 그들에게 적합한 어떤 시스템들이 있기를 바라면서 아이폰, 통합 커뮤니케이션 솔루션, 클라우드 컴퓨팅 접근법을 통합하는 법을 파악하려 애쓰는 것이 특별한 일은 아니다. 이는 (제2장에서 우리가 만난) 밀리컨 앤 컴퍼니(Milliken & Company)가 오늘날의 사업을 1960년대에 가동했던 장비로 운영하려는 것과 같다!

그림 4-1

정보기술에 있어서 기술레짐의 진화

	1960년대				2010년대
컴퓨터 인프라	중앙컴퓨터	미니컴퓨터	AS/400	퍼스널 컴퓨터와 노트북	PDA 폰
컴퓨터 플랫폼	1/기업	1/장소	1/덱(Deck)	1/사람	유비쿼터스
네트워킹	테이프와 디스크	하드웨어에 내장	개별 기업 네트워크	랜(LANs), 인터넷	왠(WANs), 무선
컴퓨터 언어	어셈블리어와 코볼(COBOL)	어셈블리어와 코볼(COBOL)	포트란(FORTRAN), PL, 파스칼	비쥬얼 베이직, 펄(Perl), 자바스크립트, C	웹(Web)
데이터	VSAM	정보관리 시스템	관계적 데이터베이스	월드와이드웹 (www)	클라우드(Cloud)
전화	거의 없음; 교환대를 통해 통화	무선자동전화교환국 (PBX office)	최초의 휴대폰 등장	휴대폰 확산	인터넷전화(VoIP); 기업음성 메일이 사라짐

자료: Copyright © 2010 Accenture.

"패칭, 패칭, 패칭(patching, patching, patching)"의 결과는 예측가능하다. 점차 유지하기 어렵고, 점점 사업 니즈에 대응하지 못하는 복잡한 IT 인프라를 조직에 남기게 된다. 기술은 가능자(enabler)가 아니라 방해자(inhibitor)가 된다. 콘셉트는 분명 IT에 있지만 다른 부류의 자산과도 관련되어 있다.

액센츄어의 경우 모드루손과 당시 CEO 윌리엄 그린(William D. Green)은 조직이 두각을 나타내려면 세계 수준의 IT 인프라가 필요할 것이라는 결론을 내렸다. 이는 보다 오래된 IT 자산을 사전적으로 퇴출시키는 과감한 업무를 추진할 것을 요구하게 되었다. <그림 4-2>는 액센츄어에서 오늘날 하고 있는 일을 보여준다. 1960년대, 1970년대, 1980년대의 기술들이 어떻게 뒤쳐지게 되었고, 이들을 대신하는 현재의 자산들을 자리 잡게 하기 위해 어떻게 집중하고 있는지에 주목하라. 프랭크가 채택한 지침이 되었던 좌우명은 2000년 이전에 실행된 어떤 것도 없애야 한다는 것이었다. 스스로에게 자문해 보라. 당신이 당신의 조직에 위치한 자산, 프로세스, 기술들에 대한 유사한 차트를 만든다면 <그림 4-1>과 유사할 것인가, 아니면 <그림 4-2>와 유사할 것인가?

액센츄어의 IT 여정은 2000년 독립 상장기업으로 기업을 설립하면서 시작되었다. 이 기업은 2,100개의 어플(applications)을 갖고 있었다(600개의 글로벌 어플, 1,500개의 지역 어플). 이는 무엇보다도 동일한 정보에 관해 다른 시스템은 다른 관점을 낳기 때문에 동일한 데이터에 관한 다른 관점을 낳았다. 이는 시의적절하고 정확한 결정을 내리는데 대한 중요한 도전을 창출하였다.

모드루손은 최근 기업의 유증자산(legacy assets)의 선제적 퇴출(proactive retirement) 결과를 내게 다음과 같이 요약해 주었다.

"600개의 글로벌 어플은 현재 247개로 줄였고, 1,500개의 지역 어플은 242개로 대체되었다. 액센츄어가 아직 가동하고 있는 가장 오래된

그림 4-2

과거를 뒤로 남겨두기

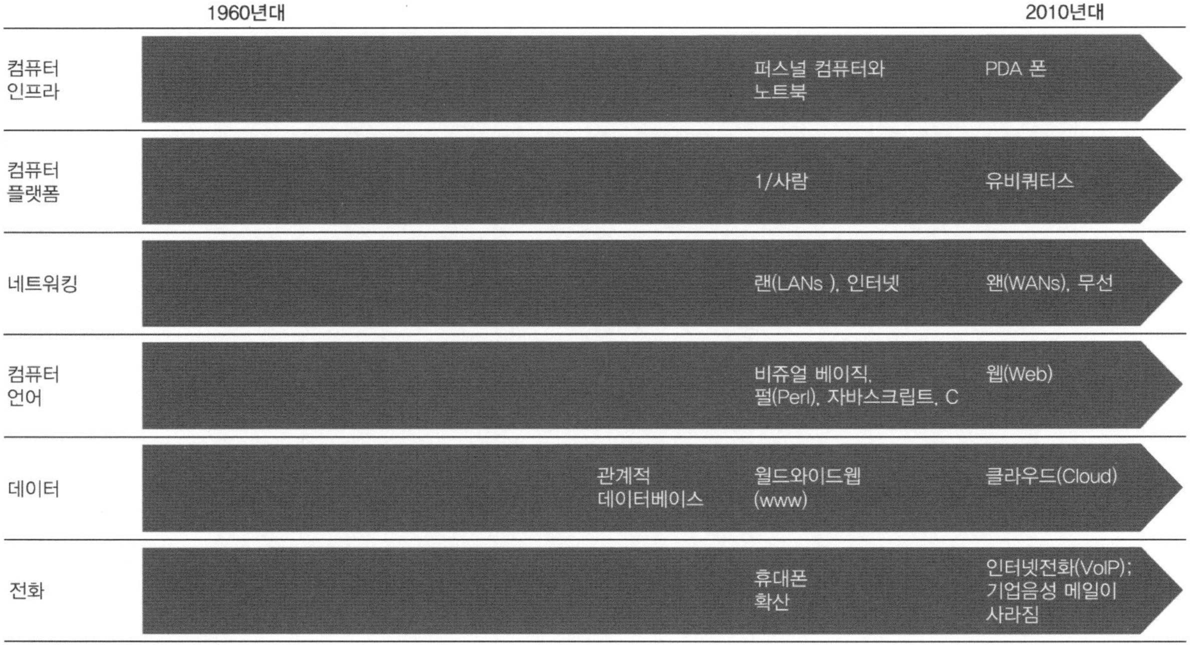

자료: Copyright ⓒ 2010 Accenture.

어플은 1999년에 시작되어 2012년에 퇴출 후보가 되었다.”

그러나 이런 모든 유증자산의 선제적 대체가 정말 경쟁적 차이(competitive difference)를 만드는가? 절대적으로 그렇다. 액센츄어의 경우 IT에 배정된 수익 비율은 산업 기준 이하로 줄었지만 직원 수의 규모는 세 배 이상이 되었다. 게다가 이 기업은 보다 새로운 시스템이 어제가 아닌 오늘의 전략을 지원하기 위해 디자인되기 때문에 신속히 움직이는 능력을 강화하였다. 그것은 능숙함(deftness)에 있어서의 막대한 이익이다.

인질석방 : 액센츄어가 했던 방법

자원이 사업단위 내에 인질(hostage)로 잡혀 있는 것은 흔히 기업에 치명적이라고 앞에서 말했다. 자원은 기득권의 통제에서 벗어날 필요가 있다. 액센츄어(Accenture)에서 사용된 방법은 사업단의 COO들과 CEO들로 구성된 IT조종위원회(IT steering committee)를 설립한 것이었다. 모드루손은 각 사업단에서 최고위직에 있는 사람들만 이 미팅에 참석할 수 있다는 기본 원칙을 세웠다. 어느 날 부사장이 참석하지 못할 사정이 있어 대리인을 보내도 되는지 물었을 때 모드루손은 “아니요. 하지만 올 수 있으면 당신 상사는 보낼 수 있소.”라고 말했다. 그러자 놀랍게도 더 많은 고위직들이 그 미팅에 나타나서 고려사항들에 대한 귀중한 고위급 전망을 제시하였다. 모드루손이 내게 설명한 것처럼 고위급 조종위원회의 중요성이 희석되었다면 개별 니즈를 충족시키기 위한 사업부들로부터의 정치와 요구에 직면하여 위원회의 지배 능력에 손상을 주었을 것이다.

IT조종위원회가 몇 명의 그의 보스들이 특별히 선호하는 프로젝트들에 대해 자금을 지원하지 않기로 결정하였을 때 모드루손의 어려운 미팅 중의 하나가 발생하였다. "뭐? 내 프로젝트가 컷오프 탈락이라고? 이들 프로젝트들을 진행할 수 있도록 자금지원을 받을 수 있는 방법은 없는가?"라고 고위 인사가 말했다. "가능하지요. 우리가 더 많은 자금을 배정하면 현재 기준 이하의 프로젝트들이 그 이상이 될 수 있을 것입니다."라고 프랭크가 말했다. 결국 이 경우 예산이 증액되었지만 보스가 특히 좋아하는 사업에 대해서만이 아니라 우선순위를 갖는 파이프라인에 있는 모든 프로젝트들에 적용되었다. 거버넌스 및 조정 시스템의 통일은 자원을 재배분하는 액센츄어의 능력에 절대적으로 중요했다.

"컷오프" 룰은 IT에 특정한 많은 디자인 원칙에 의해 추진되지만 그런 결정을 내리는 과정은 어떤 노후화된 자산에도 적용가능하다. 액센츄어의 경우 합병, 집권화, 표준화, 어플 수 감소, 주어진 데이터에 관한 단일 케이스를 만드는 일을 소중히 여겼다. 앞 장의 인포시스(Infosys)에서 본 바와 같이 진실(truth)이라는 단 하나를 갖춤으로써 더 투명하고, 단순화되며, 무슨 일이 일어나고 있는지에 관한 시간 소모가 적은 협상을 하게 된다. 그리고 일의 마무리가 더 수월해진다. "우리는 더 이상 그렇게 지루하고 시간 소모적인 대화를 하지 않는다. 액센츄어의 어디에나 하나의 재무 시스템, 하나의 시간 및 비용 시스템, 하나의 인적자원(HR: human resource) 시스템이 있다. 결론적으로 두 가지 대단한 일이 일어났다. 시스템의 운영비용은 시스템을 줄이기 때문에 감소한다. 더 중요한 것은 정보의 질이 높아진다."라고 모드루손은 내게 말했다. IT 그룹의 중요한 효익은 액센츄어에서 일하는 사람들 모두가 핵심정보에 접근하게 함으로써 각 사업단은 IT직원에 의존하지 않고 자체 정보 니즈에 대처할 수 있어 생산성을 더욱 높이고, IT직원 유출을 줄이는 데 도움이 된다.

이와 비교되는 또 하나의 다국적 기업의 경험을 보자. 너무 황당해서 그 이름은 거론하지 않겠다. 그 CEO는 다른 CEO와 미팅을 할 때마다 그 기업과의 모든 관계에 대한 정보를 얻어내기 위해 직원들을 길게는 4일이나 붙잡아둔다. 데이터는 다양한 시스템, 스프레드시트, 심지어 사람들의 머리에 숨어 있었다. 액센츄어의 경우 모드루손은 이런 업무는 몇 분 정도밖에 걸리지 않는 사소한 것이라고 내게 말했다. 이제 액센츄어와 같은 기업의 효익을 우위가 일시적인 환경에 있는 다른 기업의 이에 대비되는 불위(disadvantage)를 생각해 보라.

자산부채(asset debt)의 개념

모드루손은 "기술부채(technology debt)"라는 어구를 만들어냈다. 이것이 의미하는 바는 기업의 경쟁력을 지원하기 위해 기술을 적합한 상태로 유지하려면 지속적인 투자와 과거 자산을 기꺼이 남겨두고 떠나는 것이 필요하다는 것이다. 나는 이것을 기업이 소유할 수 있는 어떤 자산에도 폭넓게 확장할 수 있다. 보수를 하지 않고는 교량, 도로, 터널, 기타 자산은 결국 무너지고 만다는 것을 누구나 알고 있다. 자산의 경쟁수명(competitive life)은 그 회계수명(accounting life)과 다를 수 있다(보통은 더 짧음)는 점이 중요하다. 당신 기업의 연금 펀드와 유사한 의무 혹은 기타 의무로 자산의 재활성화에 투자하기 위해 자원을 비축하는 것을 생각해 볼 수 있다. 이런 생각은 유용한 수명이 다할 때에도 자산은 종가(terminal value)를 갖는 것으로 보는 종래의 순현재가치법(NPV) 기반 논리에 정면으로 반대된다. 대개 그런 경우는 없고, 대신 기업은 과거 자산을 재활성화하기 위해 지속적으로 투자할 것을 염두에 둘 필요가 있다.

현재도 액센츄어는 그러한 투자 패턴을 지속하고 있다. 후반부 십년의 주요 프로젝트들에는 내부 네트워크를 대체하고, 데이터 센터를 재조직화하며, 데이터 센터 가상현실화(virtualization)에 투자하는 등

어플의 합리화가 포함되어 있다. 예를 들면, 액센츄어는 네트워크 전환 프로그램(Network Transformation Program)으로 비용 대비 효과가 높은 화상회의 네트워크를 구축하였다. 이것으로 인해 협력이 훨씬 더 용이해진 것은 물론 컨설턴트들의 출장 횟수를 줄여주는 긍정적인 부가적 효과도 있었다.

조직을 기회에 맞게 (반대 방향이 아니라) 구성하라

예산과 같은 경제적 자원을 이동하는 것이 조직 차원의 능숙함(deftness)을 증가시키는 핵심수단인 것처럼 기업 내의 권력구조(power structure)를 이동시키는 것도 마찬가지다. 제2장에서 우리는 기존 구조를 너무 오래 존치하는 것은 타성을 낳아 기업이 발견하는 기회에 잘 적응하지 못하는 조직으로 전락하게 된다고 주장하면서, 인포시스(Infosys)와 같은 조직들이 성장 가능성을 해방시키기 위해 그들의 구조를 어떻게 사전적으로 바꾸었는지 살펴보았다. 베스트바이(Best Buy)의 전임 CEO인 브래드 앤더슨(Brad Anderson)은 2009년 세계경제포럼(World Economic Forum) 회의에서 "조직들은 습관(habits)이 있다. 그리고 때로는 그들은 생존을 무릅쓰면서 습관에 매달릴 것이다."라고 말했다. 그러한 습관을 파괴하려면 종종 구조적 해법(structural solution)이 요구된다.

구조가 방해가 되고 있는 하나의 분명한 지표는 기회들이 틈새에 위치하는 것처럼 보일 때다. 나는 듀퐁(DuPont)의 전임 CEO인 채드 홀리데이(Chad Holiday)가 말했던 "우리가 알고 있는 것, 즉 "'지식 집약 성장 프로그램(knowledge intensive growth program)'이라는 것에 지불하도록" 계획된 주요 프로젝트에서 이를 직접 관찰하는 경험을 했다.[6] 역사적으로 듀퐁은 제품을 팔기 위해 자문이나 조언의 형태로 지식을 넘겨주는 비즈니스 모델에 의존했다. 그러나 홀리데이의 개념은 가치가 물질이 아니라 서비스에서 나온다 하더라도 기업은 고객들을 위해 만든 가치에 대해 지불받아야 한다는 것이었다. 이것은 200년의 전통을 지닌 기업에 대한 거대한 변화였다.

당시 듀퐁은 전략사업단(SBUs: strategic business units)으로 구성되어 있었는데, 각 사업단 책임자는 자체 자산, 판매, 마케팅 등을 책임지고 있었다. 듀퐁의 KIU 책임자인 밥 쿠퍼(Bob Cooper)와 우리와 같은 소수의 학자들로 구성된 팀이 특수한 성장 기회들에 대한 분석을 했을 때 "아하(aha)" 하는 순간이 왔다. 이들 거의 모두가 어떤 전략사업단의 영역에도 속하지 않았다. 전략사업단 책임자는 서로 협력하거나 새로운 비즈니스 모델을 촉진하는 데 아무런 인센티브가 없었다. 이 이슈에 대처하기 위해 듀퐁은 기업을 대대적으로 재구성(reconfigure)해야 했다. 여기에서 추진한 해법은 "성장 플랫폼(growth platforms)"이라는 것을 구축하는 것이었다. 각 플랫폼에는 특정 사업 내에 자산들과 사람들이 어디에 위치하게 되는가에 관계없이 추구할 수 있는 특정의 광범위한 영역이 주어졌다. 엘렌 쿨먼(Ellen Kullman)은 "안전 및 보호(Safety and Protection)" 플랫폼의 책임을 맡아 과거 전략사업단 영역을 가로지르는 익숙하지 않은 비즈니스 모델을 추구하는 일을 주관했다. 처음에는 두려운 일이었다. 그녀는 그 당시의 변화의 시기에 대해 "어려운 상황에 있는 사람들과 얘기하는 데 많은 시간을 보냈다."고 말했다. 2004년부터 2008년까지 안전 및 보호 사업부(Safety and Protection Division)는 64퍼센트의 수익 증가라는 기록을 세웠고, 그녀를 전설적인 기업 CEO로 만들었다.[7]

기업가적 사고방식으로 자원에 접근: 옵션 지향적 투자

기존 기업들은 새로운 아이디어가 매우 불확실함에도 불구하고 어떤 일이 생길지 확실히 알고 있는 것처럼 다루어 너무 많은 돈을 거기에 묻어두는 경향이 있다. 이로 인한 불행한 결과 중의 하나는 일이 계획된 대로 되지 않을 경우 그만두는 매몰비용이 두려워 일을 지속하려는 경향이 압도적이라는 것이다. 이것은 결과적으로 에이오엘(AOL: America Online)이 소셜 네트워킹 사이트 비보(Bebo)를 구입하는 데 8억5천만 달러를 허비하면서 위험한 인수를 한 후 이리듐 프로젝트(Iridium Project)와 같은 큰 상품 실패를 겪는 것처럼 종종 고통스럽고 비싼 대가를 치르게 된다. 불확실한 환경에서 보다 효과적인 접근방법은 옵션 추정(option reasoning)의 핵심원칙인, 불확실성이 줄어들 때만 자원을 투자하게 하는 것이다.

모험적 기업가들(entrepreneurs)이 이끄는 기업들은 단순히 자원이 많지 않다는 이유로 어쩔 수 없이 군살을 빼는 절약의 형태로 운영된다. 맥밀란(MacMillan)의 말을 인용하면, "그들은 돈을 쓰기 전 그들의 상상력을 쓴다." 결과적으로 그들은 유연성, 적은 매몰비용, 속도, 가속화된 학습의 형태로 능숙함(deftness)을 얻게 된다. 이는 예외적 성장을 이룬 기업들(growth outliers)이 어떻게 사업들에 참여하고 탈퇴하는지를 살피면서 논의했던 "옵션 지향(option orientation)"과 일치한다. 이들이 자산과 자원을 조절하는 방법을 연구하여 대형 조직의 자원배분을 위해 얻는 중요한 교훈들이 있다. 테라싸이클(TerraCycle)과 언더 아머(Under Armour)가 그 예다.

테라싸이클은 두 사람 모두 프린스턴대학교 일 학년생이었던 탐 재키(Tom Szaky)와 존 베이어(Jon Beyer)가 유기농 제품(organic products)을 위한 당시의 이머징 마켓에서 퇴비가 하는 역할에 관심을 가졌던 2001년에 시작되었다. 사훈에 따르면 집에서 기르는 마리화나 식물을 위험 비료로 실지렁이에서 나온 배설물을 이용했던 어떤 캐나다 친구의 사례에서 실질적인 영감을 받았다.[8] 재키와 베이어는 음식물 찌꺼기와 기타 생분해성 쓰레기를 벌레 먹이로 사용한 다음 이 벌레 배설물(그들은 홍보를 위해 이를 항상 "지렁이 똥(worm poop)"이라 부름)을 고급 유기농 비료로 사용하는 사업에 착안하였다. 그들은 사업계획서 경쟁에서는 뒤졌지만 어쨌든 사업을 시작했다.

이는 전형적인 저예산 창업(low-budget start-up)이었다. 그들은 원재료를 프린스턴대학 식당에서 나오는 생분해성 찌꺼기와 빈병의 형태로 거두어들였다. 그들은 학기가 끝나고 학생들이 버려두고 간 가구를 수거했다. 초기 투자비는 전환 장비에 들어간 약 2만 달러였는데, 엔젤 투자자들(angel investors)이 이를 보충해주었다. 이 기업은 뉴저지주 트렌튼(Trenton)의 보잘 것 없는 지역에 세워졌다. 초기에 그들은 경제적 마인드를 가진 사람들에 전념하는 녹색 웹사이트(green website)에 접촉하였다. 유료 광고를 이용하기보다는 무료광고(이것은 현재 내셔널지오그래픽 TV 쇼의 *가비지 모굴(Garbage Moguls)*을 포함하여 5,200만 달러로 추산됨)를 불러오는 놀랍도록 효과적인 프로세스를 개발하였다. 드디어 이 기업은 성장하여 유기비료(organic fertilizer)를 월마트(Walmart)와 홈데포(Home Depot)와 같은 대형 소매기업에 제공하게 되었다. 2007년 현재의 대기업인 스콧 미라클 그로(Scotts Miracle-Gro)(총수입 27억 달러의 기업)는 총수입 140만 달러인 테라싸이클에게 위협을 느껴 이 작은 기업을 상대로 173쪽에 달하는 소송을 시도하기로 결정했다.[9] 이 다윗과 골리앗의 싸움은 누구나 알 수 있도록 대중매체에 소개되었고 테라싸이클을 무대에 올려놓게 되었다. 소송은 결국 합의를 보게 되었지만 광고효과는 돈으로 살 수 없는 것이었다.[10]

테라싸이클은 자원 투입을 진정한 옵션의 형태로 만들어 유동적으로 유지한다. 재키가 사업에 대해 어떤 책에서 지적한 바에 따르면

"오늘날의 위치에 있도록 테라싸이클을 발전시킬 방법을 예측하거나 계획하는 것은 불가능했을 것이다. 책략은 기회를 찾는 데 방심하지 않는 것 그리고 그것이 내부에 적합하고 우리의 핵심미션(core mission)과 일치한다면 깊이 생각할 것 없이 바로 뛰어들 준비를 갖추는 것이었다."고 한다.[11] 이 기업은 녹색사업이라는 광범위한 테마에 집중해왔지만 비료를 넘어서 다양한 추가적 각축장(arenas)으로 운영을 확장하였다. 현재는 대형 브랜드 마케팅 담당자들을 위한 다른 녹색사업들은 물론 포장과 같은 부산물들을 새로운 완제품으로 전환하는 소위 양산(upscaling)에도 관여하고 있다. 이 기업은 브라질처럼 멀리 떨어진 곳에도 사무실을 내고 녹색 환경복원 영역에서 십억 달러짜리 기업이 되겠다는 포부를 갖고 세계적으로 빠르게 사업을 확장하고 있다.

일시적 우위에 방향을 둔 기업에는 반드시 지속적으로 자원을 절약한다는 원칙이 널리 퍼져 있다. 흑자 매출이 보장될 때까지 투자를 최저 수준으로 유지하는 것이 요점이다. 테라싸이클의 톰 재키의 이야기는 하나의 예가 된다. 다음 절에서는 언더 아머(Under Armour)에 관한 또 하나의 이야기를 다룬다.

절약, 절약, 절약

케빈 플랭크(Kevin Plank)는 1990년대 초 메릴랜드대학교(University of Maryland)의 풋볼 선수였다. 그는 건장한 운동선수 몸매를 한 매우 도전적인 사람이다. 2010년 내가 개인적으로 그를 만났을 즈음 동료 풋볼 선수인 조던 린드그렌(Jordan Lindgren)과 공동설립한 의류 업체 언더 아머(Under Armour)는 매년 십억 달러에 가까운 수익을 창출하고 있었다. 이 기업은 나이키와 아디다스의 유사제품들과 격렬한 경쟁에도 자기 위치를 고수하고 있고, 2,000명 이상의 직원이 있으며, 지속적인 성장 속도를 유지하고 있다.

언더 아머의 초기 제품의 영감은 플랭크 자신의 운동선수 경험으로부터 나왔다. 당시 운동선수들이 입었던 티셔츠는 일반적인 면이었는데, 격심한 운동으로 땀에 젖어 역겨운 것은 물론 운동에도 방해가 되었다. 그런데 그가 입었던 딱 붙는 합성 압착 셔츠는 마른 상태를 유지했다. 이에 영감을 받은 그는 합성 반바지의 건조함, 심지 재질, 편의성 강화 특성을 지닌 티셔츠를 만드는 방법을 찾기 시작했다. 따라서 플랭크는 자신이 직물을 발명하지는 않았지만(밀리컨 앤 컴퍼니(Milliken & Company)에 있는 친구들은 실제로 발명을 많이 해냈음) 운동복 의류라는 새로운 제품군을 고안하였다.

이 스타트업은 절약(parsimony)의 모델이었다. 플랭크는 1996년 대서양 해안 리그(Atlantic Coast Conference) 전역의 락커룸을 전전하느라 그의 포드 익스플로러(Ford Explorer) 안에서 많은 시간을 보냈다. 그는 개인적으로 선수들, 장비 매니저들, 의류 선정에 영향력이 있는 다양한 사람들과 많은 시간을 보냈다. 동료 풋볼 선수라는 그의 진정성과 왜 그의 제품이 최고인지 분명히 밝히는 능력은 강력한 차별성을 창출하였고, 이는 동시에 쉽게 소통이 되었다. 이 기업의 웹사이트는 "우리는 운동선수들을 더 잘 뛰게 한다"라고 주장하는데, 이는 그가 최초로 영감을 얻은 이후 바뀌지 않은 주장이다.

플랭크는 대학 풋볼 선수들 가운데 자신과 친한 사람들을 보기 좋게 이용하여 프로 선수들에게로 발을 넓힘으로써 결국 제품을 아주 뛰어나고 유명한 명품으로 자리매김하게 만들었다. 그에게는 비용이 들지 않고 임팩트가 강하게 집중을 얻어내는 기량이 있음이 입증되었다. 예를 들면, 윌리 비먼(Willie Beamen)을 다룬 올리버 스톤의 영화 ≪애니 기븐 선데이(*Any Given Sunday*)≫에서 샘플 선물로 준 언더 아머의 보호복을 제이미 폭스(Jamie Foxx)가 입고 등장한다. 이 기업은 스스로를 기능성 의류(performance wear) 품목의 선도적, 파괴적 주자로 정의하였다. 현재 언더 아머는 십억 달러 이상에 이르는 흑자 기업이며 상황이 바뀔 수는 있지만 이 품목에서 강력한 자리매김을 하고 있다. 이 기업의 제품 디자인 분야의 문들은 "우리는 아직 결정적인 제품을 만들지 못했다"고 알리는 사인, 즉 우위가 일시적일 수 있음을 예리하게 알아차리고 있는 기업의 심벌(symbol)로 가려져 있다.[12]

예산에 관한 메모 : 이 경기장을 보호하라

패스트컴퍼니(Fast Company)가 2005년 보고한 바에 의하면,

플랭크(Plank)는 철저히 사나이다워 적은 자원으로 많은 일들을 해야 했다. 그는 마케팅 담당자로서 수십 명의 대학 및 프로 선수들을 설득하며, "한 번 입어보고 마음에 들면 네 옆 락커를 쓰는 친구에게 하나 줘."라고 그들에게 말했다.

2003년 언더 아머의 최초 TV 광고에서 목표는 30초 이상 길게 방송될 곳을 찾는 것이었다고 마케팅 책임자인 스티브 바티스타(Steve Battista)는 말했다. 이 광고는 과거 플랭크의 팀메이트이자 달라스 카우보이의 최종 수비수(defensive end)인 에릭 오그보구(Eric Ogbogu)를 둘러싼 풋볼팀을 보여주었다. 그는 마치 그의 목숨이 거기에 달린 것처럼 "우리는 이 경기장을 보호해야 해!"라고 외쳤다.

운동선수, 코치, 경영진으로부터 5만 통의 전화와 이메일을 받은 것으로 그는 마케팅 책임자의 꿈을 이루었다. 소비자들은 경기에서 그리고 심지어 판매 회의에서도 함성을 지르는 자신들의 이야기와 테이프를 보내왔다. '이 경기장을 보호하라!'라는 깃발이 NFL 경기장에 등장했다. ESPN 앵커 스튜어

트 스콧(Stuart Scott)과 데이비드 레터만(David Letterman)은 그 구절을 인용했다. 이는 곧 "그냥 해봐(Just do it)"처럼 브랜드의 상징이 되었다.[a]

a. C. Salter, "Protect This House," *Fast Company*, August 1, 2005.

자산의 소유가 아닌 자산에 대한 접근

한때 자산강도(asset intensity)는 많은 사업에 진입장벽을 만드는 능력을 낳았다. 경쟁력을 갖추기 위해 대형 투자가 필요한 경우 신생기업이 위협적인 라이벌이 되긴 어려웠다. 많은 산업에서 이 상황은 크게 바뀌었다. 내가 다음과 같은 도전적인 과제를 여러분에게 주었다고 하자: 당신 자신이 소유한 자산에 돈을 쓰지 않고 포춘(*Fortune*) 500대 기업의 하나와 대접전으로 경쟁할 수 있는 조직을 만들라. 삼십 년 전에는 이것이 터무니없는 명제였을 것이다. 오늘날에는 이것이 아주 쉽다. 점차 세상은 온전히 소유해야 하는 것이 아니라 필요한 자산에 접근하기 위해 지불을 하는 세상이 되었다.

나의 도전을 생각해보라. 당신은 이에 어떻게 대처할 것인가? 그 과정은 오늘날 대부분의 조직들이 운영되는 방식과 달리 영화를 만들거나 정치 캠페인을 벌이거나 혹은 올림픽을 치르는 것과 매우 흡사할 것이다. 당신은 사업 변수와 운영 모델을 보강하는 데 도움을 받기 위해 이노사이트(Innosight) 혹은 스트레티진(Strategyn)과 같은 혁신 기업과 접촉할 수 있다. 프로그래밍과 기술적 업무를 하기 위해 오데스크(oDesk)와 같은 기업을 이용할 수 있다. 사람 손이 필요하지만 설명하기 쉬운 업무에는 아마존의 "미케니컬터크(Mechanical Turk)"를 이용하고 업무 단위로 지불할 수 있다. 또 아마존은 당신이 싱글 서버를 만들 필요 없이 엄청난 양의 컴퓨팅 능력을 제공할 수도 있다. 특별한 전문가가 필요한가? 그루닷컴(Guru.com)은 부르면 응답할 수 있는 많은 고급 전문가들을 네트워크에 구비하고 있다. 인노센티브(InnoCentive)는 "솔버(solvers)"라는 네트워크에 접속을 허용하여 당신이 특정 기술적 문제를 해결하는 데 도움을 줄 수 있다. 당신은 레거스(Regus)가 제공하는 융통성 있고 쉽게 바꿀 수 있는 사무 공간을 얻을 수 있다. 그렇다면 직원은? 스킬 하이브(Skills Hive)나 아데코(Adecco)와 같은 기업들이 기술을 갖춘 사람들을 주문식으로 공급할 수 있다면 정말 직원들이 필요할까? 경쟁 속도는 조직과 자원이 어떻게 연결을 맺는지에 관해 완전히 다른 시각을 제공한다.

소유(ownership)보다는 접근(access)이 점점 매력적인 이유는 기업이 경쟁 동력을 펼침에 따라 신속하게 그들의 조직과 자산을 조정할 수 있게 하기 때문이다. 사실 경제라는 큰 가닥에서 이를 정확하게 하려고 시도하는 CEO들에 관한 증거를 점점 더 많이 보게 된다. 특정 업무나 문제를 해결하기 위해 필요한 자원들을 모으고, 업무가 완료되면 조직은 원래대로 해체되어 다음 업무로 이동한다. 아마존과 같은 조직들이 제공하는 주문식 컴퓨팅 능력, 저렴하게 즉각적 활용이 가능한 "즉석(instant)" 공장, 어떤 사람을 숙련된 기술자나 생산자로 만들 수 있는 기술 등은 즉각적인 소유보다 접근의 준비를 갖추고 있다. 우리는 보다 일시적으로 부가되는 다른 사람들의 노력을 지도하는 조직(리더들과 장기근속 직원)의 장기적 이해를 대변하는 핵심적인 개인들을 점차 보게 될 것이다.

임시고용(temporary employment)에 관한 자료에서 여러분은 그 추이를 볼 수 있다. 고용주들은 정규직 직원들보다 임시직 직원들에 더 의존하고 있고, 이는 불황의 유일한 요인으로 보이진 않는다. 뉴욕타임즈(*New York Times*)는 노동부 통계자료를 인용하여 세 차례의 불황기마다 임시직으로 새로이 고용된 사람들의 비율을 비교하였다

표 4-2

임시고용의 추세

경제회복 시기	정규직 직원들에 대비한 임시직의 비율
1992 ~ 1993	11%
2003 ~ 2004	7%
2009 ~ 2010	26%

(<표 4-2>).[13]

일시적이거나 "처분할 수 있는(disposable)" 조직 형태는 우리 주위에 많이 있고, 이는 재빨리 기회에 편승하고 서둘러 탈출하는 빠른 프로토타이핑(rapid prototyping)이 되는 전략과 잘 맞다. 팝업 숍(pop-up shops)은 장기 임대의 약속 없이 임시변통으로 콘셉트를 만들고 테스트할 수 있다. 제조과정의 경우에도 주물기술, 정밀도구, 기기를 위한 몰드를 만드는 다년간의 경험이 요구되곤 했던 공정들이 이제는 디지털 파일을 사용하여 신속히 이루어질 수 있다. 주문식 제조(manufacturing-on-demand) 물품을 제공하는 전 부류의 기업들은 정해진 공장이나 설비의 필요 없이 물리적 재화에 대한 새로운 콘셉트를 사전 제작하고 테스트하는 것을 가능하게 한다. 뉴질랜드에 본부를 둔 포노코(Ponoko)에서 실이 없는 제품, 룰루닷컴(Lulu.com)에서 자비로 출판한 책, 스프레드셔트(Spreadshirt)의 패션 디자인 등은 소량의 제품을 고정비용이나 상당한 선행 투자 없이 생산 가능하게 한다. 이들의 비즈니스 모델은 흔히 고객이 실제 제품을 살 때까지 현금 교환이 이루어지지 않기 때문에 애초에 수익성이 확보될 수 있다.

이 외에도 모듈 방식으로 조립되어 해외 출하될 수 있는 큰 업무 가닥들도 바로 그런 방식으로 처리되고 있다. 방사선 스캔을 읽는 것에서부터 법률 문서를 훑는 것에 이르기까지 기업들이 이런 업무에 묶여 있는 인적자본을 빼내려고 시도하면서 더 값싼 현지인을 활용하게 되는 일들이다. 물론 콜센터를 가동하고, 컴퓨터 네트워크를 관리하며, 조직의 비핵심 업무들을 다루는 등의 업무들을 아웃소싱하는 것은 이미 확립된 추세이다. 핵심은 서비스에서 효익을 얻기 위해 스스로 자산을 소유할 필요가 없다는 점이다. 여기에서 핵심은 혼자서 생태계 전체와 경쟁하려고 애쓰기보다 가능한 한 외부 자원을 이용하는 것이다. 잘 알려진 어려운 점은 유연성(flexibility) 증대로 조직들은 일시적 우위에 대처하는 데 도움이 되지만 스스로 고용 불확실성의 부담을 견디도록 전혀 훈련되어 있지 못한 사람들에게 유발되는 사회적 조정 문제들을 해결할 여러 가지 인도적 방법을 아직 찾아내지 못하고 있다는 점이다.

주문식 고용이 일자리의 미래인가?

스킬 하이브(Skills Hive)의 설립자 마이크 오처드(Mike Orchard)가 이 주제에 대해 내가 쓴 블로그에 대한 답을 다음과 같이 보내왔다.

나는 작년 새롭게 대두되는 고용모델의 잠재력에 관해 더 많은 사람들과 기업들이 이해하도록 돕기 위해 영국에 스킬스 하이브(Skills Five)를 설립했어요. 많은 사람들이 보안 때문에 한 사람에게 신뢰를 두는 것을 선호한다는 데 동의하지만 점점 더 많은 사람들이 리스크를 분산하고 연금 및 의료에 관한 스스로의 의사결정에 열심이지요. 그 효익은 고용주에게만 있는 것이 아니라 모든 당사자들이 통제의 개선과 기민성 증가의 효익을 얻게 되고, 이는 빠르게 움직이는 세상에서 성공의 열쇠입니다. … 개인적으로 젊은 영국 기업가인 브래드 버튼(Brad Burton)이 만든 문구인 "직업을 갖는 것은 마치 사업을 갖는 것과 같고, 다만 오직 당신만이 한 사람의 고객을

가지고 있다 — 이것은 얼마나 어리석은 일인가?!"라는 말에 동의해야 할 거에요.

나는 또 첨단기술 디자인과 개발 업무를 하는 기업인 기어 스트림(Gear Stream)의 경영진 가운데 한 사람인 브래드 머피(Brad Murphy)로부터 다음과 같은 얘기를 들었다.

업무의 성격은 변하고 있고 많은 사람들은 "직업(job)"이라는 개념이 산업혁명기에 체계화된 주인/노예 모델의 가공물인 비교적 근래의 현상이라는 사실을 잊고 있어요. 이는 (고맙게도) 업무의 미래가 아니지요. 우리가 당면한 이런 현재의 변화가 달성되려면 또 다른 50년이 걸리겠지만, 다른 한편으로는 매우 흥미로운 경제적 결과들이지요. 용기 있고 선견지명이 있는 사람들은 그 사이에 새로운 길을 만들겠지요. 나는 우리가 개인, 기업소유주/주주, 환경이라는 모든 이해당사자들에게 존경을 받고 지속적인 새로운 비즈니스 모델을 만들어 더 밝은 미래를 건설하는 기업 중의 하나가 되길 바랍니다.

그러나 이런 낙관적인 관측에도 불구하고 주문식 고용(on-demand employment)의 개념이 많은 근로자들에게 문제가 있는 것은 분명하다. 근로자들에게 큰 불확실성을 준다는 점이 고용주에게 제공하는 유연성의 어두운 면이다. 뉴욕 타임즈(*New York Times*)는 소매 부문에서 큰 변화를 다음과 같이 보고하고 있다.

"과거 20년간 많은 주요 소매기업들은 산업 전반에 정규직의 몫이 70퍼센트 내지 80퍼센트였다. 이제는 시간제가 70퍼센트를 차지하게 되었다."라고 소매기업 자문회사인 전략자원그룹(Strategic Resource Group)의 경영책임자인 버트 플리킹어(Burt P. Flickinger III)가 말했다. 예측 불가능한 업무 시간, 원하는 것보다 더 적은 업무 시간, 효익 및 예측성의 상실 등이 근로자

들에게 다가오는 결과이다. 이는 안정된 가족생활을 유지하고 그들 자신의 시간을 계획하는 능력에 대혼란을 야기한다.[a]

a. S. Greenhouse, "A Part Time Life as Hours Shrink and Shift," *New York Times*, October 27, 2012.

스스로 모든 것을 해내기보다 외부 자원을 활용하라

기업은 다른 조직과 세력을 규합해 규모를 달성함으로써 필요한 결정적 자원을 얻는 경우도 있다. 우리는 이미 이에 대한 사례들을 "연계개발(connect and develop)"을 강조하는 프록터 앤 갬블(Procter & Gamble)의 사례에서 살펴보았다. 이 개념은 기업이 혁신적인 아이디어를 보다 작은 기업으로부터 얻어 자신의 중량과 규모를 이용하여 양산하고 재빨리 시장에 내놓는 것이다. 자문회사 액센추어(Accenture)는 많은 기술 리더 및 혁신가와 제휴를 맺는 또 다른 기업이다. 액센추어는 자체의 산업 전문지식과 기량을 규모 있는 운영 상태까지 결합하여 엄청난 성장을 이룰 수 있었다. 또 이 기업은 외부 역량(external capabilities)을 축적하는 데도 성공했다.

더 인상적인 성공 스토리 가운데 하나는 2000년 마이크로소프트와 함께 시작한 기업으로 아바나드(Avanade)라는 조인트 벤처에 관한 것이다. 기술 서비스 기업으로의 예외적인 움직임 속에서 아바나드는 마이크로소프트 기반 서비스에 집중하기 위해 창립되었다. 이 조인트 벤처는 2000년에 창립되었고, 이듬해 진정한 글로벌 스타트업으로 10개국에서 사업을 하고 있었으며, 120명의 목표 고객을 확보하여 150건의 프로젝트를 따냈다. 2010년 무렵에는 11,000명이 아바나드에서 일했다. 이 기업은 10년의 기간에 수백 명의 고객을 위해 수천 건의 프로젝트를 수행하였고 10억 달러의 매출을 달성하였다.

기업이 투자하기로 결정하는 자산은 상황이 바뀌게 되면 확실히 해체되어 재구성될 수 있어야 한다는 점은 한층 더 강조될 것이다. 이는 특정한 기회를 위해 자산구성(asset configuration)을 최적화하기보다는 신축적으로 재배치할 수 있는 자산을 더 선호할 가능성이 있음을 의미한다. 또한 나중에 출구장벽(exit barriers)을 이룰 수 있는 자산에 갇혀버리지 않도록 주의를 기울이는 것이 중요하다. 예를 들자면, 기업으로 하여금 자본 자산을 재투자하게 할 수 있는 요소들, 다른 기업들과의 광범위한 상호접촉 및 상호의존, 상당한 수직통합, 많은 이해관계자들(예를 들어, 노동조합과 정부)에 대한 약속, 문서화된 규칙으로의 사업 성문화, 또는 나중에 고객의 요구에 말려들 가능성(예를 들어, 홍수보험이나 ATM) 등이 여기에 포함된다. 일반적으로 일시적 우위의 환경에서는 유연성의 우위를 확보하기 위해 어느 정도의 최적화는 포기하는 것이 더 낫다.

이 장의 요점은 자원배분과정(resource allocation process)을 통제하는 것이 일시적 우위의 효과에 대처할 수 있는 능숙한 조직을 만드는 데 절대적으로 중요하다는 것이다. 이제는 기울고 있는 우위에서 자원을 차출하여 이를 새로운 우위의 창출에 투입할 때이다. 그것이 혁신과정(innovation process)의 업무이며, 우리는 다음 장에서 이에 대해 알아볼 것이다.

5

혁신 숙련도의 축적

대단히 많은 기업들에게 있어서 혁신(innovations)의 삶이란 “더럽고(nasty), 잔인하며(brutish), 짧다(short)”고 표현한 토마스 합스(Thomas Habbes)의 인간 조건에 관한 절망적인 성격 묘사와 흡사하다. 여기에서 근본적인 문제는 수익창출을 추구하는 기업들이 군림하는 세계에서 혁신과정(innovation process)이란 기껏해야 가벼운 오락이고, 최악의 경우에는 위험한 위협이라는 점이다. 부서진 혁신과정에서 보듯이 당신이 과거에 하던 것을 경쟁자가 따라잡게 되면 당신 조직은 최첨단을 유지하려 애쓰게 될 것이 분명하다. 당신은 성공, 쇠퇴, 인원 감축, 초죽음, 자포자기라는 주기를 피하고, 기업에 승부를 걸며, 그 많은 역사적 기업들(노키아, IBM, 프록터 & 갬블, 그리고 많은 다른 기업들)로 묘사되는 경쟁자들과 겨루는 방법을 생각하여야 한다.

품질관리나 안전 등의 다른 중요한 조직 과정들처럼 혁신(innovation)도 관리될 수 있다. 어떤 이유로 누군가 보다 혁신적이길 원한다고 결정할 경우, 이들은 무엇이 되고 무엇은 안 되는가에 대한 학습에서라기보다는 스스로 진행과정에서 이를 이루어낸다. 이에 따라 누군가 혁신을 열망할 때마다 이 과정의 재형성을 둘러싸고 오류를 범하도록 내버려두기에 앞서 이를 이해하는 것이 더 바람직하다. 다행히

표 5-1

새로운 전략각본: 혁신 숙련도

~에서	~로
• 혁신은 단편적임	• 혁신은 일상적이고 체계적인 과정
• 거버넌스와 예산편성은 범사업적으로 같은 방식으로 이루어짐	• 혁신을 위한 거버넌스와 예산편성이 일상적 사업과 다름
• 자원은 주로 수익창출에 투입	• 핵심 사업 지원, 새로운 플랫폼 구축, 옵션 투자를 하는 계획들의 균형잡힌 포트폴리오
• 사람들은 본업에 추가하여 혁신에 관한 업무도 함	• 혁신 활동들에 자원의 충분한 투입
• 가정의 검증 실패; 학습이 거의 없음	• 지속적인 가정의 검증; 학습이 주요 사업 결정에 투입됨
• 실패는 회피되고 논의의 여지가 없음	• 슬기로운 실패의 장려
• 계획 지향	• 실험 지향
• 제공물로 시작하며 새로운 영역으로 확장하려는 혁신	• 고객과 더불어 시작하여 그들의 업무가 이루어지도록 도아주는 혁신

도 불행스럽게도 일반적인 실패를 피하고 올바르게 행동으로 옮길 수 있는, 혁신이 요구하는 것에 관한 더 나은 정보를 얻기 위해 사용할 수 있는 많은 자원들이 있다.[1] 두 번째로 인식해야 할 것은 나타났다 사라지는 혁신은 아주 일상적이긴 하지만 아무것도 하지 않는 것보다 좋지 않다.[2] 이는 훌륭한 사람들에게 이들이 커리어를 걸 정도의 프로젝트가 아니며 자원을 낭비하고 있다는 신호를 보낸다. 따라서 이를 바로잡으려면 혁신은 지속적이고, 진행형이고, 체계적이어야 할 필요가 있다. 이를 위해 일정한 예산을 비축해 두라. 이를 훌륭한 사람들의 커리어패스(career path)가 되게 하라. 혁신이 핵심사업에 대한 지원과 균형을 이루도록 포트폴리오를 적극적으로 관리하라. 그리고 당신 기업에 중요한 다른 것들을 지탱하고 있는 조직과정(organizational processes)에 이것이 체화되게 하라(<표 5-1> 참조).

혁신 숙련도는 어떤 형태를 보이는가: 예외적 성장을 이룬 기업들의 재조명

우리는 제2장에서 일시적 우위의 파동의 모든 면을 다루는 숙련도(proficiency)를 창출하는데 어느 정도 성공해 온 특별한 기업들인, 예외적 성장을 이룬 기업들(growth outliers)에 대해 살펴보았다. 그런 기업들로부터 우리가 본 것은 이들 기업들은 안정(stability)과 동력성(dynamism)을 결합하여 소진된 기회에서 탈출하고 새로운 기회로 진입함으로써 사업을 재구성하는 과정 속에서 탄생되었다는 것이다.

이런 기업들을 연구하면서 이들은 각자 약간씩 다르지만 혁신 시스템(innovation system)의 모든 측면을 관리하는 숙련도를 개발했다는 점은 분명하다. 그러나 핵심요소들은 모두 거기에 있다. 여기에는 거버넌스 시스템과 아이디어화, 발견 및 가정 테스트, 시장 검증 및 보육, 마지막으로 현재 진행 중인 업무에 신사업들의 상업화 및 통합을 위한 시스템들을 포함한다.

전반적 체계와 역할

많은 경우 혁신적이 되고자 하는 노력은 혁신이 이루어져야 하는 명확한 전반적 체계(overall framework)가 없기 때문에 처음부터 난항을 겪는다. 역할이 분명치 않고, 거버넌스 및 자금지원 모델이 제대로 정의되어 있지 않으며, 챔피언들의 특정 활동들도 모호하며, 그밖의 여러 어려움이 있다. 혁신 숙련도(innovation proficiency)가 있는 기업의 경우 이런 문제들은 운에 맡겨져 있지 않다. 조직이 숙련도를 구비하려면 혁신에 적합한 거버넌스 메커니즘(그리고 보통 핵심사업의 기획 및 예산화 과정과 분리되어야 함), 혁신에 투입될 자원을 관리하는 방법, 혁신이 어떻게 더 큰 포트폴리오에 정합한지에 관한 전체적인 감각, 발전의 모든 다른 단계에 있어서 이니셔티브들에 대한 일련의 시각이 필요하다.

예외적 성장을 이룬 기업들 가운데 하나인 코그니전트(Cognizant)의 경우 그 전반적 체계는 혁신을 창출하는데 필수적인 다양한 역할들을 자세히 설명하는, "관리된 혁신체계(managed innovation framework)"라 불린다. 이 기업은 상의하달식과 하의상달식 접근방법을 혁신과 결합하지만 누가 무엇을 해야 하는지 분명히 밝히고 있다. 웹사이트에서 밝힌 바와 같이 비전(vision)과 가능화(enablement)는 최고지도부에서 다룬다. 여기에는 어떤 형태의 혁신이 바람직한지의 명시, 자원조달 등이 포함하는 기업전략의 기획화가 포함된다. 소위 조직의 중간층에서는 계획(initiatives)을 주도하고 추진한다. 이에는 결속과 제휴를 구축하는 정치적 업무의 수행 및 바람직한 계획에 적절한 자금지원의 확보 등과 같은 기존의 활동들과 함께 새로운 활동들을 추진하는 방법에 관한 모색이 포함된다. 특정한 계획의 차원에서는 기업가적 팀(entrepreneurial team)이 새로운 상거래들을 창출하고 이들을 시장으로 이끄는 업무를 담당한다.

코그니전트는 튼튼한 기술 기반을 가지고 이 체계(framework)를 지원한다. 코그니전트 2.0 기업지식경영시스템에 연결되는 독점적 혁신관리시스템(Innovation Management System) 소프트웨어를 이용하여 아이디어들을 추적하고 전달한다. 다시 말해, 혁신은 기업 내의 다른 중요한 업무들과 달리 취급되는 것이 아니라 포괄적인 방법으로 다른 일상적인 활동들에 연결된다. 이와 유사하게 인드라 시스테마스(Indra Sistemas)의 경우에는 개발, 적응, 서비스를 위한 인드라 방법(스페인어로 MIDAS)이라는 시스템이 있는데, 이에 의해 새로운 프로젝트들이 기업 내의 전반적인 프로젝트 관리과정에 통합된다.

그 가운데서도 혁신을 위한 가장 의례적이고 구조적인 거버넌스 시스템 중 하나는 에이씨에스(ACS) 그룹의 환경사업부이다. 여기서는 연구, 개발, 혁신 프로젝트를 의미하는 소위 R&D+i라는 것을 위한 전략계획(strategic plan)을 개발하고, 우선순위 및 자금지원을 정하는 과정 속에서 계획들을 일 년 또는 이 년에 한 번 검토한다. 이에 대한 공식적인 관리시스템은 실제 UNE 166002:2006 표준 하에 보장되고, 독립적 제삼자에 의해 감사를 받는다. 2011년 12월 31일자 에이씨에스의 보고에 따르면 562만 유로가 투자되어 진행 중인 28건의 연구개발 프로젝트들이 있었다.

아이디어화

아이디어화(ideation) 과정의 목표는 기업이 혁신 노력을 위한 추진체로 생각할 수 있는 가능성 있는 아이디어들의 파이프라인을 도출하는 것이다. 여기에는 추이를 분석하고, 혁신을 기업전략에 연결하며, 잠재적인 시장기회들을 조사하고, 마지막으로 기업이 참여하고자 하는 각축장(arenas)을 정의하는 것이 포함된다. 효과적인 혁신(effective innovation)은 어디에 집중해야 할지를 정의하는 것으로 시작한다. 불행히도 많은 기업들, 특히 "무수한 꽃을 피우게 두는(let a thousand flowers bloom)" 개념을 가진 많은 기업들의 경우 어떤 종류의 아이디어들에 목표를 두어야 하는지가 명확하지 않다.

구글(Google)(그리고 역사적으로 쓰리엠(3M))과 같은 기업들은 업무 시간에 제한이나 지침을 주지 않고 직원들이 원하는 것을 하게 함으로써 이 이론을 구체적으로 운용한다. 우리는 조직 내의 어떤 사람도 혁신가(innovator)가 될 수 있는 잠재력이 있고, "어떤 아이디어도 우매한 아이디어는 아니다(no idea is a dumb idea)."라는 얘기를 듣는다. 이런 식의 선의의 노력들은 대개 경영진 차원의 열성적인 지원으로 시작된다. 직원들은 일정 시간을 흥미 있고 그들의 일상 업무가 아닌 일들로 시간을 보내라는 얘기를 듣는다. 모든 직원들을 혁신가로 만들도록 지도하기 위해 트레이너들(trainers)이 투입되고, "혁신신병훈련소(innovation boot camps)"라는 것을 운영하기도 한다. 이는 효과가 있고, 도처에서 아이디어가 쏟아져 나온다. 불행히도 좋지 않은 아이디어도 있다. 그들 대부분은 투자 가치가 있을 만큼 충분히 큰 기회가 되진 못한다. 아이디어의 많은 것들이 불완전하고 비현실적이다. 스트레티진(Strategyn)의 토니 울윅(Tony Ulwick)은 아이디어가 고객 결과물로 연결되지 못하는 경우가 허다하다고 지적한다. 일부는 전략적 정합성(strategic fit)이 빈약하고, 일부는 공급사슬 파트너나 주요 하청기업들을 화나게 한다. 아이디어들은 갈 곳을 모른다. 노력은 결국 열매를 맺지 못하고 시들고, 그 계획에 열광했던 사람들은 실망하거나 냉소적이 되며, 배운 교훈은 사라진다.

이는 많은 원숭이들에 관한 옛 조크와 매우 흡사하다. 타자기로 가득찬 방 안에 많은 원숭이들을 두면 결국 그들은 전쟁과 평화(*War and Peace*)를 써낼 것이라는 것이다. 여기에서 어려운 점은 무한정 원숭이들을 공급할 돈이나 시간이 충분치 않다는 것이고, 신속히 움직이는 경쟁 시장에서는 이런 비효율적인 혁신과정은 파멸을 몰고 올 수 있다.

기업들은 접근방법(approach) 속에 있는 대단히 강력한 힘을 발견해 왔는데, 접근방법은 "해야 할 일(jobs to be done) 시각",[3] "도전에 기초한 혁신(challenge-driven innovation)",[4] 혹은 "니즈에 기초한 혁신(needs-driven innovation)"[5] 등으로 다양하게 불린다. 이 중에는 나의 동료 스콧 앤소니(Scott Anthony)가 주장하는 바와 같이 고객 니즈가 "성장공장(growth factory)"의 투입물이 된다.[6] 여기에서 핵심적인 아이디어는 혁신의 출발점이 고객들이 실제 찾고 있는 결과물이 어떤 것인지 파악하는 것이고 조직이 그 결과물을 창출하는 방법을 역으로 찾는 것이라는 점이다. 차이점을 보자. 흔히 내부적으로 추진되는 사고가 혁신 프로젝트를 창출하는 아이디어 우선 접근방법(ideas-first approach)과 달리, 해야 할 일 시각(jobs-to-be-done perspective)은 고객들이 무엇을 이루고 싶어하는가에서 출발하지만 실제로는 이룰 수 없다. 그리고 고객들은 완전히 충족되기 전에는 니즈를 분명히 밝힐 수 없는 것으로 악명 높다.

예외적 성장을 이룬 기업들(growth outliers)은 전략에 적합한 아이디어의 종류들에 대해 세부적이다. 예를 들면, 인포시스(Infosys)의 경우는 어떤 유형의 고객들에게 서비스할지, 어떤 것은 하지 않을지에 집중하고, 고성장 산업과 그들 내부의 "참조(reference)"고객들에게 집중한다. 이 기업은 97퍼센트 이상 반복 사업을 좋아하고, 크리스 고팔라크리슈난(Kris Gopalakrishnan)이 내게 말한 것처럼 "우리의 성장은 우리 고객 성장의 함수"라는 철학을 갖고 있다. 이 기업은 인건비 차익거래로부터 단순한 효익을 찾기보다는 고객들에게 충분한 부가가치를 주지 못하는 사업(비록 그 양이 크다 하더라도)은 추구하지 않는 전략을 취한다.

인포시스는 이런 특성들에 맞추어 직원들의 인센티브 구조를 조정한다. 전략 책임자인 산자이 푸로히트(Sanjay Purohit)는 이를 "미세세분화(micro-segmenting)"이라 부른다. "목표는 당신 사업부가 성장하는 비율과 당신이 기업의 전체 수익에서 차지하는 비율을 개선하는 것이다. 미세분할로 … 가치를 창출할 필요가 있는 여러 사업부들에 걸쳐진 행동을 촉진하고 더 많은 고객들에게 적합하게 한다."고 그는 설명한다. 고객 우선순위(customer priorities)를 확인하는 것이 최우선임을 주목하라. 푸로히트가 말하는 두 번째 "축(axis)"은 제품과 서비스의 포트폴리오에 있다. 인포시스는 상당한 성장을 이루기 위해서는 삼 년이라는 시간이 걸릴 것임을 분명히 이해하고 매년 새로운 라인의 제공물들을 보육하여 내놓는다고 그는 지적한다. 예를 들면, 이 기업은 최근 미래의 성장동인이 되는 것으로 파악한 세 가지 새로운 계획으로서 지속가능성, 고객 유동성, 클라우드를 발표했다.

에이씨에스(ACS) 그룹의 환경사업부에서 추구하고자 하는 광범위한 테마들은 쓰레기로부터 추출할 수 있는 에너지의 최대 활용, 쓰레기 더미의 감소, 배기가스와 악취의 감소 등이다. 크르카(Krka)는 혁신을 이용하여 특허가 만료된 의약품 포트폴리오에 더욱 가치를 두는 방법을 모색하고 있는데, 특허가 만료된 의약품의 상품 생산자(commodity producer)가 되기보다 원료 분자를 뛰어넘어 환자들에게 제공하는 가치를 증가시켜 주는 데 노력하고 있다.

아이디어화 과정(ideation process)은 결코 단번에 이루어져 완성되는 것이 아니라 가능성 있는 좋은 아이디어들의 파이프라인을 채워나가는 일상적인 과정이 될 필요가 있음을 주목하라. 우리의 책 기업가적 사고방식(The Entrepreneurial Mindset)에서 우리는 기회목록(opportunity inventory)라는 개념을 제시했고, 이는 아직 생각해 볼 가치가 있는 개념이다.[7]

발견 : 개념과 세부기획

아이디어 씨앗을 손에 넣은 후 숙련된 혁신이 이루어지는 다음 과정은 발견(discovery)의 과정으로, 개념들(concepts)이 구체화되고 세부계획(detailed plans)이 개발된다. 발견과정(discovery process)이 진행되는 동안 특정한 고객 니즈가 파악되고, 이목을 끌기 위해 각축장의 크기가 정해지고 정밀 평가되며, 다양한 비즈니스 모델들이 평가를 받고, 사업에 대한 대략적 체계가 구축된다. 세부계획의 단계에서는 가정들이 명시되고 테스트되며, 공식적 사업계획 및 운영계획이 개발되고, 중요 체크포인트들이 도출된다. 목표는 최대한 빠르고 비용이 적게 드는 방식으로 가정들을 지식으로 전환하는 것이다. 나의 공저서 『발견 주도적 성장(*Discovery-Driven Growth*)』에 이 과정이 상세하게 나와 있다.[8]

코그니전트(Cognizant)의 혁신과정을 조사해 보면 기업이 이러한 발견과정을 효과적으로 지원하기 위해 기술을 어떻게 이용하는지 알 수 있다. 이 기업에는 아이디어 관리 시스템(idea management system)이라는 것이 있는데, 이는 아이디어와 혁신을 추적하고, 혁신팀들에 적합할 수 있는 지식을 가진 사람들을 연결하며, 가정을 테스트하고, 아이디어를 개선하게 해준다. 그러는 동안 기업은 "혁신 성적표(innovation scorecards)"라고 부르는 측정과 모니터링을 촉진하게 된다.

팩트셋(FactSet)에서는 발견과정이 기업의 DNA에 체화되어 있다. 설립자 하워드 윌리(Howard Wille)와 찰스 스나이더(Charles Snyder)는 "컴퓨터 기반 재무정보를 전달할 수 있는 기업에 대한 그들의 아이디어를 테스트하기 위해" 1978년 월스트리트 직업을 떠났다고 훗날 말했다. 31년 뒤 이 기업은 지속적인 수익 성장을 보였다. 이 기업의 웹사이트에 관한 일련의 사례연구에서 보면 이 기업이 어떻게 고객과 밀접한 관련이 있는 발견과 세부기획을 하여 새로운 제공물을 개발하는지 알 수 있다.

인큐베이션: 시장실험 및 타당성 그리고 비즈니스 모델 실행

혁신의 인큐베이션(incubation) 과정은 실제 사업이 어떠한 것이 되어야 하는지에 대한 학습을 포함한다. 이 단계에서 파일럿 제품과 프로토타입이 개발되고, 시장 테스트가 이루어지며, 수많은 가정들이 테스트된다. 초기 고객들 및 파트너들이 참여하게 되고, 전담팀이 해당 프로젝트에 전적으로 전념한다. 프로젝트들은 실패하기 쉽지만 이 단계에서 프로토타입이 시장에서 생존 가능성이 더욱 커지기 때문에 좀 더 실체를 띠기 시작한다.

기업들이 최종 제품이나 서비스가 어떨지에 관한 귀중한 학습을 생략하고 서둘러 이 단계로 뛰어드는 경우가 너무나 비일비재하다. 또 하나의 함정은 기업이 신출내기 사업(fledgling business)에 수익이나 성장에 대한 요구를 너무 일찍 부과하는 것이다. 클레이튼 크리스텐슨(Clayton Christensen)은 "제공물을 개발하는 이 시점에서 '누구나 수익에 굶주려 있겠지만 성장을 위해서는 인내할 필요가 있다.'"고 적절한 표현을 하였다.[9] 제공물은 아직 상업 활동을 위해 맹공을 펼칠 준비를 갖추지 못하고 있다. 조기 수용자들(early adopters)은 어쩔 수 없는 결함을 참아낼 수 있겠지만 최종 대중 시장이나 주류 고객들은 그렇지 않을 것이다. 가장 좋은 초기 시장은 제공된 것에 대해 감사히 지불할 의지가 있는 실제적이고 확고한 니즈나 문제를 가진 고객들이다. 에치디에프씨 은행(HDFC Bank)이 시골 마을에 은행 업무를 제공하기 위해 진출한 것이 하나의 사례이다.

에치디에프씨 은행(HDFC Bank)은 새로운 계획에 전념하기 전 조심스럽게 시험하는 것이 오랜 전통이다. 재정적으로 격리된 시골 인도인들에게 은행 업무에 대한 접근을 도입하기로 한 보다폰(Vodafone)과의 최근 파트너십은 그 실례가 된다. 이 은행은 대처하고자 하는 문제를 파악하는 것에서 시작했다. 그것은 인도의 많은 시골 지역에는 단순히 아무런 은행 인프라가 없다는 것이었다. 나아가 교통과 전기 등의 다른 인프라도 역시 발달되어 있지 못했다. 한 지역 신문은 "잘수(Jhalsu) 마을에 있는 농부가 저축이나 현금인출과 같은 간단한 거래를 위해 몇 킬로미터 떨어진 은행 지점에 가려면 하루 온종일 걸릴 것이다."라고 하였다.[10]

에치디에프씨 은행과 보다폰이 이 고립된 시골 마을에서 시험했던 것은 보다폰 소매기업을 선정하여 에치디에프씨 은행을 부대리인으로 내세워 누구나 보다폰 대리점을 통해 송금, 현금인출이 가능하도록 한 시스템이었다. 에치디에프씨 모바일 운영 계좌는 농부들에게 나중에 인출을 할 수 있게 돈을 저축하거나 혹은 보다폰 대리점에 가서 돈을 회수할 수 있는 다른 사람에게 송금할 수 있게 해준다. 이 서비스는 우체국을 통해 진행되는 우편환과 같은 널리 알려진 대체 방안보다 훨씬 비용이 적게 든다. 에치디에프씨 은행과 보다폰의 리더들은 잘수에서 이 서비스를 시험하여 인도준비은행(Reserve Bank of India)의 부행장인 차크라바르티(K. C. Charkrabarty)와 함께 금융산업 지원이라는 보호 아이디어 차원에서 이 콘셉트를 전국적으로 공개 발표하였다. 에치디에프씨 은행은 이러한 유형의 시골 벤처로부터 상당한 성장을 기대하고 있다.

가속화(Acceleration) : 상업화, 출시, 도약

혁신과정의 마지막 단계는 아이디어가 실제로 시장에 도달하여 상업적 실체로 규모를 갖출 때이다. 이는 중요한 전환점이므로 혁신 프로젝트에 신중함이 요구되는 순간이다. 이 시점에서는 혁신과 인큐베이션의 주안점은 상당한 규모에 빠르게 도달하기 위한 메커니즘으로의 전이에 놓일 필요가 있다. 전통적인 원칙(투자수익률을 창출하는 것과 같은)의 보호를 받아온 사업은 이제 전통적인 척도(conventional metrics)에 의해 측정되어야 하며, 보고 구조와 원칙이 제자리에 위치하여야 하며, 다양한 사고를 가진 경영자들이 점점 더 중요해지기 시작하며, 사업은 점점 모기업의 일부가 될 필요가 있다. 개념(concept)의 거버넌스는 시험사업을 추진하고 개념을 증명하는 그룹으로부터 측정 및 성과척도가 보다 전통적인 사업부 경영자(business manager)에게로 이전되어야 한다. 여기에서의 핵심 이슈는 사업 자체의 차별화를 훼손하지 않고 이 전이를 관리해 내야 한다는 것이다.

상업화(commercialization)와 규모확대(scale-up)는 코그니전트(Cognizant)의 뛰어난 강점이다. 코그니전트는 강력한 성장 유지를 위해 어느 정도의 이윤을 희생할 것임을 투자자들에게 분명하게 밝히는 전략을 추구하여, 침투해야 하는 특정 각축장들에서 설득력 있는 결과를 내놓기 위해 투자에 배전의 노력을 기울인다. CEO 프란시스코 드수자(Francisco D'Souza)는 성장에 더욱 공격적으로 투자하지 않았던 것이 유감이라고 2009년에 말한 것으로 알려졌다. 한 기자가 규모확대를 빠르게 하는 이 기업의 접근방법에 대해 관찰한 바에 따르면 "이는 더 많은 사람들을 현장에 보내고, 그들로 하여금 특정 시점에 고려하여야 할 수익에 적합하지 않더라도 특정 집단이 반드시 확보하여야 할 고객들과 더 많은 시간을 보내게 하고, 초기에는 높은 이윤을 창출할 수는 없지만 최종적으로 큰 이윤을 줄 수 있는 프로젝트들을 추진하며, 동료들이 하는 것에 비해 특정한 프로젝트에 더 많은 자원을 투자하는 것 등을 의미하였다. 이 모든 것은 코그니전트가 꾸준히 더 많은 시장 점유율을 차지해 가고 있었음을 의미하였다."[11]

깨끗하게 승부하는 일시적 우위 기업은 어떻게 혁신을 관리하는가

사젠시아의 소개

나에게 있어 캠브리지에 본부를 둔 사젠시아(Sagentia)는 특정한 경쟁우위가 왔다가 사라짐에도 불구하고 어떻게 지속적인 혁신을 왕성하게 추진하는지의 사례를 보여주는 기술자문기업이다. 하스톤 밀(Harston Mill)은 사젠시아의 사무실 로비는 그 지역 사람이 아니면 찾기 힘들고 평범한 교외 사무실 복합체가 아니라고 분명히 말한다. 왼편에 위치한 유리로 만든 전시실에는 중세풍 고문 기구의 재현품으로 보이는 것들이 전시되어 있다. 이들을 살펴보면 사젠시아의 과학자들과 엔지니어들이 세상으로 가져오는데 도움을 준 제품들임을 누구나 알게 된다. 다채로운 벽들과 가파른 계단들이 당신을 둘러싸고 있고, 꽃으로 가득한 정원으로 창문이 나 있다. 비록 한 번도 이 기업에 대해 들어본 적은 없지만 이 발명품들은 산업적 제품들임은 물론 소비자에게도 오늘날 우리 생활 속에 핵심 제품들로 남아 있다. 당신 주변에서 진행되고 있는 모든 것이 다 일급비밀이기 때문에 개별 안내를 받아 미팅룸에 안내되고 안내된 곳에 정확히 머무르도록 정중한 요청을 받는다.

사젠시아는 사업 전반에 걸쳐 혁신이 의제의 맨 윗자리를 차지한다. 한 최고 경영진이 지적하는 바에 의하면 "우리와 같은 기업들은 스스로의 운명을 통제할 수 없기 때문에 본질적으로 대단히 기민하다. … 우리는 우리 고객들이 하기로 결정한 것을 가지고 먹고 살아갈 수 있을 뿐이다." 이는 점점 더 많은 기업들이 사젠시아를 지향해야 할 모델로 여기게 하는데, 즉 경쟁우위가 짧아지고 경쟁이 모든 곳으로부터 등장하면서 기업들은 점차 "스스로의 운명을 통제하지 못하는" 동일한 입장에 놓인다. 일관되고 일상적인 혁신과 고객에 대한 뛰어난 친밀감만이 가능한 하나뿐인 대응책이다.

이 기업은 그들이 말하는 관심 부문이나 영역을 사젠시아 언어(Sagentia-speak)로 분명하게 도출하여 왔고, 정보 수집은 이런 영역들에 한정하는데, 이들은 의료제품, 소비재, 산업적 제품들이다. 그들의 공동 경영 책임자는 "우리는 우리의 시장 의제를 정하기 위해 부문조직(sector organization)을 이용한다."고 설명했다. 부문조직은 조직 내의 인재과 역량에 꽤 유동적인 틀을 제공한다. 그리고 부문의 책임자들은 해당 부문의 잠재적 고객의 관심에 정통한 전문가들이다.

사젠시아 리더들이 의미 있는 고객의 니즈 확인에 전념하는 것은 분명하다. 공동 경영 책임자인 댄 에드워즈(Dan Edwards)는 "우리는 (제품이 아닌) 프로젝트 조직이다. 우리가 고객들의 니즈를 이해하고 이에 대한 대응으로 그들을 감동시킬 때 돈을 번다. 우리는 매일 시험을 당하고 있으며, 우리는 (우리의 자산이 아니라) 고객 니즈를 우리의 사고에 제1순위로 놓고 있다."고 내게 설명했다. 시장 요구의 확인이 먼저이다. 예를 들면, 우리 기업은 소위 "생명과학이 생활방식을 충족시킨다."고 하는 일반적 추이를 따르고 있는데, 개인은 점점 더 가정과 같은 환경에서의 보건의료 서비스의 일부 혹은 전부에 대한 책임을 지게 된다. 이런 추이는 의료기기와 치료옵션과 관련하여 완전히 새로운 범주들을 불러올 것이고, 사젠시아는 이 같은 기회들이 생성되는 바로 그곳에 있고 싶어한다.

기업 경영진이 걸러내는 정보의 양은 엇갈린다. 기업의 영업직 및 경영진과의 고객 미팅은 매달 300회 내지 400회 정도 이루어진다. 최고경영진들(senior executives)은 일상적인 책무들의 일부로서 그들 부문에서 진행되는 일의 맨 윗자리에 위치할 것으로 주문받는다. 이에는 상업저널의 읽기, 회의 참석, 핵심 사용자들과의 네트워킹, "다양한 시나리오를 가지고 사람들과 얘기하기" 등이 포함된다. 이와 유사하게 책임경영진들(managing directors)은 다른 경영진들과 비교되는 차별적 이점을 활용하는 네트워킹에 많은 시간을 보낸다. 이 기업은 사젠시아 컨설턴트들이 알아둘 필요가 있는 기업, 기술, 추이에 관한 이메일 보고를 준비하는 사서를 두고 있다.

소비자 부문에서 일하는 니알 모트람(Niall Mottram)은 해야 할 중요한 고객 업무를 찾기 위해 정량적 기법은 물론 정성적 기법도 사용한다고 말한다. "간단한 예를 들면, 가정용 커피 메이커처럼 사람들이 실제 어떻게 이 상품을 사용하는지와 디자이너가 이를 어떻게 구상했는지는 크게 다를 수 있다. 사람들은 병에 담긴 물을 넣고 그들의 기호대로 커피를 만든다. 더 강한 커피를 원하면 두 배로 우린다."고 내게 말했다. 현장관찰을 통해 얻는 통찰력은 보다 기술적인 성향을 가진 사람들과 협력하는 인간적 요소들을 많이 알고 있는 사람들에 의해 얻게 된다.

이 기업은 특정한 고객 니즈를 파악하려고 노력하는 것 외에 사업들을 아우를 수 있는 패턴을 보는 것에 능숙하다. 외부 세계에 대한 광범위한 조사를 통해 모은 정보는 중앙저장소에 정리되어 마케팅에 전념하는 사람들에 의해 걸러진다. 많은 조직들에서 범저장고 정보수집(cross-silo information gathering)이라는 역할은 빠져 있는 경우가 많다. 마케터가 특별히 찾고 있는 것은 사젠시아의 다양한 사업영역들을 아우르는 추이들이다. 예를 들면, 기업이 "고급 패턴 인식(high-level pattern recognition)"으로 모니터하고 있는 추이는 개인화에 관한 것이다. 모트람은 사젠시아의 예상에 의하면 많은 미래 제품들의 디자인에 영향을 줄 "거시적 추이(macro trend)"로 개인화(personalization)를 내세운다. 이는 서비스에도 적용된다. "사람들은 조 블로그(Joe Bloggs)가 삼십 분 전에 가졌던 것과 같은 수준의 관심을 원하지 않는다."고 모트람은 말한다. 사람들은 개인화된 무엇을 원한다. 또 하나의 거시적 추이는 시각화(visualization)로, 이는 심지어 외과의사가 로봇을 다루거나 원격제어를 할 때 그의 손끝으로 감촉할 수 있는 느낌은 물론 과정 내부의 삼차원 시각화를 갖추길 원할 수도 있다.

사젠시아의 프로젝트 선정은 보통의 기업들과는 아주 다른 방식의 경쟁에 대한 접근방법을 보여준다. 우선, 그들은 아주 복잡하고 세상에서 처음 보는 문제들에 공을 들인다. "…우리는 정말 하기 어렵고, 돈이 될 만하고, 시간이나 리스크 혹은 기술적 복잡성이라는 프리미엄을 갖는 것들을 해야 한다. 우리가 낮은 수준의 경쟁이 오는 것을 본다면 이는 좋은 기회가 아니라는 조기 경고일 것이다. 그 기술의 생애에서는 아주 초기일 수 있겠지만 우리에게는 후반으로 오게 된다."고 어느 최고 경영자가 말해주었다. 기존 경쟁우위의 함정을 피한 기업들은 완전히 새로운 품목들을 만드는 능력을 갖추고 싶어한다. 경쟁우위의 전통적인 개념들은 이런 각축장들에서 거의 매력을 얻지 못한다.

니즈가 추구할 가치가 있다고 결정하면, 사젠시아는 유연하고 창조적인 방식으로 자원을 동원한다. 에드워즈에 따르면 "우리 직원 모두는 내부 자유시장 속에서 가동된다. 일단 한 부문이 프로젝트를 할당하면 범기능적 그룹들(물리, 전자, 기계공학, 화학, 등등)에서 직원들을 뽑는다. 이는 90퍼센트의 자원이 유증 브랜드나 제품에 배분되는 제품기업(product company)과는 크게 다르다."

기업이 추진하는 프로젝트들이 바뀌면 조직구조가 바뀐다. 이는 많은 기업들이 조직화되는 방식과 매우 다르고, 혁신에 훨씬 더 우호적이다. 내가 부문 책임자들에게 다른 기업들에게 해줄 수 있는 가장 중요한 조언을 요청했을 때, "당신은 당신 기업의 구조 니즈를 충족시키는 것이 아님을 염두에 두어야 한다. 당신은 시장의 니즈를 충족시키고 있다. 많은 기업들의 경우 세상의 수요보다 기업 구조가 더 중요하다."고 그는 말했다.

지금까지 우리는 혁신 숙련도(innovation proficiency)의 구성요소들을—즉, 거버넌스에서부터 규모 확대와 핵심사업과의 재통합까지 이르는 시스템으로서의 전체 혁신과정의 관리—분석해 왔고, 이런 과정들이 예외적 성장을 이룬 기업들(growth outlier companies) 및 혁신의 꾸준한 흐름으로 살기도 죽기도 하는 기업인 사젠시아의 사례에서 어떻게 추진되었는지 파악하려 노력하였다. 그러나 정의에 나타나 있는 바와 같이 예외적 성장을 이룬 기업들은 분명 드물다. 시간이 지나면서 혁신을 시장으로 이끈 그들의 성공은 다시금 정의에 따르면 일상적이지 않다. 그렇다면 나머지 기업들, 즉 아직 숙련도(proficiency)를 반드시 갖추지 못했거나 열등감을 가진 기업들과 조직들은 어떻게 할 것인가?

혁신 숙련도가 없다면 어떻게 쌓을 것인가?

더 혁신적인 기업이 되길 원하는 기업들은 흔히 혁신(innovation)과 다각화(diversification)에 관한 많은 소규모 실험들로 시작한다. 이런 방법으로 실험하는 것은 아무런 해가 없지만 이들 노력들이 대형 조직에 큰 영향을 주기 위해서는 혁신의 노력은 다른 대규모 기업이 추진하는 것과 마찬가지로 강조와 집중이 이루어질 필요가 있다. 여기에 문제가 있다. 대형 조직에 있는 많은 사람들은 해당 핵심사업(core business)을 추진하는 데 완전히 몰두하고 있다. 그들은 이미 오랜 시간 일하고 있고 하루하루 위기를 파악하고 있다.

게다가 많은 기업들이 알아차리지 못하고 있는 것은 혁신 시스템(innovation system)의 결정적인 측면들은 다년간의 시간을 요하는 실제적 전문성을 요구한다는 것이다. 추이 분석, 시장 규모, 옵션 분석 및 평가, 프로토타입의 설계, 발견 주도적 기획 수립, 시험 가동, 기회의 활용, 규모를 달성할 수 있는 사업으로의 이동 등은 모두 이에 능숙해지려면 시간, 노력, 경험을 필요로 하는 활동들이다. 대다수 기업들의 경우 구성원들이 이런 기량을 개발하는 데 일관된 도움을 주는 커리어패스가 없다.[12] 또 대다수 기업들에서 누군가 이런 기량들을 개발하려고 노력한다 하더라도 그에 상응한 보상이 적다.

한 가지 분명한 해법은 혁신적 아이디어에 파묻혀 살고, 숨쉬고, 일을 하는데 모든 시간을 보내며, 당신이 내놓은 아이디어를 실행할 여유 능력이 있고, 무엇이 잘못될 수 있는지 그리고 그럴 경우 어떻게 해야 하는지에 관한 건전한 지식이 있는 조직들과 협력하는 것이다. 내가 보기에 인노사이트(Innosight), IDEO, 액센츄어의 성장 그룹인 스트레티진(Strategyn), 카메론 제휴업체(Cameron Associates)(이언 맥밀란과 내가 참여하고 있는 자문회사) 등은 모두 고객들이 혁신과정이 붕괴되는 상황에 대처하는 데 도움을 주는 대단한 일을 하는 조직들이다. 당신의 목표가 최소한의 실수로 재빨리 혁신 숙련도(innovation proficiency)를 쌓는 것이라면 그 노력에 영향을 주는 전문지식을 불러오는 것이 도움이 될 수 있다. 이와 같은 기업과 협력하는 것이 어떠한지를 소개하도록 하겠다.

제1단계 : 일의 현 상황을 정밀평가하고 성장격차를 정의하라

당신이 해야 할 첫 번째 일은 기준선(baseline)을 갖고 실제 무슨 일이 일어나는지 파악하는 것이다. 이를 위한 한 가지 방법은 계획의 포트폴리오(portfolio of initiatives)를 분석하는 것이다. 이를 위한 모델에 관해서는 나의 공저인 『발견 주도적 성장(*Discovery-Driven Growth*)』에 자세히 설명되어 있는데, 여기서는 간략하게 살펴볼 것이다.[13] 첫째, 세상을

그림 5-1

기회 포트폴리오

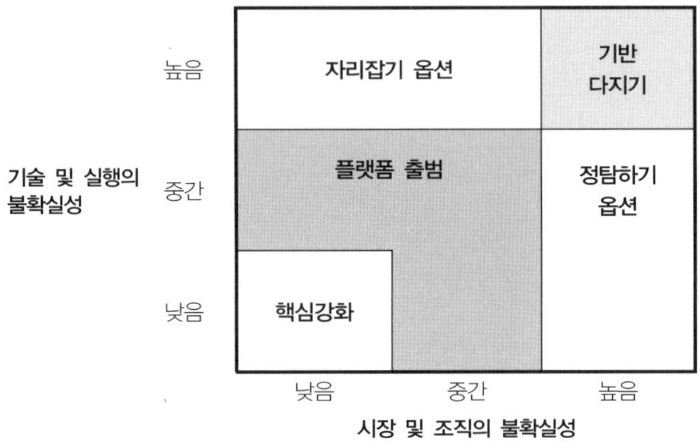

두 가지 불확실성의 측면에서 생각해 보는 것이다. 그 하나는 내부 및 외부 시장에 대한 불확실성이다. 다음으로는 다양한 프로젝트에 배치할 수 있는 역량이나 기술에 대한 불확실성이다. 이 모델은 서로 다른 다섯 범주에 프로젝트들을 배정할 것을 제안하고 있다(<그림 5-1>).

핵심강화(core enhancements)는 현재의 사업이 현재의 고객에게 더 잘 기여하도록 도움을 주는 프로젝트들과 계획들이다. 이 모델의 표현대로 하면 시장 불확실성과 기술 불확실성은 비교적 낮다. 핵심강화는 더 빠르고, 더 값싸며, 더 생산적이고, 사용하기에 더 정확하거나 더 쉽고, 더 편리하게 한다. 핵심사업의 목적은 당신이 성장목표를 추구할 수 있도록 충분한 수익을 창출하는 것이다.

새로운 플랫폼에 투자하는 플랫폼 출범(platform launch)은 일반적으로 투자에 대한 어느 정도의 불확실성은 있지만 극히 알려져 있지 않은 일에 뛰어들 정도로 과감하지는 않은 것으로, 당신의 차세대 핵심 사업으로 고려될 수 있다. 이들은 핵심 사업에 대한 미래의 공헌을 나타낸다.

투자의 세 번째 범주는 옵션(options)에 있다. 옵션은 일반적으로 미래에 보다 실질적인 투자를 하기 위해 당신에게 의무가 아닌 권리를 가져다주는 현재의 적은 투자이다. 시험, 프로토타입, 초기 단계 실험, 사용자 주도의 개방형 혁신 디자인 등등이 모두 옵션이다. 옵션을 다음과 같이 세 범주로 생각해 보고자 한다.

- **자리잡기 옵션**(positioning option)은 수요가 있다고 생각되는 계획들로 이루어지지만 그 수요에 대처하기 위해 어떠한 기술과 역량의 조합이 필요한가는 알려져 있지 않다. 미국에서 스마트폰과 같은 모바일 기기가 이런 종류이다. 무선 서비스에 대한 전체적인 표준이 없기 때문에 송수화기 생산자들은 다양한 형태의 표준에 대한 접근을 유지함으로써 옵션을 열어둘 필요가 있다.

- **정탐하기 옵션**(scouting options)은 당신이 사용법을 알고 있는 역량이나 기술을 이용해 새로운 각축장으로 확장하고자 하는 상황이다. 이는 새로운 고객 부문, 새로운 지역, 혹은 새로운 응용이 될 수 있다. 이 단계의 계획들은 최종적으로 작동할 것을 알게 되기 전에 꽤 많은 프로토타이핑과 시험을 필요로 한다. 예를 들면, 애플은 실제의 대리점에 출하하기 전, 소매점 형태의 실물크기 모형을 지어 모든 경험적 측면들을 활발하게 시험하였다.

- **기반 다지기**(stepping stones)는 수요가 있고 기술이 이에 대처할 만큼 좋을 것이라 생각되지만 그 순간은 아직 먼 상황이다. 여기서의 목표는 실제 문제는 해결되지만 기술적으로 그리 도전적이지 않은 적당한 응용으로 상업화를 시작하는 것이다. 오늘날 나노기술이 개발되는 방식이 그 적절한 보기이다. 나노 제

그림 5-2

저성장 포트폴리오

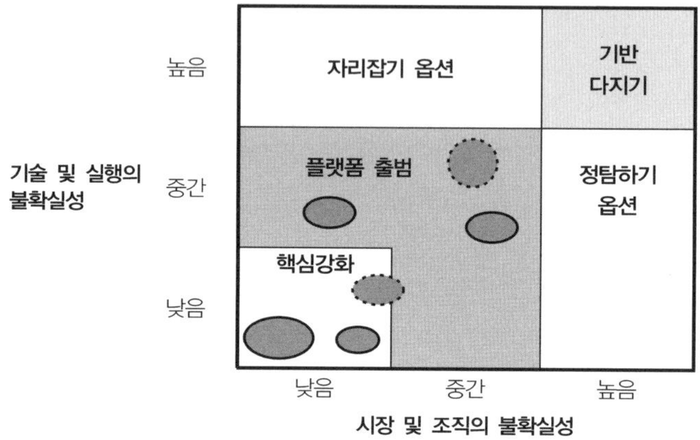

조의 길은 오늘날 우리가 꿈꿀 수밖에 없는 놀라운 것들을 만들어낼 것임을 누구나 알고 있다. 오늘날 나노기술을 사용하여 상업적으로 이용 가능한 것에는 어떤 것들이 있는가? 주름 없는 부두 노동자의 바지나 지문 방지 핸드폰 스크린은 모두 그러한 것들로, 상업적 최종 솔루션을 향해 한 걸음씩 나아갈 것이다.

따라서 첫 번째 해야 할 일은 혁신 프로그램(innovation program)의 실제 진행 상황을 파악하는 것이다. 정제되지 않은 정보들을 붙잡고, 하나씩 프로젝트를 만들며, 그들을 범주별로 배치한 다음, 당신이 가지고 있는 것을 알아보라. 그러는 순간 보통은 놀라게 될 것이다. 당신이 흔히 발견하게 되는 것은 당신이 실제 가진 프로젝트 포트폴리오(project portfolio)가 당신이 원하는 성장전략을 지지하지 않는다는 점이다. 예를 들면, <그림 5-2>의 포트폴리오를 생각해 보라. 이와 같은 포트폴리오는 낮고 점진적 성장 이상을 창출하긴 어려울 것이다.

여기서의 목표는 성장격차(growth gap)에 대해 감을 잡는 것이다. 즉, 핵심사업이 삼 년 내지 오 년의 시간적 지평을 가진다는 것을 고려해 볼 때 현재의 포트폴리오에 어떤 새로운 성장원천이 추가되어야 할 것인가? 또한 상품화되고 있는 사업에서 쇠퇴를 고려한다면 그 격차는 무엇인가? 그러면 그것은 당신 혁신 시스템(innovation system)의 목표가 된다.

제2단계 : 최고경영진을 배치하고 자원을 투입하라

놀랍게도, 앞 장에서 논의한 바와 같이 성장격차(growth gap)의 증거에도 불구하고 혁신이 없다면 내일의 성공을 가져올 수 없다는 사실을 최고경영자들(senior leaders)이 알아차리지 못할 수 있는 것이 충분히 가능하다. 그러나 혁신 시스템이 작동되려면 최고 의사결정권자들이 참여할 필요가 있다. 이는 여러 형태를 띨 수 있다. 내가 자주 활용하는 방식은 혁신에 필요한 여러 규율들에 관한 (하루나 이틀 정도) 일련의 프레젠테이션을 시작하는 것이다. 그 형식은 대개 중간에 토론과 때로는 응용이 배치된 일련의 소강의들로 이루어진다. 성장격차를 정의하는 숙제를 마쳤다면, 이제 성장시스템(growth system)을 구축하기 위해 자원이 배분될 필요가 있다는 주장을 지지하는 방향으로의 긴 여정으로 이어진다. 또한 혁신개념들에 대해 말하는 언어가 모두 같다면 이는 도움이 된다. 리더들은 혁신에 참여하고 혁신적 노력이 지향해야 할 경계(우리는 종종 "활동분야를 창조하는 것(creating the ballpark)"이라고 부름)를 확립할 필요가 있다.

마지막 장에서 언급하였듯이, 나는 듀퐁(DuPont)의 지식집약대학(Knowledge Intensive University) 프로젝트에서 밥 쿠퍼(Bob Cooper)와 일하면서 힘든 길의 전방에서 최고경영진급의 직접적이고 단호한 참여(buy-in)의 결정적 중요성에 대해 배웠다. 우리는 아이디어 부족이 주요 문제임이 틀림없다고 순진하게 생각했다. 그래서 열심히 브레인스토밍을 하였고, 일부 아이디어는 완전히 천재적인 것으로 여겨졌다. 여기서 우리는 아이디어에 자금을 지원받기 위해 기업 수표장을 가진 사람들인 지도부 그룹(leadership group)으로 갔다. 우리는 처음부터 지도부를 관여시키지 않았고 아이디어들이 정합해야 하는 전략적 프레임워크(strategic framework)를 만들지 못한 심각한 실수를 저질렀다. 대단한 새 아이디어들의 경우 지도부의 우선순위와 일치하지 않는 일이 흔했다. 그들이 처리해야 할 일들이 코앞에 닥친 상황에서 이런 이상하고 새로운 일들에 돈을 투자하게 할 수 있는 방법은 없었다. 아이디어들은 갈 곳이 없었다. 팀들이 얼마나 혼란스럽고 의기소침할지 상상할 수 있었다. 실제로 우리는 아이디어를 속히 마무리하지 않고 흥분하여 상황을 더 악화시켰다. 그 이후 나는 어떠한 성장노력도 그 안에서 혁신이 작동될 필요가 있는 리더십 프레임워크(leadership framework)를 구축하는 것부터 시작할 것을 추천한다.

더 나아가, 메커니즘을 강화하는 차원에서, 나는 정말 혁신이 조직에 중요하다면 이는 조직의 회의안건, 웹사이트, 그리고 이것이 정말 중요한 것이라고 조직에게 보일 수 있는 곳에 등장하여야 한다고 주장하고 싶다.

제3단계 : 혁신 거버넌스 과정을 마련하라

다음 단계는 혁신을 지배할 방법을 조직하는 것이다. 가장 흔한 접근법은 최고 사업 책임자들로 이루어진 혁신위원회(innovation board)를 설치하는 것이다. 이 위원회의 목적은 프로젝트 제의를 듣고, 올바른 지침이 되는 질문을 하며, 프로젝트에 파란불을 켜주고, 제대로 되지 않을 경우 필요하다면 가장 건설적인 방법으로 이를 중단하도록 도와주는 것이다. 혁신위원회의 다른 주요 업무는 혁신팀의 노력을 방해할 관료주의적, 구조적 장애물을 제거하는 것이다. 동료 대 동료(peer to peer)식 환경에서 여러 주가 걸릴 문제들을 때로는 고위 인사의 전화 한통으로 해결할 수 있다. IBM에서 혁신 거버넌스(innovation governance)는 CEO에게 보고하는 책임 있는 고위직이 가지는 주된 책무를 의미한다.

혁신 거버넌스 과정(innovation governance process)의 일부로서 조직이 찾아나서야 할 기회 영역에 관한 정의가 도출된다. 이는 어떤 종류의 아이디어가 바람직한가(그리고 바람직하지 않은가)에 대한 투명성을 제고하며 혁신 노력을 안내하는 데 도움을 준다.

제4단계 : 시스템을 구축하여 조직에 도입하기 시작하라

다른 조직 과정, 예를 들어 식스시그마(six sigma)에서와 마찬가지로 혁신에 대하여 잘 작동하는 관행과 그렇지 않은 관행이 있다. 비록 실제적 혁신의 추진하는 데 책임을 질 사람들은 아니더라도 이들 조직내에 관행들의 일부가 어떤 모습인지를 이해하는 임계규모의 인사들을 확보하는 것이 도움이 된다. 이를 위해 흔히 선호되는 수단은 훈련(training)인데, 이는 여러 형태를 띨 수 있다. 나는 사내 수업, 세미나, 웨비나(webinars), 가상훈련 등을 닥치는 대로 추진해 왔다. 중요한 것은 사람들이 혁신에 대해 공통 언어를 갖고, 통상적 사업에 작동하는 것이 혁신에는 적용되지 않는다는 인식을 갖는 것이다.

예를 들면, 피어슨(Pearson)의 병원 평가 사업부 책임자 아우렐리오 프리피테라(Aurelio Prifitera)는 사업 갱신에 관여해 왔으며, 과거에도 그랬지만 지금도 매우 성공적으로 업무를 수행하고 있다. 프리피테라는 인력개발부 부사장 크리스 모스칼(Krys Moskal)과 협력하여 혁신을 위한 보다 체계적인 접근방법을 만들려는 노력을 시작했다. 우리는 기본적인 혁신 개념들을 검토하기 위해 지도부 팀과 떨어져 분석을 시작하였다. 우리의 미팅은 포트폴리오 분석, 혁신위원회의 출범, 몇 개의 새로운 프로젝트들에 대한 자원 배분, 사람들이 혁신에 필요한 기량들을 쌓도록 돕는 훈련과 지도에 대한 자금지원 등 여러 개의 계획들로 이어졌다. 나는 미팅이 있고 난 첫 해에 약 2주간의 간격으로 14회에 걸친 화상 세미나를 주도했는데, 여기에는 사업부의 다수 의사결정권자들(크리스는 이를 “누구나 전화에 접근 가능해. 그렇지?”라고 재치있게 말한다)이 참석할 수 있었다. 이와 같은 정기적 훈련은 사람들이 기량을 닦고 공통 언어를 만들어내는 데 결정적인 도움이 된다.

제5단계 : 무언가 실체적이고 사실적인 것에서 출발하라

이 논리 단계에서는, 하나 이상의 혁신 아이디어들을 선정해서 이들을 개발하는 수단을 사용하기 시작하는 것이 대단히 적절하다. 이는 종종 이미 진행 중임에도 주목을 받으려 노력하는 프로젝트도 포함될 것이다. 중요한 일은, 당신의 노력에 대한 지원을 하기 위해 활용하고 있는 컨설턴트 등의 사람들이 업무상에 실제로 있는 무엇을 가지고 콘셉트 증명을 보여주는 기회를 갖는 것이다. 고객 수요의 도출, 시장 규모화, 프로토타이핑, 비즈니스 모델의 설계, 발견 주도적 기획, 그리고 혁신에 특정적인 다른 모든 콘셉트들의 관행들이 여기에 작용되기 시작한다.

안타깝게도 내 동료인 카메론 어소시에이츠(Cameron Associates)의 론 피에란토지(Ron Pierantozzi)와 알렉스 푸텐(Alex van Putten)은 지도부 바이 인(buy-in)을 이루고 난 후 그들이 조직에 관련될 수 있을 것으로 생각되었던 방식이 작동되지 않았음을 뼈아프게 배웠다. 그들은 일단 지도부 팀이 혁신 노력을 승인하여 자산이 배정되면 다음 논리 단계는 이들에게 핵심 아이디어를 소개하기 위해 모든 프로젝트 담당자들과 중요한 미팅을 가지는 것이 될 것이라고 생각했다. 여기에 문제가 있었다. 미팅이 준비될 즈음이면 흔히 수개월이 지나가 버린다. 사람들에게 혁신에 관여할 권한이 주어졌다고 해서 그들의 일정이 곧 분명해지고 다른 책무가 사라지는 것을 의미하는 것은 아니다. 그 대신 론과 알렉스가 배운 것은 지속적으로 지원할 몇 개의 팀을 선정한 다음 프로젝트들의 발견 및 인큐베이션 단계 전체에 걸쳐 도움을 주게 하는 하의상달식 업무가 더 좋다는 것이었다. 이들 업무들은 종종 현재의 직원들이 담당할 시간과 전문지식이 부족하다.

제6단계 : 혁신을 위한 지원구조를 만들라

이상적으로, 이들 혁신기법들이 유용하다는 콘셉트의 조기 증명을 한 다음, 이제는 지원구조(supporting structures)의 자리잡기를 시작할 적절한 때이다. 아이디어화, 발견, 인큐베이션을 다룰 전담팀, (코그니전트의 혁신관리시스템과 같은) 사람들의 연결에 도움을 주는 IT시스템, 실물 옵션 감도로 운영되는 예산구조 등은 완전한 시스템을 창출하기 위한 모든 부분들이다. 인노사이트(Innosight)에 있는 내 친구들은 이를 "성장공장(growth factory)"을 짓는다고 말한다.[14] 이 단계에서 벤처는 사업부 정도로 규모가 커지고 신뢰도를 보장해 줄 수 있는 구조로 바뀌는 것이 일반적이다.

이들 단계들 자체는 그리 복잡하지 않다. 물론 기존의 수익창출 지향적인 조직(exploitation-oriented organization)이 번번이 저항하는 경향이 있을 것에 대한 대비를 할 필요가 있다. 나는 당신의 혁신 시스템(innovation system)을 자리잡게 하려면 2년 내지 3년간 노력을 기울여 계획하기를 추천한다. 일단 그렇게 하면 효익은 엄청나다.

브램블(Brambles)의 체계적 혁신 숙련도 쌓기

방금 논의된 단계들이 어떻게 실제 조직과 관계를 맺는지 설명하려면 지난 2년간 호주 브램블(Brambles)의 최고혁신관리자인 로버트 스팬서(Robert Spencer)의 노력을 지원하기 위해 피에란토지와 푸텐이 사용한 과정을 살펴보자. 브램블은 세계 곳곳에서 제품을 보관하고 운송하기 위해 사용되는 파렛트(pallets)를 유통하는 별다른 매력이 없는 사업을 한다. 브램블은 1875년 월터 브램블(Walter Bramble)에 의해 설립되었는데, 그는 한 살도 되지 않은 나이에 영국인 부모를 따라 호주로 가게 되었다. 성인이 되었을 때 그는 고객들에게 그의 제품을 "잘라서 배달하는(cut up and deliver)" 사업자가 되었다. 브램블과 아들(Brambles and Sons)이라 불린 이 회사는 "계속 움직여라(Keep moving)"는 좌우명으로 물류에 점점 더 집중하여 1925년 운송업 법인이 되었다.

이 현대적 기업의 역사는 우연히 시작되었다. 제2차 세계대전 중 군수보급품의 효율적 처리를 위해 호주 정부는 복합재료 처리 상임위원회(Allied Materials Handling Standing Committee)를 창립하였다. 전후 미국이 호주를 떠나면서 물건하역 장비들을 남겨두었는데, 이 중에 파렛트(pallets)와 컨테이너(containers)도 있었다. 이런 자산들을 관리하는 것은 일정 기간 정부에서 운영했던 영연방 하역장비 풀(CHEP: Commonwealth Handling Equipment Pool, 이하 CHEP)이라 불리는 기구에 속했다. 드디어 정부가 이 산업을 민영화하기로 결정하여 CHEP는 1958년 브램블로 넘어갔다. 현재 브램블은 50개국 이상의 고객들을 관리하는 4억 개 이상의 파렛트와 다른 형태의 컨테이너 풀을 갖추고 있다. 이 회사는 2012 회계연도에 56억 달러의 수익을 창출하였다. (세계 곳곳에 이동 파렛트와 다른 보관 컨테이너를 기반으로 수십억 달러의 수익을 창출하였다.)

우리가 하려는 이야기는 톰 고먼(Tom Gorman)이 포드 자동차회사에서 오래 근무한 후 2008년 유럽, 중동, 아프리카에서 CHEP를 운영하기 위해 브램블에 가담했다가 CEO가 된 2009년에 시작된다. 그는 당시 한 기자에게 "우리는 지리적 확장, 새로운 플랫폼, 새로운 서비스 제공을 통해 성장하겠지만 이제는 이에 실질적인 전략을 세울 필요가 있다. 그것이 우리 앞에 놓인 일이다."라고 말했다.[15] 그는 혁신을 추구할 뿐만 아니라 이를 브램블 유산의 한 부분으로서 체계적, 제도적 역량으로 만들기로 했다. 혁신 책임자 밥 스펜서는 나에게 "당신이 아이디어에 열정적인 강력한 사람을 기업에 둔다면 그 사람이 일을 해낼 것이다."라고 설명했다. 혁신 노력을 추진하기 위해 스펜서를 고용했던 고먼이 대신 하고자 했던 것은 혁신을 체계적 역량(systematic capability)으로 만드는 것이었다.

고먼은 성장에 관한 세계 선도적 전문가들 가운데 한 사람에게 연락을 취했는데, 그는 당시 호주로 옮겨간 컨설턴트이자 저자인 머다드 바가이(Mehrdad Baghai)였다.[16] 바가이는 스펜서에게 론과 알렉스와 협력하여 핵심사업과 다르게 관리될 필요가 있는 혁신을 위한 체계적 역량을 창출하도록 제안하였다. 그들은 앞 장에서 내가 요약한 프로세스를 통해 일하고 있다.

제1단계 : 일의 현 상황을 정밀평가하고 성장격차를 정의하라

론은 브램블에서의 업무를 설명하면서 "우리는 그들이 하고자 하는 것을 이해하려고 노력하는 것으로 시작한다. 기업들은 종종 혁신적이길 원한다고 말하겠지만 당신은 달성하고자 하는 것이 무엇인지 알아야 한다."고 했다. 일단 당신이 성장목표(브램블의 경우 매우 야심찬)에 대한 감을 잡으면 M&A 혹은 벤처투자와 같은 외부 자원을 얼마나 많이 얻을 것을 기대할 수 있는지 그리고 유기적 성장(organic growth)에서 얼마나 많은 니즈가 나올 수 있는지 충분히 생각하게 된다.

제2단계 : 최고경영진을 배치하고 자원을 투입하라

후원자로서 고먼은 혁신과정을 지원하기 위해 상당히 많은 자금을 비축하였다. 이 자금들은 사업단 책임자가 지원하기 꺼릴 것을 감안하여 개별 사업부에서 나온 자금이 아닌 기업자금(corporate funds)이었다. 또 하나의 이슈는 어떤 영역들이 혁신제안서(innovation proposals)로 받아들여질지를 명시하는 것이었다. 고먼이 처음부터 지적했던 바와 같이 브램블의 성장 범위는 파렛트 풀 공급(pooling)으로 지식재산을 얻고 이를 새로운 부문 및 지리적 영역에 확장하는 데 집중하는 것이었다.

제3단계 : 혁신 거버넌스 과정을 마련하라

혁신제안서(innovation proposals)로부터 얼마나 많은 성장을 해야 하는지에 관한 생각을 가지고 고먼과 스펜서는 통상적인 사업부 거버넌스 구조에서 분립된 조직인 혁신위원회(innovation board)를 만들었다.

그러나 먼저 알아야 할 것이 있었다. 컨설턴트들이 일찍이 부딪쳤던 한 가지 문제는 이 기업의 CEO가 중앙자금을 "혁신자금(innovation fund)"이라 부르면서 기업이 불확실성이 높지만 잠정적으로 큰 임팩트를 줄 수 있는 더 많은 계획들을 찾고 있다고 말하는 점이었다. 그가 나중에 얘기한 바에 따르면, "그 말은 너무 구속적이어서", 기업이 사람들로 하여금 충분히 혁신적이어야 하는 기준에 적합하지 못하는 것들을 찾게 했다고 보았다. 나중에 "이는 환멸감을 주었다."고 그는 기억했다. 이 기업은 사실 처음부터 파이프라인에 좋은 아이디어들을 충분히 얻는 데 어려움이 있었다.

그래서 이 기업은 자금이 있다고 단순히 말하는 것에서 기업이 무엇을 찾고 있는가에 관해 보다 명확히 하는 것으로 방침을 바꾸었다. 이 기업은 혁신자금으로 지원할 범위를 정해주는 광범위한 세 영역들을 명시하였다. 첫째, 잠재적 수익창출자(potential revenue generators)를 포함하였다. 둘째, 이윤을 증가시키고, 프리미엄을 유지하도록 도와주며, 비용을 줄이거나 단지 더 큰 시장 차별화를 이루는 프로젝트로 정의되는 가치 창출자(value generators)가 있었다. 마지막 범주로는, 기업이 새로운 신흥 고객 니즈를 파악하도록 도와주는 최전선 영역인 통찰력 창출자(insight generators)였다. 그런 다음 이 기업은 혁신자금으로부터 무엇이 나올 것인가에 관한 목표를 수립하였다. "우리는 매년 성장을 위해 이들 각각의 X를 검토하고, Y를 자금지원하며, Z건을 졸업시킬 것을 기대한다."고 스펜서는 말한다. 무엇이 혁신적이고 무엇이 아닌지에 관한 완곡한 주장들을 불식시키기 위해 이 기업은 다섯 가지 질문을 사용하였다. 만약 프로젝트가 이들 중 두개에 대해 "예"라고 대답할 수 있다면 자금지원의 후보가 되기에 충분히 혁신적인 것으로 간주된다. 다섯 가지 질문은 다음과 같다.

1. 제안서가 새로운 운영 모델이나 비즈니스 모델을 나타내는가?
2. 그것이 우리를 새로운 고객 혹은 다른 고객들을 창출할 만한 것인가?
3. 그 아이디어가 우리를 잠재적으로 새로운 경쟁 또는 다른 경쟁에 노출시키는가?
4. 그것이 새로운 부류의 기량(skills)을 필요로 하는가, 즉 이를 위해 사람을 채용하거나 훈련을 할 것을 필요로 하는가?
5. 그것이 새로운 기술, 새로운 유형의 자원이나 설비, 혹은 우리가 관리하는 법을 모르는 어떤 것을 요구할 것인가?

오늘날에는 사업부들 내의 보다 국지적인 계획들을 다루는 유사한 위원회들이 있어, 이 과정 중에 더 큰 포괄성과 자금지원을 받기 위한 더 많은 아이디어들을 허용한다.

제4단계 : 시스템을 구축하여 조직에 도입하기 시작하라

실무 경영진으로서의 경험(론의 경우 에어 프로덕트 앤 케미컬(Air Products and Chemicals)의 혁신책임자로서, 그리고 알렉스의 경우 세 차례의 자기 기업과 크라이슬러 캐피털 리얼티(Chrysler Capital Realty)에서의 재무전문가로서)으로 론과 알렉스는 스스로 혁신 시스템(innovation systems)을 구축하는 일을 수행했다. 이후 그들은 다른 많은 조직들에서 이와 같은 일을 하였다. 브램블(Brambles)에 그들이 도입한 요소에는 사업사례와 학습계획을 만들기 위한 발견 주도적 기획(discovery-driven planning), 리스크를 관리하고 옵션 가치를 설명하는 기회 엔지니어링(opportunity-engineering), 고객 니즈와 기회에서 연마할 소비사슬분석(consumption chain analysis) 및 속성 맵핑(attribute mapping), 새로운 비즈니스 모델 기회를 도출하기 위한 비즈니스 모델 분석(business model analysis) 등 기타 여러 방법이 포함되었다.[17] 이들 혁신 시스템을 구축하는데 있어서 경험 있는 사람들을 영입하는 장점은 조직에 다른 새로운 것을 위해 전문가들을 영입하는 것과 마찬가지다. 이는 아무것도 없는 데에서 시스템을 구축하려고 노력하는 것보다 더 빠르고 위험이 적다. (내가 론과 알렉스의 성공에 익숙하므로 그들에 대해 쓰고 있지만 동일한 관점에서 적용될 만한 다른 우수한 컨설트업체들이 있다.)

외부적 시각(external perspective)이 있는 사람들과 일하는 여러 효익들 중 하나는 재무 분야에서 일하는 사람들에게 혁신의 재무적 측면을 설명할 때 그들이 도움을 줄 수 있다는 점이다. 철학적으로 말하면 재무인력이 위원회에 있어야 한다. 과거 재무 경영진이었던 알렉스는 옵션 원리를 이용하고, 리스크를 명시적으로 관리함으로써 심지어 높은 불확실성하에서도 프로젝트들에 현명한 재무적 원칙을 부과할 수 있는 방법을 확실히 보여줄 수 있었다.

혁신 시스템(innovation system)을 수립할 때 외부 전문지식을 도입하는 또 하나의 효익은 다양한 시각을 얻을 수 있다는 점이다. 브램블에서 스펜서는 사람들의 아이디어들이 도전되고 해당 이슈들이 다른 관점에서 검토되도록 하는데 대단한 노력을 기울였다.

제5단계 : 무언가 실체적이고 사실적인 것에서 출발하라

론과 알렉스는 애초 혁신 시스템 수단에 관한 훈련 세션을 제공하기 위해 브램블에 영입되었다. 롭과 그의 팀은 텅 빈 교실 훈련을 제공하기보다 실제 계획들에 혁신 수단(innovation tools)을 적용하기 시작하기로 결정하였다. 당시 그들 사업부들 중 가운데 하나가 "배송추적(track and trace)" 기술이라 불리는 것에 엄청난 돈을 쓰고 있었지만 그 프로젝트가 어디로 가고 있는지 가늠되지 않았다. 그래서 알렉스의 주도로 프로그램의 기본 논리를 관통하여 작업할 수 있는 발견 주도적 기획 체계(discovery-driven planning framework)를 이용하는 워크숍이 열렸다. 팀들이 이를 관통하여 작업을 하자, 그들이 알게 된 것은 그들이 해왔던 일들이 알렉스와 론과 내가 "산 주검(living dead)"이라 부르는 프로젝트 형태였다는 것이었다. 이는 완전히 실패한 건 아니지만 성공도 못해 그들의 궤적에 있어서 변화에 대한 아무런 희망없이 어렵게 진행되면서 시간과 노력을 흡수해 버리는 프로젝트들이다. "돈을 써버리기 전 단계인 과정의 초기에 발견 주도적 기획을 했더라면 더 가치가 있었을 것이다."라고 스펜서는 약간 비참하게 말했다. 이를 종료하고 다른 노력으로 자원을 전환하는 것이 합리적인 상황에 이르게 되었다.

제6단계 : 혁신을 위한 지원구조를 만들라

얘기했다시피 론과 알렉스가 참여한 첫해는 주로 훈련(training)에 전념했다. 그들은 다양한 곳에서 새롭게 시작하는 프로젝트 팀들을 위해 훈련을 하기도 하고, 2일 내지 3일간의 워크숍에 한 번에 3팀 내지 5팀을 불러들이곤 했다. 워크숍에서 그들은 소비사슬 분석, 비즈니스 모델 개발, 발견 주도적 기획, 기회 엔지니어링, 민감도 분석 이용 등을 관통하는 실무지향적 학습을 하였다. 그러나 모든 사람들이 최선을 다했음에도 불구하고 그 과정은 롭 스펜서가 바랐던 결과를 얻어내지 못하고 있었다. "우리는 프로젝트 팀들과 같이 참여해 일하곤 했지만 결코 이후 많은 얘기를 듣지 못했다."고 론은 지금에야 말한다. 사실 내 경험에 비추어보면 이는 특별한 일이 아니다. 보통 조직의 많은 사람들이 공통 언어나 혁신에 대한 관점을 개발하기까지 상당한 시간이 소요된다.

두 번째 해에 브램블은 모델을 "훈련"을 강조하던 것에서 보다 코치 역할(coaching role)에 주안점을 두는 것으로 바꾸기로 결정하였다. 그래서 론과 알렉스는 중요 체크포인트, 가정의 시험, 학습계획의 개발 등을 통해 다양한 프로젝트팀들을 코치하기 시작했다. 론과 알렉스는 거의 분기별로 혁신팀과 일하며 그들에게 가정을 시험하는 법과 프로젝트에 관한 정제된 방식으로 생각하는 법을 코치한다. 어느 날 론은 "우리는 6건의 프로젝트들을 검토하는 회의에서 막 돌아왔다. 간단한 분석을 하고, '당신은 왜 이것을 하고 있는가?'를 묻고는 하나를 종료했다."고 내게 말했다. 론과 알렉스가 조직에 구현하고자 했던 것에는 다중옵션(multiple options)을 추구하고, 다른 시나리오를 통해 생각하며, 일상적 사업과 반대되는 혁신을 추진할 때 행동을 차별화하는 아이디어가 있다. 단지 훈련만을 하는 것이 아니라, 지금의 목표는 팀들이 지속적으로 기량을 적용하는 의도적 메커니즘(forcing mechanisms)을 구축하는 것인데, 그 결과 기량은 이제 내부 사람들에게 이전하여 일련의 사내 기량을 구성하게 된다.

내가 말했듯이 브램블은 중앙기업자금(central corporate pot)으로 초기 단계의 벤처(early-stage ventures)에 자금지원을 하는데, 이는 사업에 대한 투자위험을 줄이고 사업에 대한 참여를 꺼리는 것을 감소시켜 준다. 일단 새로운 사업들에서 수익과 이익을 창출하기 시작하면 이들은 기업자금에 되갚는다. 이는 심리적으로 중요한 효과가 있다고 롭 스펜서는 지적한다. 사람들이 중단되는 벤처에 관여하고 있다면 경력상 문제가 될 수 있다고 느끼는 대신 그것이 학습에 이용될 수 있고 불명예스러울 게 별로 없다고 보게 된다. 나아가 관련된 사업의 손실 위험도 거의 없다.

지금도 전사적 혁신위원회(corporate innovation board)는 매달 미팅을 갖는다. 현재 운영 중인 사업단들(business units) 내에 혁신위원회들(innovation boards)이 있고, 롭 스펜서와 그의 팀이 그들에게 비슷한 종류의 자문을 하고 있다. 브램블은 현재 세계적으로 유럽, 미국, 아시아-태평양 지역에 혁신실천방안(innovation practices)에 관한 업무를 담당하는 8명의 전담인력을 보유하고 있다.

혁신 숙련도 쌓기에 관해 영리해지기

브램블이 혁신 역량을 개발하면서 아주 잘해낸 몇 가지 일들은 지적할 만하다. 혁신을 추진하는 것을 전적으로 전담할 고위급 리더(senior leader) 롭 스펜서를 고용하여 권한을 주었다. 아주 많은 기업들의 경우 혁신은 전혀 우선순위가 아니며, 브램블이 앞서 보여준 것처럼 공격적으로 아이디어를 성공시키는 강력한 사람들에 의존하지도 않는다. 또한 이 기업은 사업단 내의 내부 갈등에 대한 위험과 가능성을 줄이기 위해 전용자금 및 거버넌스 메커니즘을 마련하였다. 이는 보다 확실한 것처럼 관리를 하는 신사업들에 관한 만성적인 문제를 없애준다. 또 브램블은 실제 얼마나 실천을 잘하고 있는지 보기 위한 측정 시스템(measurement system)을 준비하였다. "그들은 모든 것을 추적한다."고 론은 말한다. 이 기업은 다음과 같은 것들을 추적하는 "혁신 계기판(innovation dashboard)"이라는 것을 갖추고 있다:

- 매월 제출되는 아이디어
- 개최되는 세션(워크숍)과 관련 토픽
- 훈련받은 직원
- 범주별 아이디어
- 전체 수익기회로 본 혁신자금(innovation fund)의 상태
- 범주별 수익 기회
- 지출된 자금과 혁신자금으로 회수된 자금
- 받아들인 기회, 자금 지원된 기회, 출시된 기회

이와 같은 계기판의 가치는 엄청나다. 이는 사람들의 마음 속에 혁신과정(innovation process)이 가시적이며 참신하게 생각되도록 하고, 시간에 따라 진행 상황을 보여주어 최고 리더들이 주목하고 있음을 상징적으로 알려준다.

브램블은 또한 혁신에 관여하는 인센티브(incentives) 이슈와도 씨름하였다. 말했던 것처럼 그 첫 번째 일은 자원 문제 및 실패에 대한 두려움에 관한 이슈들에 맞서 싸움으로써 방해 요인들을 제거하는 것이었다. 긍정적 인센티브를 주기 위한 한 가지 메커니즘은 기업의 대다수 고위직 인사들, 즉 CEO, CFO, 사업단장이 혁신위원회(innovation board)에 모두 참석하는 것이다. 아이디어를 가진 팀들은 이런 고위

인사들에게 발표를 하게 되는데, 이들 인사들은 평상시 업무의 과정에는 이를 알 기회를 얻기 어렵다. 그래서 그들의 아이디어가 인정을 받으면 곧바로 기업 상층부로 가는 큰 가시권을 얻게 된다.

브램블에서 개척하고 있는 혁신의 예로는 식료품 및 빠르게 이동하는 소비재 기업의 "최종(last mile)" 문제를 다루는 방법을 목표로 하는 것이 있다. 공급사슬에서의 엄청난 양의 노동비용을 저장소와 보관 선반에서 자재들을 가져가는 사람들이 써버린다. 브램블은 자재들에 요구되는 처리의 양을 제한할 수 있는 해법을 찾으려 노력하고 있다. 시장에 이미 나온 예(특히 유럽)로는 과일과 채소를 플라스틱 상자에 넣어서 파는 것이다. 이런 제품들은 수확을 하여 바로 상자에 넣은 다음 그대로 운송하여 간단히 선반에 놓일 것이다. "이는 다른 분야에서 그들이 찾고 있던 종류의 일이다."라고 롭 스펜서는 말한다. 이 기업은 또 파렛트에 바퀴를 다는 것을 고려하고 있다. 롭이 지적하듯이, 문제는 소매업자들이 이 바퀴 아이디어를 좋아하고 공급사슬의 다른 사람들, 즉 물류회사, 제조업체, 생산자들은 모두 그것을 싫어한다는 점이다! 그래서 브램블은 양쪽에 최선이 될 혁신을 내놓을 수 있을 가능성에 대해 고민하고 있다.

비록 브램블의 여정은 계속되고 있지만(약 2년 정도 추진되어야 했음) 엄청난 진전이 있다. 아이디어화의 속도가 붙으면 아이디어 자체는 이득이 별로 없다. 롭 스펜서는 극도로 불확실한 벤처를 위한 적절한 실천방안을 사용할 목적으로 프로젝트 팀들과 함께 일할 수 있는 점점 숙련되어가는 내부그룹을 만들었다. 이 또한 자체 훈련 의무를 가졌다. "롭과 그의 팀은 직원들이 아이디어를 만들어내고 개발하도록 도움을 준다."고 론은 말한다. 브램블은 연차 보고서에서 회사가 혁신 문화를 창출하는 길로 잘 나아가고 있음을 자랑스럽게 지적하고 있고, 2011년 연차 보고서에서는 혁신을 핵심전략공세(key strategic thrust)로 내세우고 있다. 최근 TV 인터뷰에서 톰 고먼은 브램블의

"모든 사업에서의 성장"을 자신 있게 지적했다.[18] 파렛트에서 해낼 수 있다면 어떤 것으로도 할 수 있다.

혁신은 전략의 핵심이다

빨리 지나가는 우위의 세계에서 혁신(innovation)은 선택이 아니다. 혁신은 부업이 아니다. 혁신은 최고 경영진의 취미나 지나가는 유행이 아니다. 혁신이란 전문적으로 축적하고 관리될 필요가 있는 역량(competency)이다. 얼마 전까지만 해도 우리는 흔히 기존 우위의 관점에서만 전략을 생각하였지만, 일시적 우위 경제(transient-advantage economy)에서 혁신은 효과적 전략(effective strategy)과 분리될 수 없다. 다행히 우리는 성공적으로 이를 가능하게 하는 실천방안과 절차에 관해 상당히 훌륭한 아이디어들을 알고 있다.

이 장에서 혁신의 올바른 과정을 수립함에 있어 리더십(leadership)의 중요성에 관해 이야기했다. 일시적 우위 경제에서 효과적인 지도부(effective leadership)는 더 느리게 움직이는 영역에서와는 다른 사고방식(mind-set)과 접근방법(approach)을 구축하게 될 것이다. 다음 장에서 우리는 일시적 우위 환경에서 성공하기 위해 리더들이 수용할 필요가 있는 차별적 사고방식에 대해 검토할 것이다.

6

일시적 우위에 처한 기업의 **리더십**과 **사고방식**

일시적 우위의 세계에서 리더십(leadership)은 주안점을 어젠다를 압도적으로 차지하는 핵심사업(core businesses)에서 옵션(options)으로 동등하게 중요한 정도로 이동할 것을 요구할 것이다. 이는 또 지속적인 갱신과 혁신을 창출하는 능력을 특히 중요하게 여긴다. 일시적 우위(transient advantages)의 세계에서는 조직이 조기경고를 발견하고 이에 주의를 기울이는 능력이 결정적으로 중요하다(<표 6-1>).

예외적 성장을 이룬 기업들(growth outliers)은 전략적 기회(strategic opportunities)가 어디에 있는지 어떻게 이들이 새로운 영역들로 움직임을 가져오는지를 인식하는 데 능숙함을 입증하였다. 스페인의 인드라 시스테마스(Indra Sistemas)의 CEO 자비어 몬존(Javier Monzon)은 계획을 명확하게 기획했다. 기존 기업을 합병하여 1993년 설립된 이 기업은 전략 제1단계로 스페인에서 우위를 창출한 다음 스페인 시장에서 더 국제적 시장으로 뻗어나가기로 결정하였다. 그 포부는 늘 세계적인 것이었지만 출발한 각축장(arenas)은 지역적인 것이었다. 드디어 2005년경 "우리는 세계 어느 곳에서도 경쟁할 수 있는 기업이 되길 희망한다."는 슬로건을 실현함으로써 세계화해야 할 몇몇 새로운 시장들을 선정했다.[1]

표 6-1

새로운 전략각본: 사고방식

~에서	~로
• 기존 우위가 지속될 것이라는 가정	• 기존 우위가 압력을 받을 것이라는 가정
• 기존 전망을 강화하는 대화	• 현상에 솔직하게 의문을 제기하는 대화
• 비교적 적은 동질적인 사람들이 전략 과정에 관여	• 폭넓은 구성원들이 다양한 투입물로 전략 과정에 관여
• 정확하지만 느림	• 빠르고 대충 맞음
• 예측 지향적	• 발견 추진적
• 순현재가치 지향적	• 옵션 지향적
• 확증 추구	• 불확증 추구
• 최적화에 내부적으로 집중	• 외부 세계에 공격적으로 집중
• 문제 해결을 지향하는 능력	• 기회의 창출과 포착을 지향하는 능력
• 궤적의 연장	• 연속적 변화의 촉진
• 잘못된 궤적의 수용	• 재빨리 길을 찾음

기존 우위는 유지될 것인가? 코닥에서 진실의 순간

과학자들(scientists)은 종종 경영자들(managers)이 하지 않는 두 가지 일을 하도록 훈련받는다. 첫째는 사물의 상태의 진화과정으로부터 패턴들을 해석하는 것이다. 둘째는 그 영향이 얼마나 불편한지 혹은 논쟁의 여지가 있는지에 관계없이 진실을 존중하는 것이다. 불행하게도 그들이 말하는 진실은 종종 벽에 부딪친다.

1979년 독일에서 태어난 화학 연구원인 볼프강 군터(Wolfgang H. H. Gunther)는 제록스(Xerox)에서 코닥(Kodak)으로 흥미로운 전직을 했다. 군터는 코닥에서의 면접 토론회에서 프레젠테이션을 하도록 초대되었다. 여기서 그는 제록스 알토(Xerox Alto)(제록스 파크(Xerox

PARC)가 제공한 퍼스널 컴퓨터의 초기 버전)라는 이름으로 생산된 오버헤드 프로젝터를 사용하였다. 그가 계속 이야기를 나눈 사람들 가운데는 코닥의 감광연구부(Emulsion Research Division) 책임자인 톰 휘슬리(Tom Whiteley)라는 경영자가 있었다. 휘슬리는 군터가 기술의 미래를 어떻게 보는지 물었다. "당시 난 '물론 비디오 카세트 녹화 카메라로도 이미 8미리 영화는 가능하지요.'라고 생각없이 대답했다. 당시 나는 그가 약간 흥분하여 코닥 기술이 얼마나 잘 구축되어 있는지 내가 이해하지 못하고 있다고 꾸짖는 듯하였기 때문에 인터뷰를 망쳤다고 생각했다."고 군터는 내게 말했다. 이것이 1979년, 즉 헌트 형제(Hunt brothers)가 은 시장(silver market)을 장악하려고 노력하였고, 그 결과 후지필름(Fuji Photo)의 미노루 오니시(Minoru Ohnishi)가 필름 없는 미래를 생각하기 시작하였던 바로 그 해였음을 생각해 보라. 군터는 이미 필름 없는 미래를 생각하고 있었다. 코닥 경영진으로선 그런 일을 생각할 수 없었다. 제1장에서 본 바와 같이 후지는 이미 다음 파동으로 움직일 준비를 하고 있었다. 코닥의 리더들은 전망을 할 수 없었기 때문에 이 기업이 차지하고 있던 필름에서의 오랜 우위를 계속 이용하기로 결정했다.

어떻든 군터는 코닥의 제의를 받아들여 코닥 연구실로 가게 되어 결국 우수한 연구에 주어지는 권위 있는 상(1982/1983년 CEK Mees Award for Scientific Exellence)을 받았고, 100건 이상의 특허를 한 발명가로 이름을 올리게 되었으며(제록스, 코닥, 스털링, 나이코메드, 위스콘신 의과대학에 할당된), 코닥이 제약 사업에 위험한 시도를 하게 되면서 다양한 재조직화들을 거친 후 은퇴했다. 휘슬리는 얄궂다고밖에 할 수 없는 말년의 직업으로 매우 명망 있는 아마추어 고생물학자가 되었다.[2] 그는 적응에 실패하여 멸종된 존재들을 연구하면서 은퇴 후의 생활을 보냈다.

한때 성공적이었던 모델이 바뀔 필요가 있다는 생각을 절대적으로 솔직하고 기꺼이 받아들이는 것이 일시적 우위를 지향하는 기업(transient-advantage-oriented firm)의 리더십에 결정적으로 중요하다. 문제를 거부하는 것은 핵심적인 시간의 낭비이다. 군터가 코닥에 합류한 지 5년 후인 1984년 "세상은 코닥을 지나쳐갔는가?(Has the World Passed Kodak By?)"라는 포브스 기사가 당시 이 기업이 당면한 많은 이슈들을 요약하였다.[3] 코닥 경영진은 이 기사를 있을 수 있는 경종으로 보는 대신 기사의 주장에 대해 단일 스페이스로 7페이지에 이르는 반박기사를 내놓았다.[4] 이 기사를 "커버스토리 악평(cover-story hatchet job)"이라고 부르며, 이 자료는 상세한 반박논리를 (누가 놓칠세라 "반박기사(Rebuttal)"라는 단어에 밑줄을 치고 한가운데 배치하여) 제시하였다. 저널리스트들이 제기한 문제점들은 서투른 경영, 악화되는 재무적 성과, 신제품 도입에 관한 잘못된 시행, 낮은 사기, 외부로부터 제품의 강제적 조달, 그리고 다른 사소한 문제점들에 관한 것이었다. 반박기사는 "코닥은 경영능력이 부족하지 않고, 현 경영진은 성장 및 수익 목표를 달성하는 기업의 능력에 있어서 어떤 역사적 자만심을 극복했다."는 식의 설득력 없는 직접적 부정의 형식을 취했다. 이는 또한 잘못 운영되고 있는 기업들의 경영진들에 대한 통상적인 변명을 표현하였는데, 즉 자신들의 통제를 벗어난 힘들을 탓하는 것이었다.[5]

이 "악평(hatchet job)"이라는 글이 나온 지 29년이 지난 지금 코닥은 파산을 선언하였다. 한때 북적대던 공장들은 문자 그대로 날아가 버리고, 2001년 인터브랜드(Interbrand)가 148억 달러로 평가되었던 적이 있던 이 기업의 브랜드 가치는 33억 달러에 불과하여 2008년 상위 100개 브랜드의 리스트에 들지 못했다.[6] 1980년 코닥은 미래 전망이 너무 밝아 그런 상황까지 가리라고 예상치 못했기 때문에 이는 나를 실로 당황하게 만들었다. 최근에 와서 그런 분명한 변화를 보았을 때 왜 기업에 확신을 주어 더욱 강력한 조치를 취하도록 보다 열심히 싸

우지 않았는지 군터에게 물었다. 그는 놀라며 나를 쳐다보았다. "그가 내 의견을 물었고 나는 답을 주었어. 그 선을 넘어서 한 일은 그에게 달린 문제였어."라고 그는 말했다. 이는 군터와 같은 과학자들(scientists)의 전반적인 특징이다. 그들은 미래를 분명하게 보지만 변화의 책임을 지는 데 관심이 없거나 권한이 없다. 내가 왜 그 속사정을 이렇게 잘 알까? 그것은 그가 내 아버지이기 때문이다.

전략의 수립은 흔히 조직의 나머지 사람들의 많은 투입 없이 소규모의 사람들에 의해 이루어진다. 이것은 위험하다. 불확실한 패치를 통해 조직을 움직이는 책임을 부여받은 사람들에 대한 심오한 교훈이 여기에 있다. 흔히 변화가 오고 있음을 아는 사람들은 조직의 중요한 의사결정의 책임을 맡은 사람들이 아니다. 그들은 기술자, 과학자, 패턴 인식가 등이다. 또한 흔히 어려운 결정을 하는 위치에 있는 사람들은 불확실한 전망 예측이 맞는 것으로 판명나면 개인적, 커리어상의 파국을 맞게 된다.

듣기 어려운 정보를 찾아내기

포드의 현 CEO 앨런 멀러리(Alan Mulally)는 "비밀은 유지될 수 없다."고 보았다. 일시적 우위 환경에서의 전략은 조직 및 개인 차원에서 어렵고 확실치 못한 정보를 얻는 일의 중요성과 가치를 크게 증가시킨다. 우위에서 우위로 움직이는 환경에서는 상의 하달식이나 하의 상달식 명령사슬(chain of command) 모두 피드백 흐름이 풍부하다. 최고경영진을 기업의 경쟁 각축장(competitive arenas)에서 진행 중인 것의 실체로부터 고립시키거나 그들 자체의 행위에 대한 피드백으로부터 차단시키는 것은 점점 재앙으로 몰고 가는 길이 될 것이다. 얼라이언스 부츠(Alliance Boots)의 건강미용부(Health and Beauty Division)

최고책임자인 알렉스 골리(Alex Gourlay)는 최근 경영 컨퍼런스에서 이 점을 강조했다. "어떻게 우리가 나쁜 소식을 더 빨리 전해지도록 할 수 있을까?"라며 그의 지도부 팀에 숙고해 보도록 요청하였다.

흔히 고위직 인사들이 걸러지지 않은 정보를 얻기는 매우 어렵다. 예를 들면, 언젠가 특히 뉴욕 지역에서 간헐적으로 보급되는 것으로 알려진 통신공급업체의 최고경영자가 내 수업에 참석하였다. 나는 그에게 최고경영진들이 이에 대해 기분 나빠하는 것 같지 않은 이유, 즉 끊기는 전화나 연결이 되지 않는 것에 화를 내는 것으로 보이지 않는 이유를 물었다. "걱정 마세요. 우린 그들의 스케줄, 루트, 그들이 방문할 때 어디에 있을지를 알고 있어요. 우리는 항상 그 여정을 따라 시그널이 좋고 강하도록 확인하고 있어요!"라고 나는 들었다. 우습지만 선의의 직원들은 그들 보스의 연결을 향상시키기 위해 대규모 고객의 격분을 시정하는 데 필요한 바로 그 정보를 누락시켰다. 나는 이런 일을 자주 보게 된다. 고위 인사들은 대안적 실체에 갇히게 되며, 그 속에서 고객에게 영향을 주는 이슈들 및 문제들과 격리된다.

다양성(diversity) 또한 중요해지고 있다. 복잡성과 예측불가능성이 큰 상황에서 중요한 차기 아이디어가 어디서 나타날지 아무도 모른다. 만약 최고위 팀이 아주 동질적이면, 이는 연령, 성별, 사회경제적 지위 혹은 다른 속성들의 측면에서 보다 다양한 견해들을 내놓는 팀과 비교하여 그들이 다룰 수 있는 정신적 영역의 규모를 제한한다. 예측 불가능한 상황에서 다양성이란 "가져서 좋은 것"이 아니라 점차 경쟁적으로 필수적인 것이 될 것이다.

최고위 팀과 조직의 나머지 사람들의 다른 기량(skills)을 결합하는 것도 필수가 될 것이다. 누구나 파동의 각 단계에서 효과적으로 가동될 수 있는 일련의 기량을 갖추진 못할 것이다. 일부의 사람들은 혁신(innovation)과 출범(launch) 단계의 모호함과 많이 배워야 하는 환경에 익숙함을 느낀다. 일부는 도약(ramp-up) 단계에서 우리가 발견할 수 있는, 대형 사업에 질서와 안전성을 도입하는 것을 좋아한다. 일부 보통의 리더들은 수익창출(exploitation)의 귀재일 것이다. 그리고 일부는 해체(disengagement)와 재구성(reconfiguration)에 정통할 수 있다. 사람들이 업무에 도입하는 다른 기량과 역할에 대해 명확히 하는 것이 중요할 것이다. 인포시스(Infosys)의 크리스 고팔라크리슈난(Kris Gopala-krishnan)이 말한 것처럼, 기업 초기에 기업의 설립자들 각각은 일부 리더들은 마케팅에, 일부는 기술 플랫폼을 만드는 데, 일부는 생산에 주안점을 두게 하는 등등의 방식으로 다른 역할을 담당한다.

어떤 경우든 문제가 있는 상황을 극복하는 것이 일시적 우위에 대처하는 사고방식(mind-set)의 일부가 되어야 한다.

벌리츠(Berlitz)에서의 핵심사업 소생

나는 몇 가지 다른 차원에서 벌리츠(Berlitz)를 만나게 되었다. 딸 안네(Anne)와 함께 독일어 수업을 받기로 결정하면서 모든 일은 시작되었다. 나는 선생님이 체념하여 "키친 저먼(kitchen German)"이라 부르던 내 독일어 실력을 개선하고 싶었고, 안네는 자기 레퍼토리에 유럽 언어를 하나 더 추가하는 데 관심이 있었다. 우리는 뉴저지주 프린스턴의 벌리츠 현장 스튜디오에서 일주일에 세 번 세 시간씩 진행되는 독일어 집중 수업에 등록하였다.

벌리츠는 분명 녹록치 않았다. 처음 내가 수업을 결정하려고 전화했을 때, 코스를 정하려면 예약을 하고 직접 사무실에 와야 한다고 하였다. 내 여행 스케줄 때문에 그 일은 삼 주일이나 미루어졌다! 드디어 찾아갔을 때 고정적인 옵션 메뉴를 받았는데, 아주 비싼 옵션들이었다. 담당 선생님인 찰리 타운센드(Charlie Townsend)를 좋아하긴 했지만 우리는 항상 벌리츠 정책에 시달리는 기분을 느꼈다. 찰리(Charlie)

가 우리에게 문법을 가르치도록 요청한다거나("내가 하지. 하지만 그건 벌리츠 식이 아니니까 그들에게 말하지 마!"), 우리에게 가능한 스케줄을 파악한다거나, 안네가 학교로 돌아가고 난 뒤 내가 수업을 계속할 방법을 찾을 수 있는지 알아볼 때 벌리츠는 어렵고 융통성 없고 따분한 옛 조직이었다.

우리의 경험은 흔한 일이었는데, 벌리츠는 같이 일하기 어려운 곳이었다. 미국 농촌 소년들이 꽁무니를 쫓는 풍만한 이탈리아 모델이 등장하는 흔한 광고를 하는 로제타 스톤(Rosetta Stone)과 같은 정통하고 오름세를 타고 있는 경쟁자들과는 대조적으로 벌리츠는 완전히 시대에 뒤떨어져 보였다. 로제타 스톤은 기업공개(IPO)를 위한 준비를 갖추고 있었고, 벌리츠는 제자리걸음을 하고 있었다. 일시적 우위의 시기에 벌리츠는 길고 느린 경쟁우위의 침식기를 그저 걸어가고 있었다.

벌리츠의 당시 브라질 사업본부장인 마르코스 저스터스(Marcos Justus)를 만나게 되었을 때 전략적 관점에서 벌리츠에 대해 생각해 보게 되었다. 저스터스는 키가 크고 날카롭고 진지했다. 그는 아주 살짝 포르투갈 억양이 있는 영어를 쓰는데 흥분하면 말이 나오기 전 생각이 앞서는 것처럼 보였다. 그는 끊임없이 새로운 아이디어를 찾고 있고, 좋아하는 것을 찾으면 지독하게 거머쥐고 놓지 않을 것 같았다. 새로운 아이디어를 찾으려는 이유로 "전략적 성장과 변화의 주도"라는 나의 컬럼비아 경영대학원(Columbia Business School) 단기강좌에 그가 영입되었다. 그는 여전히 이 강좌를 맡고 있고, 여기서 그를 만난 사람들은 그가 브라질에서의 사업을 소생시킨 것에 후한 점수를 준다. 그는 벌리츠를 단순한 언어 교습 기업으로 두지 않고 브랜드명과 입지를 고급 브랜드로 탈바꿈시켰다. 많은 이머징 경제에서와 마찬가지로 브라질도 경제 피라미드의 정상에는 소수의 대단한 부자들이 있었다. 이들에게 서비스를 제공하는 건 어떨까? 그 결과 언어 능력에 대한 일상적이고 흔해 빠진 광고는 우아하게 차려입은 여자가 아우디에서 내려 벌리츠 자료들을 들고 수업에 들어가는 광고로 바뀌었다. 이는 먹혀들었다.

브라질에서의 성공을 기반으로 저스터스는 미국 영업소를 소생시키는 데 도움을 달라는 요청을 받았다. 나는 뉴저지주 프린스턴 근처의 벌리츠 사무실로 찾아가 그와 담소를 나누었다. 당시에는 부정 단계(denial stage)를 이미 지나 누구나 이 기업이 문제가 있음을 알고 있었다. 첫 번째 도전은 무엇을 바로잡아야 하는지를 파악하는 것이었다. 미국에 대해 그가 파악한 것 가운데 하나는 미국에서의 언어 능력 교습은 “하면 좋지만(nice to do)” “할 필요가(need to do)” 없는 것이었다. 세상 어디서나 영어를 못하면 진로에 어려움을 겪으므로 언어 교습소를 운영하는 것은 비교적 쉽다고 그는 설명하였다. 하지만 미국에서는 니즈를 창출해야 한다. 그렇다면 어디서 시작할 것인가? 벌리츠는 강좌 문의를 위해 전화하는 모든 사람들을 추적했다. 저스터스가 알아낸 것은 기업이 받았던 10건의 문의 가운데 3건만 실제로 등록이 이루어졌다는 점이었다. 그래서 그가 시작한 첫 번째 일은 마음을 바꾸지 않은 사람들을 조사하는 것이었다. 조사원들이 흔히 들었던 말은 너무 비싸고 융통성이 없으며 혁신적이지 않다는 것이었다. “이는 사기를 떨어뜨리는 일이었지만 우리에겐 할 일이 많은 엄청난 기회였다.”고 그는 말했다.

그와 그의 팀은 새로운 형식, 새로운 상품, 새로운 전달 모델, 새로운 가격책정 구조를 도입함으로써 가격, 융통성, 혁신의 문제들에 집요하게 매달리기 시작하였다. 목표는 출발점으로 기본 제공물(basic offering)을 소생시키는 것이었다. 그는 “벌리츠 연결(Berlitz Connect)”과 같은 새 상품에서 (대다수가 시간이 지나면서 학생들이 아닌 선생님들에게 맞춰진) 경직된 벌리츠 스케줄 요건들을 없앴다. 대면해서 수업을 할 수도 있고 컴퓨터를 이용할 수도 있다. 그리고 녹화될 수도 있다.

퀴즈 그리고 충분히 이해될 수 없었던 수업의 경우 재생할 기회는 물론 문화적인 요소도 가미되었다. 요금은 (벌리츠의 전통적인 선불안과 반대인) 예약제로 결제될 수 있다. 이 기업은 또 "벌리츠 가상교실(Berlitz Virtual Classroom)"을 도입하여 널리 분산된 사람들에게도 단체가격과 교류비용을 가능하게 했다. 저스터스는 이렇게 하여 아랍어로 사업 번창을 이루었던 일에 대해 말해주었다. 미국에서 매년 1,500건의 문의가 아랍어 수업에 관한 것이었지만 전통적인 벌리츠 단체수업 접근법으로는 지역적으로 너무나 널리 퍼져 있었다. 컴퓨터로 학생들을 가상적으로 연결함으로써 결코 고객이 될 수 없었던 사람들이 새롭게 등록을 할 수 있었다.

저스터스는 종래의 입증된 모델을 고수하지 않고 단기간에 사업을 소생시켰다. 벌리츠의 새 CEO는 장기적으로 당신의 기업이 글로벌 준비팀을 가지도록 협력할 수 있는 문화교습조직과 글로벌 교육기업으로 자리매김하는 길을 추진하고 있다. 이 기업을 언어를 밑바탕에 둔 피라미드로 생각해 보라. 그러면 문화적으로 이해가 된다. 이를 따라서, 이 기업은 다양성(diversity)과 포괄성(inclusion)이라 부르는 것이 있고, 또 글로벌 리더십 기량(global leadership skills)이 있다.

이 기업은 또 브랜드에 참신하게 접근하여 언어능력에 관한 아이디어를 장려하기 위해 유머를 이용하였다. 이것은 수백 건의 유튜브 조회를 기록한 어떤 급속히 퍼지는 비디오에 나오는 장면으로, 라디오에서 독일 해안 수비대원 한 명이 절망적인 애원에 응답하는 것이 보인다.

"메이데이, 메이데이, 우리는 가라앉고 있어(sinking)!"
"할로(Hallo)—여기는(Zis) 독일 해안수비대."
"우리는 가라앉고 있어, 가라앉고 있어!"
"뭐라고… 뭘 생각하고 있다고(sinking about)?"

이 장면은 황급히 "영어를 향상시키세요."라는 문구로 바뀌면서 배경에는 감동적인 음악과 "벌리츠, 생명을 위한 언어"라는 구절이 나온다.

비밀은 유지될 수 없다 : 확증보다는 불확증을 찾아라

심리학자들은 우리 모두는 사고과정에 우리가 옳다고 믿고 있는 것을 확증하는 정보를 찾고 우리가 생각하기에 의심을 불러일으키는 정보를 거부하는 식의 일반적 편견(pervasive bias)을 갖는다고 한다. 이를 확증편향(confirmation bias)이라 한다. 조직도 이와 유사하여 다 좋다는 식의 확증적 증거(confirmatory evidence)를 찾는다. 새로운 전략 각본의 일부는 저스터스(Justus)가 벌리츠(Berlitz)에서 했던 일과 마찬가지로 실제 불확증적 증거(disconfirming evidence)를 찾는 것이다. 그 아이디어는 상황이 바뀌어 행동을 개시할 수 있는 증거를 사람들이 공유할 수 있는 환경을 만들자는 것이다. 이는 조직이 어려움에 처한 것이 분명할 때 더 쉬울 수 있다. 상황이 최소한 표면적으로 잘 진행되고 있는 것처럼 보일 때에는 훨씬 더 어렵다.

보고 싶다면 자료는 많다. 그렇다면 조직에서 누가 이들에 주의를 기울일 권한을 부여하는 신용과 영향력을 갖고 있는지가 문제가 된다. 이는 여러 방식으로 가능하다. 첫째는 강력한 CEO의 의사결정에 의해 상부에서 추진하는 것이다. 전략의 변화가 다른 고위급 리더들에게 개인적으로 도전이 되거나 리스크가 있음을 의미한다면 이는 종종 할 수 있는 유일한 방법이 된다. 컨설턴트인 나의 한 친구는 여태껏 그가 참여한 프로젝트 중 가장 끔찍한 것의 하나로 디지털 시대의 도래에 직면한 통신회사에서 있었던 일을 내게 들려주었다. 그의 설명에 따르면, 이 기업은 어떻게 관련성을 유지할 수 있을지 생각하는 데 도움을 줄 것을 그의 컨설턴트 팀에게 요청하였다. 이 팀은 버리이즌(Verizon)이 후에 추구했던 전략인 FIOS형 각본과 유사한 것을 추천했다. 그 제안은 그 기업의 최고인사 30명에게 소개되어야 했다. 그는 이를 "우리가 디자인한 새로운 조직에는 고위인사 4명만이 필요합니다. 그러니 당신은 투표로 자리를 그만둘 26명을 뽑으시지요? 처음부터 운이 좋지 않았습니다."로 표현하였다. 이 기업의 CEO는 버라이즌의 사이덴버그(Seidenberg)와 달리 "합의를 좋아하는 친구(consensus guy)"였으며, 이는 새로운 전략을 추진할 수 있는 CEO가 없다는 것을 의미하였다. 그 후 어쩌다 이 기업은 연이은 통신회사 합병의 파동에 휩쓸려 사라지고, 컨설턴트들이 추천했던 급진적 변화에 반대한 고위직들은 어쨌거나 일자리를 잃었다.

두 번째 접근방법은 증거를 모으고 거르며 결과로서 창출되는 통찰력을 기업의 의사결정권자들에게 되돌려주는 것을 주목적으로 하는 그룹인 내부자들, 외부자들, 혹은 이들의 연합체에 권한을 부여하는 것이다. 의료기기 회사에 있는 내 친구는 기업의 사업모델이 어떻게 파괴될 수 있는지의 문제를 고려하는 파괴적 분석그룹(disruptive analysis group)을 최근 조직했다고 설명하였다. 이 그룹은 나머지 주종을 이루는 사업과 분리된 조직과 예산을 갖고 있다. 따라서 이는 전담 펀드가 있는 독립그룹이다.

당신은 이들 조기경고(early warnings)를 찾아내는 데 있어서 전문가들(experts)을 이용할 수도 있다. 친한 동료인 더그 스미스(Doug Smith)는 기업이 멋지게 성공한 후 어떻게 절망적으로 무너질 수 있는지에 관한 전문가이다. (제록스에 관한 그의 유명한 책 『미래의 실책(*Fumbling the Future*)』은 명작이다.)[7] 침식되어가는 우위에 직면한 기업에서 의사결정권을 가진 사람들이 돌파를 위해 할 수 있는 일은 무엇인지 그에게 물었다. 그는 기업들이 우위의 공급이 얼마나 지속가능한지에 대해 전문가와 구체적인 대화를 하여야 한다고 세심하게 제안하였다. "아마 나라면 우리 기업에 새로운 관리과정인 '지속적 우위 검토(sustainable advantage review)' 과정을 시작할 거야. 나는 그것을 구성하여 다른 조직들과 분리하겠지. 여기에는 특별한 혜안이 필요해."라고 그는 말했다. 그런 다음 그는 기업의 기존 우위(existing advantages)가 어떻게 손상될 수 있는지 전문가를 초청해 설명을 듣는 컨퍼런스를 후원할 것을 제의하였다.

필수 정보를 여는 또 하나의 방법은 내부 네트워크(internal networks)와 일하는 것이다. 미국인 톰 로이(Tom Roy)는 한때 프랑스 기업 미쉘린(Michelin)의 최고인사담당자로 높은 자리에 있었다. 그가 말하는 방식은 "잠행(stealth)"으로밖에 설명할 수 없다. 그는 가차없었다. "최고경영진에 있는 친구가 나를 방해할 때 나는 다음 단계로 갔지. 나는 말을 들을 다섯 중 두 명을 찾곤 하였어. 우리는 같이 전쟁게임 과정(war game process)을 개발하였어. 이는 다른 사람들이 그들을 죽이려는 전략을 갖고 있음을 알리는 하루 동안의 역할극 세뇌 세션이었지."라고 그는 말했다. 결국 전쟁게임 경험을 하는 가상적 실체는 경영진들로 하여금 잠정적인 문제들이 있음을 부정하는 것을 멈추고 어떻게 할 것인지에 집중하게 만들었다.

나는 기업들과 일할 때 이런 모든 접근방법을 약간 변형하여 사용하였다. 더 흥미로운 것은 악사 에퀴터블(AXA Equitable)의 에드리엔 존슨 가이더(Adrienne Johnson Guider)와 일하는 것이었다. 우리는 현장 밖에 고위팀을 만들어 종래와 다른 경쟁자들이 어떻게 핵심사업을 공략할 수 있는지 우리 스스로 역할극을 하였다. 이 현장 밖 미팅에서 새로운 형태의 협력 그리고 모든 것이 좋지 않을 수 있다는 조기경고의 인지에 관한 여러 아이디어들이 나왔다. 한 경영자는 이런 종류의 일의 가치는 "이는 생각을 해본 사람에게는 시작하기에 분명치 않은 통찰력을 가지고 있다는 것에 불과할 뿐이라고 생각할 수 있다. 그렇지 않다. 그 가치는 수용할 필요가 있는 많은 사람들이 우리가 추진할 필요가 있는 것에 관한 이해를 같이 하는 결과로 이루어졌다는 점이다."라고 말했다.

정확하지만 느린 것보다 빠르고 대략적으로 맞는 것

일시적 각축장(temporary arenas)의 환경에서 시간(time)의 역할은 엄청나다. 우위가 오래 유지된다는 가정이 없으면 조직이 신속하게 움직여야 할 긴박감은 커진다. 느린 의사결정은 엄청난 대가를 치를 수 있다. 맥밀란(MacMillan)과 나는 이를 증명해 보이기 위해 한때 사고실험(thought experiment)을 하였다. "베어본즈(BareBones)" NPV 계산기라 불리는 스프레드시트 방법을 개발하여 사람들에게 경쟁우위의 파동에 수치를 기입해 달라고 요청하였다. 중요한 입력으로는 출범(launch)과 도약(ramp-up)에 얼마, 수익창출(exploitation)에 대한 수익이 얼마, 우위가 얼마나 오래 지속될지 등이다. 그런 다음 우리는 우리 고객들 중 한 사람이 승인을 받으려고 하는 새 벤처에 시험했다. 그 결과 고위 경영진이 계속 진행 여부에 대한 의사결정을 6개월 지연하면 프로젝트의 전체 수명에 걸쳐 프로젝트의 총가치가 120만 달러 정도 떨어지는 것을 발견하였다. 이는 경영진의 우유부단함으로 인한 엄청난 가치 손실이다.

속도(speed)의 필요성은 기업 거버넌스(corporate governance)에 대한 도전을 불러일으킨다. 대다수 대형 조직의 위원회는 분명 빠르게 움직이는 실체는 아니다. 컬럼비아대학교 동료인 빌 클레퍼(Bill Klepper)는 이사회(boards of directors)에 관해 연구하고 있다.[8] 그에게 이사회의 감독 및 개입의 타이밍에 대해 물었다. 기업이 일 년에 세 번 이상 이사회 개입을 요청한다면 이사회에 근무하려는 사람들의 의지를 크게 떨어뜨리게 될 것으로 생각된다고 그는 말하였다. 이는 심각한 문제를 일으킨다. 시장의 경쟁 리듬이 조직의 거버넌스 리듬보다 더 빨리 움직인다면 그 결과로 나타나는 부담은 중요한 결정들을 아주 느리게 만드는 위협이 된다.

보다 세분화된 각축장에서 경쟁하기 위해서는 전략적 의사결정권이 조직 전체에 보다 널리 퍼질 필요가 있음을 의미한다. 최전방에서 이루어지는 행동은 너무 빨라서 기회가 사라지기 전에 고위급 의사결정권자들이 충분히 많은 정보들을 주고받을 시간이 없다. 물론 이는 전략의 "계획(planning)"학파보다는 "대응 및 학습(emergent and learning)"학파가 수년간 얘기해 온 것이다. 전략이 다원적 각축장들(multiple arenas)로 점차 진행되면서 이들 각각은 다른 방식으로 경쟁우위를 창출할 수 있으므로 어떻게 전략적 일관성(strategic coherence)을 창출할 것인가가 딜레마이다.

나의 연구는 물론 다른 사람들의 연구에서도 여기에 공동가치(common values)와 기업문화(corporate culture)의 역할이 들어오게 됨을 보여준다.[9] 해야 할 일의 옳고 그름에 대한 공동의 견해를 갖는다면 길을 잘못 들어설 가능성은 줄어들 것이다. 여기에 딜레마가 있다. 공동의 문화와 프레임워크를 만들 필요성은 조직과 사람들 (그리고 다른 자산들) 사이의 지속적인 상호작용을 필요로 한다. 점차 이런 결속은 해이해진다. 전략적 결정 및 집행 그리고 기업의 역량이 점점 특정 개인들에 의해 도출될 것으로 믿는다면 이런 사람들을 계속 관여시키고 종사하게 하는 것이 전략의 중요한 부분이 되어야 한다.

NPV 폭정 피하기 : 학습을 위한 프로토타입

기업가이자 『린스타트업(*The Lean Start-up*)』이라는 멋있는 책의 저자인 에릭 리스(Eric Ries)는 아이디어의 질이나 심지어 실행에 의해서가 아니라 행동을 빠르게 적응하는 능력으로 승자와 패자를 구별할 수 있다고 말한다.[10] 그가 말하는 비법은 "지속적 배치(continuous deployment)"라는 방안으로, 이에 따르면 조직들이 작동하지 않는 것들을 찾아내기 위해 정말로 신속하게 움직이고 그 결과 이들은 작동할 수 있는 것들에 대해 더욱 빠르게 다다를 수 있다. 아이데오(IDEO)의 뉴욕 스튜디오의 최근 책임자인 라이언 재코비(Ryan Jacoby)는 이와 유사한 성공을 크게 옹호하는 사람이다. 최근 라이언은 내 수업에 들러 "프로토타입(prototypes)은 부서지기 위해 만들어진 것이다. 당신이 더욱 빠르게 이를 부술수록 보다 나은 답을 더 빨리 찾을 것이다."라고 말하였다.

근본적인 문제는 당신이 뭔가 새로운 것을 시도할 때 요소들을 정확히 배치하여 승자가 된다는 것이 대개의 경우 명확하지 않다는 점이다. 이는 실험, 시행착오 학습, 발견이 핵심 실천방안임을 말한다. 그러나 불행히도 기업들은 종종 실제보다 훨씬 더 확실하게 운영하고 있는 듯이 신사업을 계획하려 한다. 내 동료와 내가 이 문제에 대해 발견 주도적 사고(discovery-driven thinking)에 관한 연구에서 광범위하게 언급하였지만 여기서 말해둘 만하다. 즉, 이 단계에서는 어떤 일이 일어날지 계획하고 예상할 수 있다고 생각하기보다는 상당한 양의 반복(iteration)을 준비하라.[11] 어휘에서 "예상", "판단", "목표"라는 단어들을 금하라. 이들을 "가정", "피드백", "체크포인트", 혹은 "마일스톤"이라는 개념으로 대체하라. 당신이 아직 시장 콘셉트를 다듬고 있는 동안 가능하면 빨리 비용이 들지 않는 지능적 실수들을 많이 하길 바라도록 하라.

훌륭한 기업가(good entrepreneurs)란 대개 이런 식의 운영을 한다. 닥터 존스 프로덕트(Dr. John's Products)의 아이콘인 스핀브러쉬(SpinBrush)의 디자인을 설명하면서 — 이 제품은 수동 칫솔과 비슷한 가격이지만 더 비싼 전동 칫솔의 특징들을 갖추고 있음 — 설립자 존 오셔(John Osher)는 어떻게 제품이 콘셉트에서 견본 모델, 프로토타입을 거쳐 시험될 수 있는 것으로 진행될 수 있는지를 보여주는 적응 과정(adaptive process)의 적합성과 시작방법을 설명하였다. 두 주 동안 사용한 후 칫솔 모발이 측면으로 기우는 것을 보고 그는 회전 방식보다 진동 방식으로 디자인하게 되었다. 이것이 프로토타입 없이 간단히 할 수 있는 종류의 발견이다.[12]

시장이 진정으로 원하는 승리제품을 얻었다고 스스로 확신하는 경우에만 사업으로의 확장을 고려해야 한다. 그런 놀라운 순간이 찾아올 때 경쟁적 반응과 사용자 수용에 직면하여 그 제공물이 어떻게 진화할 것인지에 관해 생각하는 것이 합당하다. 예를 들면, 애플(Apple)에서는 젊은 디자이너들에게 그들의 디자인이 어떻게 차세대, 차차세대로 진화할 수 있는지 모크업(mock up)할 것을 기대한다. 그들은 순간적인 혁신보다 후속적인 도약을 위한 혁신 파이프라인(pipeline of innovation)을 갖춘다. 여행가방 제조업자 투미(Tumi)는 이와 유사한 개발 궤적을 따라 출장을 가는 사람들이 다음에 필요로 할 것을 예상해서 제품이 제공하는 가치를 지속적으로 새롭게 부과한다. 여기에서의 아이디어는 고객의 깊은 통찰력을 개발하는 어려움을 겪은 다음에야 이를 일련의 혁신을 개발하는 데 활용하길 바랄 수 있다는 점이다.

인재와 리더십 개발을 위한 함의: 학습가능성의 원칙

여기서의 모든 것들은 어떻게 리더들(leaders)이 발굴되고, 훈련되고, 개발되고, 미래 조직들에 배치할 것인가에 관한 중요한 함의를 갖는다. 신참기업의 경우 더 이상 수익을 창출하는 상황에서 능력을 발휘한 리더들만 승진시켜서는 안 된다. 누구나 각 단계에서 고른 재능을 갖진 못하겠지만 조직이 주요 전환점에서 효과적으로 대응하도록 하는 데 필요한 정도의 익숙함은 필수이다. 또한 리더들은 실제보다 상황을 더 좋게 보이도록 하는 안일하고 잘못된 정보를 찾기보다는 시장과 우위의 상태에 있어서의 변화에 관한 증거를 늘 찾는 건설적인 편집광(paranoid)이 되도록 훈련받을 필요가 있다.

제2장에서 소개했던 크리스 고팔라크리슈난(Kris Gopalakrishnan)의 "학습가능성(learnability)"의 개념은 주로 기존 기량을 가진 사람을 고용하는 것에서 새로운 기량을 확보하는 능력을 가진 사람을 고용하는 것으로 기업의 인적자원의 구성에 대한 강조를 바꾸어놓았다. 일시적 우위의 세계에 어떤 종류의 인력이 필요할지 항상 알 수는 없으므로 당신이 보유한 인력을 재구성할 수 있는 능력은 큰 도움이 된다.

기업 리더십(leadership)의 확장가능성은 우위에서 우위로의 이동 능력의 중요한 추진체가 될 것이다. 이는 특히 조직이 인재들을 보유하길 원한다면 리더십 개발에 상당한 투자가 필요할 것임을 말한다. 예외적 성장을 이룬 기업들(outlier firms)에서 우리는 필요에 앞서 리더들이 반드시 준비를 갖추게 하기 위해 엄청난 투자를 하는 것을 분명히 보았다. 그들이 얻는 개발은 또한 상황이 바뀌어도 전략적 일관성(strategic coherence)을 이루는 가치들의 강화에 도움이 된다. 예를 들면, 인포시스(Infosys)의 경우 리더십 개발(leadership development) 철학은 "기업은 캠퍼스이고, 사업은 교육과정이며, 리더들이 가르친다."

이다. 각 최고경영진은 차세대 리더들을 지도하는 것을 개인적 책무로 여긴다.

거의 벼랑 끝: 알코아에서의 새로운 리더십 사고방식

일시적 우위 환경(transient-advantage context)의 실체의 한 부분은 비록 대부분의 새로운 전략각본(strategy playbook)을 제대로 가지고 있다 하더라도 기업들은 예측불가능하고 변화하는 세상에서 때로 비틀거리게 된다는 점이다. 과거 우위에서 새로운 우위로의 전환은 극히 어려워서 기업들은 종종 제대로 가기 위해 무척 애를 쓴다. 여기에서의 시사점은 리더들에 대하여 문제나 실수가 있는지 여부를 판단하는 것을 멈추고, 이들이 기업들을 경쟁우위의 다음 단계를 선택하여 재점화하도록 돕는지 여부를 가지고 평가해야 한다는 것이다. 앞에서 시멕스(CEMEX)에 대해 언급한 것처럼 기업이 잘한 많은 것들이 기업에 문제가 있을 때마다 인기영합적으로 무너뜨리는 것은 매우 실망스러운 일이다. 그러므로 핵심사업의 갑작스런 추락에 직면한 기업이 어떻게 스스로 바로잡으려 노력하는지를 보면 도움이 된다.

클라우스 클라인펠트(Klaus Kleinfeld)는 카리스마 있고 (그리고 지치게 만드는) 정력적인 남자다. 그가 독일 거대기업인 지멘스(Siemens)의 미국지사를 경영하고 있었을 때, 마이크로소프트(Microsoft)에서 개최한 최고경영자 정상회의(CEO Summit)에서 나는 그를 처음 만났다. 그는 지멘스를 떠나 알루미늄 대기업 알코아(Alcoa)의 회장 겸 최고운영책임자로 와서 다음 해인 2008년 5월 CEO 겸 회장으로 선출되었다. 바로 몇 달 후 그에게 무슨 일이 생길지 누가 알았겠는가?

분명히 하자면, 클라인펠트의 부임 당시 알코아의 관리부서는 절대

무능하지 않았다. CEO 알레인 벨다(Alain Belda)는 매우 존경받는 리더였고, 그 전임 CEO인 폴 오닐(Paul O'Neill)은 "전설적인 사람"으로 불렸다.[13] 이 기업은 많은 "최고경영기업(best managed)" 리스트에 올랐고 안전과 같은 부문들의 혁신으로 널리 칭송받았다. 엄청나게 딱딱한 보크사이트 광산과는 거리가 먼 아름다운 레버하우스 뉴욕(Lever House New York) 사무실에 들어갈 때도 안전표를 달고 안전하게 공간을 돌아다니도록 안내받는다.

클라인펠트는 곧 새 CEO로서의 일상에 적응했다. 그런데 글로벌 경기침체로 알루미늄 가격이 하루아침에 자유낙하하였다. "경기침체가 왔을 때는 대단하였다. 글로벌 거래에서 알루미늄 가격이 50퍼센트 이상 떨어졌고, 제품 수요가 줄어드는 만큼 주문 취소가 이어지고 있었다. 이 금속의 가격은 2008년 여름 약 3,200달러에서 다음해 1월 1,100달러로 떨어졌다. 그 상황은 마치 사려는 사람이 없어 떨이로 파는 것과 같았다. 그런 상황에서 충분히 빨리 비용을 조정할 방법은 없다. 우리는 진실로 어려움에 부딪치고 있음을 느꼈다."고 그는 상기하였다.

돌이켜본 후 그는 상당 기간 알루미늄 가격이 높게 순항해 왔다고 결론지었다. 클라인펠트는 가파른 추락을 작전개시를 요구하는 사태로 보았다. 뉴욕 알코아 사무실에 최고경영진을 소집하여 비밀리에 이틀간의 비상회의를 가졌다. 첫날에는 사업 상태의 평가에 전념하였다. 그것은 재미와는 거리가 멀었다. 거듭된 프레젠테이션에서는 일부 고객들이 사업장을 폐쇄하고, 일부는 청구금 지불에 어려움을 겪으며, 또 일부는 알코아의 많은 최종시장에서 성장이 정지되거나 역전되는 냉혹한 현실들이 열거되었다. 그리고 알루미늄 가격의 잔혹한 자유낙하는 알코아 영업에서 현금을 모두 우려내고 있었다. 마침내 정서적, 육체적으로 지친 후 팀은 정회를 하였다. "사람들은 우리가 완전히 절벽에 부딪쳤다고 생각했다."고 클라인펠트는 회상한다.

두 번째 날 스트레스 수치가 너무 높아 대다수의 사람들은 의자에 앉아 있지도 못했다. 공포와 걱정이 팽배한 분위기 속에서 클라인펠트는 화이트보드를 끌고 와서 문을 닫고는 "우리는 이 현금위기를 극복하는 방법을 찾아내기 전에는 떠나지 않을 것입니다."라고 말했다. 이 팀은 우선 위기를 이겨내는 데 필요한 현금이 얼마인지 파악하는데 심혈을 기울였다. 다음으로 클라인펠트가 방의 맨 앞에 마커를 들고 서서 문제들에서 해법들로 토론을 이어갔다. 보드 위에 가능한 모든 현금 수단을 적어나가자 아이디어들이 유동되기 시작했다. 사업매각도 가능하고, 공급업자와의 협력이나 자재의 확보방법의 변화도 가능하며, 경상비 삭감, 임금 동결, 용광로 단축도 가능하였다. 모든 옵션들이 상정되었다.

점차 진전의 기미가 보이기 시작하였다. 저녁 늦게 알코아의 운영방법을 구조조정하고 재디자인하기 위해 사용할 일곱 가지 핵심 수단들이 정해졌다. 책임(accountability)이 그 핵심이었다. "지도부 팀(leadership team)의 각 구성원이 추가적 역할을 하기로 결정하였다. 그들은 '본업(day job)'을 갖고 있지만 위기 시에는 고위직이 한 가지 역할만 할 수는 없다. 우리는 각자 현금 지속가능성 프로그램(Cash Sustainability Program)으로 알려진 것에 특정 수단을 사용할 것을 요구받았다. 또한 우리는 각 수단에 이머징 리더들을 배정하여 그들에게 능력을 발휘할 수 있는 추가적 기회를 주었다."고 클라인펠트는 말했다. 클라인펠트에 따르면 이 팀은 재기에 대한 중압감으로 압도되는 기분이 아니라, 약간 반직관적으로 "최고의 동기부여를 받았다(super motivated)". 그들은 알코아가 극적인 변화와 영구적인 개선을 촉진하기 위해 위기를 이용할 기회를 얻었고 전보다 더 강하게 변신하게 되었다는 생각으로 활력이 넘쳤다.

이 이야기로는 그리 극적이지 않지만 예기치 않은 반전이 있었다. 알코아의 가장 큰 사업단인 글로벌 프라이머리 프로덕트(Global Primary Products)의 당시 CFO 케빈 안톤(Kevin Anton)은 그 미팅을 나와 집으로 가는 마지막 비행기를 타기 위해 노스 캐롤라이나주 샬롯(Charlotte)으로 가는 US 항공(US Airway) 비행기를 타러 출발했다. 3분간의 정상 비행이 있은 후 비행기가 한 무리의 새와 부딪친 다음 시동이 꺼졌지만 조종사 체슬리 설렌버거(Chesley B. "Sully" Sullenberger) 덕분에 허드슨 강에 기적적으로 착륙하여 탑승한 155명 전원이 무사하다는 사실이 알려지게 되었다. 이때 토론하느라 알코아 회의실에 남아 있던 사람들은 일찍 지는 겨울 해를 바라보고 있다가 비행기가 갑자기 얼음물 속으로 추락했다는 뉴스를 들었다. "우린 모두 충격을 받고 방을 뛰쳐나가 뉴스를 들으려고 하였다."고 클라우스는 훗날 말했다. TV 뉴스를 본 안톤은 전화를 걸어 자기는 괜찮다고 말했다. 회사에서 그를 위해 비행기를 주선하여 그는 그날 밤 제정신이 아닌 아내와 두 아들이 있는 곳으로 돌아갈 수 있었다. 재미있는 사실은 비행기가 떨어질 때 그가 첫 번째 생각한 것은 모든 비행기의 85퍼센트는 알코아 알루미늄으로 만들어졌다는 것이었다고 안톤은 한참 지나 말해주었다. "이 비행기가 고품질이라서 난 정말 다행이야!"라고 그는 말했다.

안톤은 9개월 후 가라앉은 비행기에 실렸던 그의 서류가방을 찾았다. 그 가방에는 허드슨(Hudson)에서 머물 당시 물에 젖은 화이트보드 위에 팀이 적었던 친필 원본이 있었다. 그는 이것을 표구하여 아직도 알코아 사무실에 장식하고 있다.

다시 업무로 돌아와 팀들은 과거에 너무 어렵거나 너무 급진적이라는 이유로 거절되었던 아이디어들을 다시 돌아보았다. 예를 들면, 알코아 제련공장에서 알루미늄을 만드는 전기영동 공정에 사용되는 필수 원자재의 하나로 하소 코크스(calcined coke)가 있다. 이 기업은 공급업자들이 낮은 등급보다 훨씬 더 비싼 가격을 요구하는 높은 등급의 코크스를 구매해 오고 있었다. 낮은 등급의 코크스를 사용하려는 초기의 노력은 비참하게 실패하였고, 생산에 심각한 불안정을 가져왔으며, 이는 용광로 운전자가 이미 예측했던 대로 입증되었다. 그들은 "조달 및 기술 전문가들은 용광로에 대해 아는 바가 없다."고 분명히 지적하였다.

회사가 이 위기를 이겨내지 못하면 용광로가 문을 닫게 될 실제 가능성의 위기 때문에 현장 직원들과 기술 전문가들 사이의 새롭고 쉽지 않은 결속이 이루어졌다. "용광로 운전자들은 이를 조달팀과 소위 기술 전문가들의 매우 이론적인 아이디어로 받아들였다. 그와 동시에 그들은 이 '특이한 아이디어(odd idea)'가 실제 먹힌다면 비용을 크게 줄여주어 조업단축으로부터 공장을 구할 것으로 보았다. 따라서 이런 위협 속에서 그들은 이를 받아들여 전문가들과 함께 일하여 대성공을 이루었고 세계적인 저비용 생산기준을 새로이 만들어냈다."고 클라인펠트는 말한다. 이때 용광로 운전자들은 조달 및 기술 팀들과 함께 일할 것을 요구하였고 이는 이루어졌다. 첫 번째 시험에 성공하자 클라인펠트는 세계에 퍼져 있는 59,000명의 사원들에게 보내는 분기별 서신에서 이 공동 팀의 업적을 칭찬하면서 모든 사원들이 기존 실천방안들에 대해 의문을 제기하고, 회사의 기술센터로부터의 혁신을 적용하며, 팀을 이루어 원가를 낮추고 현금을 보존하기 위해 그런 혁신들을 적용할 것을 독려하였다.

엄청난 좌절을 헤쳐 나가는 감정적 차원의 노력은 CEO에게 가장 심각하게 다가온다. 모든 경영자가 결국 어려운 시기에 직면하겠지만 가장 사기가 떨어지는 순간에도 CEO는 자신감의 부족을 드러내는 호사를 누릴 여유가 없다. 클라인펠트에게는 아무도 돈을 조달할 결단력을 갖지 못하는 최악의 경제위기를 맞아 주식 발행을 통해 현금을 조달할 필요가 있다고 인식하였을 때 시험이 찾아왔다. 이틀간의 혹독한 연속회의로 200명 이상의 투자자들을 만나고 나서 그는 "투자자들은 계속해서 '이전에 당신 전임자들로부터 약속을 들었는데 왜 지금 당신을 믿어야 하는가?'라고 내게 말하니 지치고 맥 빠지는 일이었다. 그래서 내가 현금 지속가능성 프로그램의 7가지 수단들을 설명하면서 기업 주주들에게 '7가지 약속(Seven Promises)'이라 불리는 그들의 언어를 이용해 우리의 자신감을 보여주었다. 그 결과 우리는 상당히 적은 비용으로 10억 달러 목표를 뛰어넘어 14억 달러를 모아들였다. 그 돈으로 우리는 프로그램을 실행할 여유를 가질 휴식 공간을 마련하였다."고 털어놓았다.

현금 지속가능성 프로그램의 궁극적인 성공은 더 느리고, 덜 유동적인 경쟁자들을 이기는 지속적 우위를 회사에 가져다주었다. 클라인펠트가 본 것처럼, 침체기에 현금을 가지고 있다면 보다 안정된 시기에는 단순히 존재하지 않는 기회들을 활용할 수 있다. 이는 또 알코아가 사업을 어떻게 하는지에 결정적이고 긍정적인 변화를 주는 촉매가 되었음을 보여주었다. 오늘로 이 프로그램은 그 목표를 초과하여 조달에서 26억 달러, 간접비에서는 5억9백만 달러를 절감하였고, 자본투자의 요구를 줄였으며, 알코아가 운전자본에 묶어두는 자금의 양을 줄였다. 알코아가 저성장 사업에서 자본을 회수한 이후 나머지 사업의 90퍼센트 이상이 시장에서 1, 2위를 다투었다.

성장엔진(Growth Engine)의 재점화

위기의 전 과정을 통해 알코아는 미래, 특히 성장 지역에 대해 눈여겨보았다. 중국과 러시아에서 현대화 프로젝트들을 완성하는 것 외에 경제위기가 닥쳤을 때 70퍼센트 정도만 완성되었던 브라질의 광산 및 제련소 건설을 계속하였다. 회사의 현금 상태가 좋아지자 세계 곳곳에 최소 비용을 투입하여 알루미늄 시설을 짓기 위해 사우디아라비아와의 조인트벤처에 참여할 만큼 강해졌다. 클라인펠트는 광산, 제련소, 용광로, 압연기 등을 포함하는 이 프로젝트를 "상층 및 중간층 사업의 각 요소에서 알코아의 경쟁력을 증가시키는 일생일대의 기회"라고 말하였다.

"우리가 브라질, 러시아, 중국에서 자본재 프로젝트들을 완공하는 것은 우리가 그동안 유례없이 강력한 위기에서 벗어나려는 의도에서 나온 강력한 내부 신호였다. 다음으로 사우디와의 협력은 실제로 그동안 성공만 해온 알코아에 동기부여가 되는 자극이 되었다."고 클라인펠트는 지적하였다. "의제(agenda)에 성장을 두지 않고 비용에만 집중하는 기업은 성공적으로 재건될 수 없다. 사람들은 거대한 기반의 일부라는 느낌을 갖고 어려운 시기를 이겨내도록 동기를 부여하는 더 밝은 미래를 상상할 때에만 열정적이 된다. 성장(growth)이라는 아이디어는 투자자들과 기타 이해관계자들은 물론 직원들에게도 중요한 정서적 차원이다. 그것이 직원들로 하여금 커다란 실망을 이겨내고 영향력을 행사할 수 있는 것에 집중하게 하는 것이다. 그것이 어려운 결정을 주저없이 하도록 자신감을 갖게 한다."고 클라인펠트는 말한다.

이 회사 경영팀의 한 사람은 알코아가 2년간의 어려운 위기에서 벗어나는 것을 회상하면서 "우리는 엄청나게 어려운 경제 폭풍 속에서 배가 표류하도록 내버려두지 않았다. 우리는 차별화되고 더 강한 배를 만들었다."라고 현금 지속가능성 프로그램에 대해 언급하였다.

다른 사고방식

분명 빠르게 움직이는 우위의 도전들은 보다 안정적인 시기와는 다른 일련의 조직적 가정들과 리더십 사고방식(leadership mid-set)을 제시한다. 실질적 정보를 찾고, 나쁜 뉴스에 대처하며, 적절한 대응을 계획하는 능력과 의지가 중요하다. 코닥(Kodak)과는 달리 벌리츠(Berlitz)나 알코아(Alcoa) 같은 기업의 리더들은 위대한 장수기업의 경우에도 번영을 누리기 위해서는 모델을 바꾸어야 할 필요가 있음을 인정하였다. 학습가능성 원칙(learnability principle)은 사람들이 장차 무엇을 하게 될지 정확히 알지 못하더라도 사람들에 대한 지속적인 투자를 강조한다. 그리고 기존 가정들을 긍정적으로 보는 뉴스만 찾으려는 경향과 맞서는 것이 중요하다.

이 책의 대부분은 특정한 우위가 일시적일 경우에도 조직들이 경쟁력 있고 건전하게 살아남을 수 있는 방법에 주안점을 두었다. 중요하지만 아직 내게 미진한 일련의 이슈들은 이 모든 경쟁의 인간적 영향(human impact)에 관한 것이다. 보건의료와 은퇴의무를 배정하는 방식에서부터 사람들을 교육하고 직업을 준비하게 하는 방식에 이르기까지 우리의 사회경제시스템들에는 조직들이 장수하고 그들의 우위가 지속적일 수 있다는 가정이 스며들어 있다. 이런 가정들은 일시적 우위 경제(transient-advantage economy)의 도래와 더불어 전반적으로 재고될 필요가 있을 것이다. 다음 장에서 우리는 일시적 우위가 사람들에게 의미하는 바가 무엇인지 살펴보게 될 것이다.

7

일시적 우위가 당신 개인에게 **의미하는 것**은 무엇인가

나는 이 책의 많은 부분을 일시적 우위(transient advantages)가 전략, 기업 선택, 조직이 운영되는 방식 등에 대해 어떤 함의가 있는지를 보여주는 데 시간을 할애하였다. 마지막으로 나는 이 모든 것들이 개별적 사람들(individual people)에게 무엇을 의미하는지에 초점을 두고자 한다. 우위가 지속적인 세계에서는 실제 커리어패스를 계획할 수 있고, 기업과의 비교적 긴 고용 관계를 기대할 수 있었다. 우위가 일시적인 경우에는 앞서 언급한 것처럼 영화를 만들거나, 올림픽을 개최하거나, 정치적 캠페인을 하는 것과 같다. 즉, 경쟁적 니즈(competitive needs)가 요구하는 대로 조직 자체가 오고, 가고, 변화한다. 앞의 어느 장에서 지적한 것처럼 미국 노동통계국(Bureau of Labor Statistics)은 기업들이 비정규직을 더 많이 쓰고 있음을 보여주었다. 소매업과 같은 일부 산업에서는 고용주/종업원 관계가 완전히 바뀌었다. 지난 수년간 대부분의 근로자들은 상근직이었던 반면, 지금은 대다수가 예측 불가능한 고용기간을 가진 파트타임직이다.[1] 일시적 우위 개념은 사람들과도 관련성이 있다. 즉, 기업이 반발 없이 쓸모없어지고 있는 우위에 오랫동안 매달릴 수 없는 것처럼 개인들도 한때 가치 있었던 기술이 그 이후에도 질 높은 생산적인 생활을 보장해 줄 것이라고 가정

표 7-1

새로운 전략각본 : 이를 개인화하기

~에서	~로
• 조직체제	• 개별 기량
• 안정적 커리어패스	• 일련의 업무들
• 위계와 팀	• 개별 슈퍼스타
• 흔하지 않은 구직	• 평생 커리어 캠페인
• 경력은 조직에 의해 관리됨	• 경력은 개인에 의해 관리됨

할 수 없다. 그렇다면 일시적 우위의 세계에서 개인들이 그들의 미래 전망에 대해 어떻게 생각해야 하는지 짚어 보도록 하자(<표 7-1>).

경쟁우위 : 사람들에게 주는 권력

일시적 우위와 관련하여 한 가지 약간 놀라운 결과는 조직들이 연속적인 파동을 타도록 도와주는 기량과 역량을 가진 사람들에게 그 전보다 훨씬 충분한 보상이 이루어지고 있다는 점이다. 과거 세대에서는 그런 개인들은 내부에서 훈련되고 성장되어 특정 기업의 운영에 그들의 재능이 체화되어 있으므로 (다른 조건들이 같다 하더라도) 다른 조직들에는 별 가치가 없었다.

아이러니하게도 조직들이 영구히 자산을 소유하는 제약에서 벗어나게 하는 바로 그 압력들이 새로운 형태의 의존을 불러오게 되었다. 기업들은 현재 새로운 우위를 창출하는 데 도움을 주는 희소하고 귀중한 지식, 기량, 연결 등을 보유한 사람들에게 신세를 지는 입장에 있다. 사실 그러한 역량을 지닌 개인들에게는 어느 한 시점에 특정 조직 구조에서 근무하고 있긴 하지만 개인적 차원의 지속적 경쟁우위가 유지된다.

동료 전략가인 애니타 맥거한(Anita McGahan)은 산업 및 산업의 변화 방식을 살펴보는 것으로 전략에 관한 연구를 시작하였다.[2] 그러나 최근 들어 그녀는 생각을 재고하여 경쟁우위는 개인적인 차원에서 이해할 수밖에 없다는 선까지 생각하게 되었다. "월스트리트의 어느 빌딩 한 층에는 신탁업체들이 입주하고 있다. 그들은 증권을 보관하고 있다. 문 뒤에서 진행 중인 활동들은 25년간 변한 것이 없다. 겉으로 보기에 같은 사람이 업무를 하고 있고, 정상적인 업무에 아무런 방해 없이 그들은 거기에 계속 있었다. 그와 동시에 그들은 뉴욕은행, 씨티그룹, 모건스탠리은행 등 다섯 내지 여섯 곳의 다른 조직들과 제휴하였다."고 그녀는 내게 말하였다. 다시 말해서 이런 사람들은 그들의 급료를 지급하는 우위의 창출을 위해 조직에 의존하지 않는다. 그보다는 조직들이 그들에게 의존한다. 그렇지 않으면 조직들은 경쟁을 할 수 없다.

"이런 식의 생각을 시작하다 보면 경쟁우위(competitive advantage)란 무엇인가에 대한 관점이 달라진다. 경쟁우위의 근본을 이루는 자원은 사람들 사이의 관계(relationships)에 점차 체화된다. 사람들은 지식과 체화된 관계를 가지고 있으며, 이런 자산을 어떻게 사용하는지 유례없이 잘 알고 있다. 그런 연결은 자원을 보유하고 있는 기업들보다 훨씬 더 지속적이다. 사람들은 때로는 급료, 스톡옵션, 때로는 강력한 M&A 거래를 통해 그들 공동체 안에서 이런 자원으로부터 가치를 뽑아내는 방법을 찾아내는 전문가가 된다. 우리는 잘못된 차원의 분석을 보고 있다."고 애니타는 주장한다.

조직자산보다 개인자산이 더 중요하다

일시적 우위란 어떤 종업원, 어떤 특권을 가진 투자자, 어떤 계약자,

기타 사람들이 기반 조직의 성공에서 온 기업 소득으로부터 불균형적으로 효익을 얻는 것을 말한다. 더 나아가 애니타가 지적하였듯이 종업원들이 그들의 경력을 통해 쌓는 "자산(assets)"은 많은 기업 자산보다 훨씬 더 지속적이고 가치 있다. 실리콘밸리(Silicon Valley)에서 이미 잘 드러난 바와 같이 종업원들은 냉정하게 기업을 바꾼다. "나는 카풀을 바꿀 필요 없이 직업을 바꾸었다."는 사실을 우리는 흔히 볼 수 있다. 다시 말하면 기업보다는 개인에게 어떤 종류의 지속적 경쟁우위가 있고 이에 대해 급료가 지불된다.

이 흥미로운 통계를 보라. 포춘(*Fortune*)이 500대 기업에 관한 성과를 평가한 것을 보면 2010년 이 집단의 대기업들은 4.7퍼센트라는 기록적인 매출이익률을 보인 것으로(2009년 4퍼센트였던 것에 비해 1퍼센트 정도 증가한 것임) 보고되었다.[3] 인구조사국(Census Bureau)에 따르면 미국의 급료 중앙값은 1인당 44,410달러였다. 따라서 계산을 위해 이를 기본 매출(base sales) 사례로 한다면 아주 흥미로운 "매출이익률"상 수치를 얻게 된다. 미국의 기업 CEO(많은 소기업 CEO들도 포함)는 2010년 평균 204,650달러를 벌었고, 인구조사국에 따르면 이는 78.2퍼센트의 수익률이었다. 미국 노동 총연맹 산업별 조합회의(AFL-CIO: American Federation of Labor and Congress of Industrial Organizations)가 계산한 S&P 500대 기업의 CEO 총 연봉이 11,358,445달러인 것으로 보면 99.6퍼센트의 수익률이 나온다.[4] 대형 컨설팅 기업의 일반 고위 파트너는 백만 달러 이상을 번다. 선도적 기업 강연자는 회당 5만 달러 이상을 받는다. 지금 나는 이런 수치들이 모든 것을 말한다거나 CEO 연봉에 대해 싸움을 걸겠다는 것이 아니다. 하지만 분명한 것은 지속적이지 못한 우위의 상황에서 그들이 관여하고 있는 조직들은 왔다가 사라지지만 많은 개인들은 정말 크게 성공할 수 있는 기회를 맞이하고 있다는 것이다.

개인적 성공에 관한 과거 규칙들은 바뀌었다

이 책은 전략의 개념(concept of strategy)에 대한 생각의 방식이 바뀔 필요가 있다는 주장으로 시작하였다. 과거 수년간 전략의 궁극적 목표는 지속적 경쟁우위(sustainable competitive advantage)를 달성하는 것이라는 점을 당연하게 받아들였지만 우리는 경쟁우위가 우리와 영원히 혹은 최소한 긴 시간 함께하리라고 믿기보다 개인적 우위(individual advantages)가 오고 가는 일시적 우위(transient advantage)에 대해 진지하게 생각해 볼 필요가 있다. 그런 상황에서 최선의 조직 전략은 급진적 해고나 인원 감축을 하기보다 사업의 재구성(reconfiguration)을 촉진하는 것이다. 해체 수순에서 경쟁력이 있기 위해서는 학습이 중요할 것이다. 자원배분과정에 대한 숙달과 조직 내 강력히 뿌리내린 이해관계로부터의 통제 확보도 중요할 것이다. 혁신에 관해 체계적(systematic)이어야 함은 선택사항이 아니다. 성공적인 경영진과 리더들은 그들의 사업에 솔직한 것을 선호하여 좋지 않은 뉴스에 대처하는 것을 두려워하지 않는 다른 사고방식(different mind-set)을 도입할 것이다. 그 결과 개인적 성공을 위한 원칙이 새롭게 만들어지고 있다.

대부분의 서구 국가들에서는 적어도 수십 년간 성공을 위한 정설이 꽤 잘 받아들여졌다. 혹독한 업무, 교육 및 기량에의 투자, 훌륭한 고용주에 대한 헌신 등이 일반적으로 선두를 유지하는 방법이라 생각되었다. 마찬가지로 고용주들은 가족주의적 역할을 어느 정도 떠안았다. 경력 발전 및 개발 기회를 제공하는 것에 추가하여 건강보험과 확정급여형 연금과 같은 전형적 혜택은 경제 불확실성에 대한 완충제가 되었다.

그런 많은 과거형 기업들은 사라지거나 흡수되었다. 예를 들면, IBM

과 같이 살아남은 기업들은 운영방식을 완전히 바꾸었다. 기업들이 법적으로 정의된 의무로서 떠안았던 은퇴 리스크(retirement risk)와 같은 위험들을 지금은 개인들이 떠안는다. 비록 예외적 성장을 이룬 기업들(growth outliers)처럼 뛰어난 기업들의 경우에는 평생 직업과 어느 정도의 고용 안정을 계속 제공하고 있지만 예외적 성장을 이룬 기업들이라는 바로 그 사실이 더 이상 표준이 아님을 말한다.

전통적인 커리어패스를 추구하는 사람들에게 이런 변화의 결과는 많은 경우 비참한 것이었다. 수십 년 동안 얻은 결과는 소득 불균형(income inequality)이었다.[5] 우리는 이것이 상류층 사람들에게 좋은 뉴스일 거라고 생각할 수도 있겠지만, 만연하는 불균형은 실제적으로는 비교적 잘하고 있는 사람들을 포함한 어느 누구에게도 전반적 성장이 늦어지고 기회가 줄어드는 등의 관련성이 있어왔다.[6] 일시적 우위로 고심하는 기업들이 다른 곳에서 더 값싼 자원들을 찾으면서 서구 경제의 전체적 가닥은 공동화되어 왔다. 또한 조직들이 비교적 호의적인 고용주들이 될 수 있게 해주었던 비용 완충을 창출했던 경쟁에 대한 장벽이 붕괴되었다. 저비용 경쟁자들의 위협에 직면하게 되면서 수년간 기업들은 후퇴하고 있다. 일시적 우위의 세계에서 기업이 보유하게 될 유일한 종업원들은 리더들이 그들의 미래에 꼭 필요하다고 믿는 사람들이다.

한 가지 대안은 다소 선형적 커리어패스(linear career path)의 개념을 모두 버리는 것이다. 모호하고 불확실한 상황에서 어떤 기량이 가치가 있고, 어떤 연결이 가장 중요한지, 혹은 당신이 결국 참여하게 될 비즈니스 모델이 어떤 것인지는 분명치 않다. 패스트컴퍼니(*Fast Company*)라는 저널이 조사한 바에 따르면 "유동(flux)"이 점차 더 많은 사람들의 경력 규범이 되고 있다.[7] 그들은 사다리를 오른다기보다 임시적인 일들로 옮겨다니게 될 것이다. 수평적인 이동이 더 많게 될 것이다. 그리고 이런 기회들을 창출하는 조직 자체도 일시적일 수 있다.

당신은 얼마나 취약한가?

나는 기업들에게 그들의 경쟁우위가 쇠퇴할 가능성을 예상하라고 권고하는 것처럼 사람들에게도 이를 예견하여 그에 따른 경력을 계획할 것을 권장한다. 실무적인 관점에서 말하자면 평생경력관리(permanent career management)가 여기에 도입된다. 기업들이 우위의 다음 파동을 발견하기 위해 투자하는 것처럼 개인들도 그들의 기량을 유지하고, 적합성을 유지하며, 자신의 가치를 다른 사람들에게 판매하기 위한 업적(accomplishment)에 관한 아주 설득력 있는 이야기들을 갖출 필요가 있다. 당신이 끊임없이 다음 직업을 찾고 이에 따른 준비를 한다면 기습을 당하는 일은 그리 쉽게 발생하지 않을 것이다.

일시적 우위(transient advantage)의 측면에서 당신은 자신의 경력을 어디에서 고민하기 시작할 것인가? 진단을 시작해 보자. <표 7-2>의 자체평가를 완성하라. 문제의 어느 문항에 "아니오"라고 답한다면 그것은 취약점이 있을 수 있는 영역이므로 약점에 대한 대처를 고려해야 한다. 다섯 문항 이상 "아니오"라고 답하였다면 즉각적 행동을 해야 할 때이다! 이 장의 나머지 부분에서 일시적 우위에 대비한 당신 자신의 전략을 개발하는 과정으로 안내하겠다.

만일 현 고용주가 나에게 떠나라고 한다면 동등한 보수로 다른 조직에서 비슷한 자리를 찾기가 비교적 쉬울 것이다

여기서 생각하고 싶은 두 가지 문제가 있다. 첫째는 당신 조직이 사라져가는 우위의 톱니바퀴에 부딪쳐 당신이 그 변화의 패자 입장에 서게 될 가능성이 얼마나 되는가이다. (기존 경쟁우위가 위협에 놓이거나 사라지기 시작하는 신호에 관한 부차적 정보를 참조하라.) 둘째는 지금 당

표 7-2

당신은 일시적 우위 경제에 얼마나 준비되어 있는가?

질문	응답
• 만일 현 고용주가 나에게 떠나라고 한다면 동등한 보수로 다른 조직에서 비슷한 자리를 찾기가 비교적 쉬울 것이다.	예/아니오
• 내가 오늘 일자리를 잃는다 하더라도 나는 잘 준비되어 있으며 다음에 내가 무엇을 할지 즉시 안다.	예/아니오
• 나는 지난 2년간 최소한 다섯 가지 다른 조직에서 어느 정도 의미 있는 역량(고용, 자문, 자원봉사, 동업)으로 일하였다.	예/아니오
• 지난 2년간 나는 업무와 관련성이 있든 없든 전에 갖지 못했던 의미 있는 새로운 기량을 학습하였다.	예/아니오
• 나는 지난 2년간 개인적으로 혹은 컴퓨터를 통해 강의나 훈련 프로그램에 참여한 적이 있다.	예/아니오
• 나는 지금 당장 새로운 기회들로 잘 인도할 사람을 적어도 10명을 꼽을 수 있다.	예/아니오
• 나는 적어도 두 가지 이상의 전문적이거나 개인적인 네트워크에 적극적으로 참여한다.	예/아니오
• 나는 새로운 기회에 접근하기 위해 재훈련을 받을 시간이 있고 적은 급료로 일하거나 자원봉사할 수 있는 충분한 자원(저축 혹은 기타)을 갖고 있다.	예/아니오
• 나는 단순히 내 급료만이 아닌 다양한 활동으로부터 수입을 얻을 수 있다.	예/아니오
• 나는 필요하다면 다른 기회를 찾아 이동하거나 여행할 수 있다.	예/아니오

신이 가진 기량이 당신 조직이 당장 그것을 활용할 수 없다 하더라도 다른 곳에 관련성이 있을지 여부이다.

당신 기업의 우위가 당신에게 부정적인 의미를 주고 사라지기 쉽다고 믿는다면 당신에게는 두 가지 선택이 있다. 첫째는 조직에 있는 권한을 동원하여 지속적 우위의 사고를 타파하고 이 책의 앞에서 설명한 실천방안의 자리잡기를 시작하는 노력을 하는 것이다. 당신은 임계규모의 사람들에게 변화가 필요하다는 것을 확신시키고 어떻게 조직이 차세대 우위를 찾으려 움직이기 시작할 수 있는지 고민하도록 할 필요가 있을 것이다. 이 책의 앞 장들에서는 무엇을 하여야 할 것인가에 관해 논하였다.

어떤 이유로 당신이 조직을 적응할 정도로 빠르게 변화시킬 수 없다고 생각하거나 강력한 사람들의 기득권 때문에 큰 위기가 없이는 변화가 이루어질 수 없다고 하자. 이 경우 당신은 대안을 만들 준비를 하는 것이 타당하다. 현재 당신이 가진 기량과 역량이 당신 조직 외부에 관련성이 있을 만한 곳을 확실하게 찾을 필요가 있을 것이다. 만약 당신이 사라질 활동 범위에 개인적으로 묶여 있다면 기량을 향상시켜 그것이 쓰일 곳을 찾는 데 상당한 투자를 할 때이다(더 자세한 것은 아래에서 논의함).

당신 조직이 이전 경쟁우위의 함정에 빠져 있다는 조기경고를 개발하는 장점은 종종 이것이 당신에게 귀중한 시간이 될 수 있다는 점이다. 이는 네트워킹을 하고, 대안을 찾고, 새로운 역량을 쌓거나, 아니면 스스로 소중하게 시간을 보낼 수 있다. 당신이 기대할 수 있는 마지막 일은 기습당하는 것이다. 한 때 호황을 이룬 조직들의 경우 그들의 경쟁우위가 사라지면서 많은 경영진들이 떠났다.

사라지는 우위의 조기경고

많을수록 상황은 더 나빠진다

- 나는 우리 기업 제품이나 서비스를 구매하지 않는다.
- 우리는 같은 수준이나 아니면 그 이상 투자를 하고 있지만 이윤이나 수익 성장을 얻지 못하고 있다.

- 고객들이 "충분히 좋은" 더 싸고 간단한 솔루션을 찾고 있다.
- 우리가 예상치 못했던 곳에서 경쟁이 나타나고 있다.
- 고객들이 우리가 제공하여야 할 것에 대해 더 이상 흥분하지 않는다.
- 우리가 고용하고 싶었던 사람들로 최고의 업무를 생각할 수 없다.
- 우리의 최고 인력들 중 일부가 떠나고 있다.
- 우리 주식이 지속적으로 저평가되고 있다.
- 우리 기술인력(예를 들면, 과학자 및 기술자)은 신기술이 우리 사업을 변화시킬 것이라 예상하고 있다.
- 우리는 인재를 찾는 헤드헌터들의 목표가 아니다.
- 성장궤적이 둔화되었거나 역행되었다.
- 지난 2년간 성공적으로 판매가 이루어진 혁신이 거의 없다.
- 기업의 종업원들에 대한 성과급이 축소되거나 더 많은 리스크를 요구하고 있다.
- 경영진이 잠재적으로 나쁜 소식의 중요성을 거부하고 있다.

내가 오늘 일자리를 잃는다 하더라도,
나는 잘 준비되어 있으며
다음에 내가 무엇을 할지 즉시 안다

고용을 마무리하는 준비를 잘 갖추는 것은 이력서를 준비하는 것 이상을 의미한다. 이는 새롭고 더 나은 자리를 찾는 평생 캠페인을 시작할 준비를 함을 (혹은 사업을 시작하거나 컨설팅 회사로 가는 것) 말한다. 그러나 그렇게 할 수 있기 전에 과거를 남기고 떠나는 정서적 도전 — 대개는 슬픔, 분노, 상실감 등의 감정들을 포함하는 과거에 대한 전체적 탄

식의 기간 ─ 을 이해할 필요가 있다. 그것은 당연한 것이므로, 스스로에게 약간의 슬퍼할 시간을 부여하라.

스스로를 추스른 뒤 다음 단계는 전략을 세우는 것이다. 나라면 직업자문가인 포드 마이어스(Ford R. Myers)가 "구직자 툴킷(job seekers toolkit)"이라 부르는 것들을 모두 취합하는 것으로 시작할 것이다.[8] 그 툴킷에는 다음과 같은 것들이 포함된다고 그는 조언한다.

1. 서면 업적 목록
2. 포지셔닝 진술서
3. 제삼자에게 당신의 경력을 한 페이지로 설명하는 직업적인 전기문
4. 일하고 싶은 목표 기업 목록
5. 당신의 네트워킹 목록
6. 일련의 직업관련 신원보증인
7. 추천서
8. 네트워킹 어젠다
9. 추적 시스템(tracking system)
10. 마지막으로, 이력서

알다시피 전직을 준비한다는 것이 간단한 일은 아니지만 당신이 일하고 있는 기반 사업들이 변하더라도 직업을 바꿀 수 있다는 것은 중요하다. 커리어 이전(career transition)을 준비하는 법에 관한 자세한 사항들에 관해 도움을 얻을 수 있는 우수한 출처들이 많은데 마이어스 웹사이트(Myers's website)도 그 중 하나이다.

처음 좋지 않은 소식에 접하여 초기의 탄식기에 기억하여야 할 다른 사항은 성공적인 위치에 있던 거의 모든 사람들이 좌천되고, 해고되고, 아니면 불행을 만나게 되었다는 점이다. 조앤 롤링(J. K. Rowling)은 비서 업무에 집중하는 대신 마법의 세계를 꿈꾸었기 때문에 국제사면위원회(Amnesty International)의 비서직을 잃었다. 그녀의 퇴직 수당은 흥행작 『해리포터(*Harry Potter*)』 시리즈를 쓰는 동안 호구지책이 되었다. 마이클 블룸버그(Michael Bloomberg)는 정치적 싸움으로 살로몬 브라더스(Salomon Brothers)에서 해고된 후 블룸버그(Bloomberg)를 설립하였고, 이후 그는 미디어 재벌로 성장하게 되었다. 그는 억만장자가 되었고, 뉴욕시장을 세 차례 연임한 바 있다. 그렇다면 살로몬 브라더스는 어떻게 되었을까? 더 이상 존재하지 않는다. 보그(*Vogue*) 편집자인 안나 윈투어(Anna Wintour)는 "지나치게 날카롭다(too edgy)"는 이유로 첫 번째 패션 일자리에서 해고되었다. 볼티모어 TV 프로듀서는 이브닝 뉴스를 진행하던 오프라 윈프리(Oprah Winfrey)를 그 자리에 "어울리지(unfit)" 않는다는 이유로 끌어내렸다.[9] 그렇다. 당신이 어떠한 상황에 있게 될지 미리 안다는 것은 불가능하다. 그러므로 할 수 있는 최선이란 과거의 경험으로부터 학습하여 다음에 다가올 일에 대비하는 것뿐이다.

나는 지난 2년간 최소한 다섯 가지 다른 조직에서 어느 정도 의미 있는 역량(고용, 자문, 자원봉사, 동업)으로 일하였다

오늘날 경력(careers)이란 한 조직에 국한되어 보내는 것이 쉽지 않기 때문에 다양한 형태의 조직과 접촉하고 연결을 맺는 것이 당신에게 훨씬 더 많은 옵션을 줄 수 있다. 패스트컴퍼니(*Fast Company*)가 "세대유동(generation flux)"이라는 기사에서 보고한 바에 따르면, 우선 많은 사람들이 경력이란 무엇인가에 관한 생각을 새롭게 하였다고 한다.

주어진 궤적을 따라 점점 더 깊은 기량이 개발되는 진행(progression)형 대신 사람들은 일시적 일들을 기반으로 일한다. 이들 각각은 비교적 짧을 수 있겠지만 다음 업무의 질을 높일 수 있는 기량, 네트워크 접촉, 역량을 제공하므로 다음 고용주에게 더 가치 있을 수 있다.

많은 다른 환경에 노출된다는 것은 찾을 수 있는 기회들을 크게 확장해 주기 때문에 일시적 우위 경제에 유용하다. 우리가 말한 지속적인 성장을 이룬 기업들 가운데 하나인 야후 재팬(Yahoo! Japan)과 이해관계가 있는 현 소프트뱅크(Softbank)의 공동 소유주인 일본의 손마사요시(Masayoshi Son)의 매력적인 직업 경로를 보라.

그는 일본 외딴 섬에서 한국계 일본인으로 태어났다. 그의 아버지는 돼지 사육업자로 일하면서 부업으로 불법 알코올을 팔았고 나중에는 파친코 사업에 뛰어들었다. 월스트리트저널(*Wall Street Journal*)에 따르면 일본에서 소수 인종으로 살아가기에 희망이 없다고 생각한 그는 미국에 있는 고등학교에 보내달라고 부모님을 설득하였다. 결국 그는 캘리포니아주립대학교-버클리(University of California at Berkeley)에 들어갔다. 그곳에서 그는 기업가적 경력을 시작하였고, 그의 첫 제품은 어느 교수와 이야기하다 나온 것으로 이를 디자인하여 샤프전자(Sharp Electronics)에 50만 달러를 받고 라이선스하였다. 그는 비디오게임 코너 사업과 다른 여러 벤처들에 참여했는데, 일부는 출발이 순조롭지 못하였다. 그는 1981년 최초의 소프트웨어 배급사인 소프트뱅크(Softbank)를 설립하기 위해 일본으로 돌아오게 된다.

이후 컴덱스 컴퓨터 쇼(Comdex Computer Show), 지프데이비스 퍼블리케이션사(Ziff-Davis Publishing), 야후 등 다양한 인터넷 기업의 관심이 이어졌다. 중국의 알리바바(Alibaba)도 손(Son)을 투자 목표로 삼았다. 닷컴 버블이 붕괴되자 2002년 소프트뱅크의 시가는 최고가에서 98퍼센트 추락하고 손 회장도 개인적으로 큰 손해를 입었다. 결국 그는 통신사업에 뛰어들어, 처음에는 브로드밴드, 그리고 이어 핸드폰 사업을 하게 되었다. 현재 그는 미국 무선시장(wireless market)의 경쟁을 불안정하게 할 잠재력을 지닌 스프린트(Sprint)와의 거래를 구상하고 있다.[10] 비록 그의 경력이 기업가 정신과 뒤이은 성공의 측면에서 확실히 특별한 것은 분명하지만 다른 많은 조직들에 당신 스스로를 확실하게 드러내야 한다는 원칙은 누구에게나 적용될 수 있을 것이다.

지난 2년간 나는 업무와 관련성이 있든 없든 전에 갖지 못했던 의미 있는 새로운 기량을 학습하였다

일시적 우위가 갖는 가장 분명한 하나의 함의는 새로운 기량(new skills)의 평생 축적이 필수가 된다는 점이다. 다른 하나는 당신이 외형상 사업을 위해 획득하지 않았다 하더라도 특정 기량이 언제 가치 있는 것으로 판명될지 아무도 모른다는 점이다. 애플(Apple)의 스티브 잡스(Steve Jobs)는 대학 시절 서예 수업을 어떻게 청강하였는지 이야기하길 좋아하였다. 서예에는 기술적인 일은 요구되지 않지만 잡스의 서예에 관한 이해는 나중에 WYSIWYG 스크린에 컴퓨터 문자를 표시하는 방식에 영향을 주었다. 이는 곧 쓸 수 있을 것을 미리 알지 못하지만 결국 예기치 않게 성공을 불러온 기량이나 단편적인 지식을 보여주는 훌륭한 예가 된다.

희소한 기량(rare skills)이 중요한 차별요소가 되는 경우도 흔하다. 컬럼비아대학교 최고경영자 교육 수업에 참여한 어떤 분과 이야기하고 있는 와중에, 그는 중국 특정 시장에 침투하면서 그의 기업(제약회사)이 겪고 있는 어려움을 설명하면서 "결국 우리 전체 글로벌 회사에서 급료를 가장 많이 받는 세일즈맨이 누구인지 알아요?"라고 물었다. 내가 모른다고 했더니 그는 "대단한 세일즈맨이 아니라 대단히 영어를 잘하는 사람이에요!"라고 하였다.

물론 새로운 기량은 정식 훈련을 통해 얻을 수도 있지만 약간 통상적이지 않은 기량을 쌓는 방법을 제공하는 업무 환경에서 일하는 것을 생각해보는 것도 가치가 있을 것이다. 지역사회 프로젝트들에 자원봉사를 하는 것은 새로운 일을 하는 좋은 연습 방법이다. 스스로를 밀어붙여 당신 개인의 도구상자(toolbox)에 기량을 계속 부가하는 것이 중요하다. 언제 그들을 바로 꺼내 쓰게 될지 당신은 절대 모른다.

기량쌓기 각축장(skill-building arena)에서 가장 흥미로운 새 영역 중 하나는 칸 아카데미(Khan Academy)와 같은 조직들이 제공하는 무료 온라인 강좌이다. 이 아카데미는 MIT와 하버드대학교 경영대학(Harvard Business School) 학위를 가진 방글라데시계 미국인 살만 칸(Salman Khan)에게 그의 사촌 나디아(Nadia)가 수학 공부를 도와달라고 요청한 2004년에 시작되었다고 한다. 그는 야후 두들(Yahoo Doodle)의 메모장을 이용하여 그녀에게 그림그리기를 가르치기 시작했다. 이에 다른 친척들도 도움을 요청하게 되었고, 칸은 그 수업들을 유튜브에 올렸다. 그 아이디어는 잘 진행되어 칸은 2009년 개인지도에 집중하기 위해 커넥티브 자본관리(Connective Capital Management)의 헤지펀드 매니저직을 그만두었다. 현재 이 아카데미는 채점, 진도 파악과 같은 보조물의 제공으로 놀랄 정도로 많은 과목들에 관한 다루기 쉬운 비디오 수업들을 제공하고 있다. 이 아카데미가 끼친 영향 가운데는 전통적인 교습방식을 뒤엎는 것이 있다. 전통적인 교습에서는 선생님들이 수업을 하면 학생들은 이를 강화하기 위해 밤에 숙제를 한다. 칸 아카데미 개인지도에서는 밤에 학생들이 수업을 받은 뒤 다음날 선생님의 도움을 받아 자료를 사용하여 연습하는 것이 가능하다. 이는 완전히 새로운 교수학습법이다. 작문에는 3,600건 이상의 개별지도 시간들이 가능하다. 이들은 모두 무료이고, 10분 내지 25분 정도 걸린다. 새로운 기량을 배우는 데 조금 시간을 할애하는 게 어떨까?

나는 지난 2년간 개인적으로 혹은 컴퓨터를 통해 강의나 훈련 프로그램에 참여한 적이 있다

내게 있어 일시적 우위의 상황에서 가장 흥미로운 발전 가운데 하나는 과거보다 교육에 대한 접근이 훨씬 더 용이하고, 민주적이며, 개인적이 되고 있다는 점이다. 디지털 시대의 도래와 완전히 새로운 학습법으로 말미암아 인터넷 접속이 가능한 사람은 누구나 기량과 이해를 크게 강화할 수 있다. 이는 교육 사업을 새롭고 중요한 방식으로 재형성하게 될 것이다.

최고경영자 교육

컬럼비아대학교 경영대학(Columbia Business School)에서 내가 가장 좋아하는 일은 정기적으로 최고경영자 교육 프로그램에서 프로그램을 설계하거나 가르치는 역할을 하는 것이다. 이들 대부분은 최고의 경영사고(management thinking)를 총합하여 현재의 경영진과 공유하는 것을 목표로 하는 단기(일주일 혹은 이보다 더 짧은) 연수과정 프로그램들이다. 이 프로그램들은 참여한 경영진들에게는 바쁜 일상 업무에서 휴식을 갖고, 다른 산업에서 온 사람들을 만나며, 새로운 네트워크 기회들을 만들고, 가장 중요한 것으로 새로운 시각을 얻는 드문 기회이다. 1993년 내가 컬럼비아대학교 교수가 된 이후 일시적 우위의 경제에 처한 경영진들의 변화하는 니즈를 반영하기 위해 우리의 최고경영자 교육 교실이 어떻게 변화하였는지 살펴보는 것도 내겐 흥미로운 일이었다.

최고경영자 교육과정은 수업하는 전통적인 교실과 거의 같았다. 교수들이 일어나서 고무적인 강의를 하거나 활기찬 사례 토론을 주관하는 것이 전부였다. 지금도 우린 여전히 어느 정도 그렇게 하고 있지만 더 많은 요소들이 가미되어 혼용된다. 예를 들면, 컬럼비아대학교 경영대학의 대표적 프로그램인 최고경영자 프로그램(CSEP: Columbia Senior Executive Program)에서는 교수진, 전문 경영진 코치들, 다른 산업부문에서 온 동료들로부터의 투입에 의한 프로그램의 설계를 통해 코칭과 피드백이 두각을 보인다. 참석자들은 그들이 실제 하고 있는 개인 리더십 진술서(personal leadership statement)의 개발을 통해 지도를 받고, 그들이 씨름하고 있는 전략적 이슈를 포함한 개인적 사례를 해결하는 데 도움을 얻는다. 상호교류가 매우 많은 세션들에는 동료 대 동료 팀 리더십(peer-to-peer team leadership)을 위한 기회가 보충된다. 이 과정에는 "경영자 복지(Executive Wellbeing)"라고 불리는 부문이 포함되어 참여자들이 건강에 관심을 기울일 수 있도록 도움을 준다. 일시적 우위의 세계에서 경쟁하려면 스트레스가 많아 육체적으로 타격을 받을 수 있다.

최고경영자 프로그램은 4주 과정이며 따라서 대단한 참여를 요한다. 하지만 그 보상은 상당하다. 페라리(Ferrari)의 북미 최고경영자인 마르코 마티아치(Marco Mattiacci)는 "내 경력상 이 시점에서 몇 주 쉬면서 지식을 조율하고 업데이트하며, 더불어 다른 산업들에서 온 다른 동료들과 접하고 다른 사업분야들로부터 새로운 아이디어들을 얻는 것은 대단한 기회다."라면서 2011년 참여를 결정하였다. 성공적으로 진행되어 마르코는 2012년 2월 올해의 자동차 경영자상(Automotive Executive of the Year)을 받았다. 그가 상을 받는다는 소식이 전해지자 그 지역 매출이 20퍼센트 올라 그의 주가를 올렸고, 페라리를 배타적인 자동차 부분에서 최고 위치에 올려놓았다. 그는 CSEP에서의 배움 덕에 이런 결과가 있었다고 말했다. 내가 CSEP에서 가르치긴 했어도 책임자는 아니라는 점을 말해둔다. 프로그램의 혁신적 설계를 달성한 공은 사실 전임자인 폴 잉그램(Paul Ingram), 브루스 크레이븐(Bruce Craven), 숀 비츌러(Schon Beechler)에게 돌아가야 한다.

나는 일주간 진행되는 변화와 성장에 관한 짧은 프로그램을 감독하고 있는데, 이 프로그램 설계의 핵심 요소는 실제 개별 사례에 대해 모든 개념과 프레임워크를 적용하여 사람들의 학습을 강화하고 그들이 관심을 가진 성장이나 변화와 관련된 이슈에 관해 진전을 이루도록 돕는 것이다. 참석자 가운데 필립스 전자(Philips Electronics)의 중동 및 아프리카 지역 담당 전략 및 사업개발 책임자는 "전략적 성장 및 변화의 주도(LSGC: Leading Strategic Growth and Change)에 참여한지 일 년 후 우리 조직이 얻은 굳건한 교훈은 우리의 성장전략은 당신이 추진하는 계획들(initiatives)과 당신이 이들을 어떻게 관리할 것인가에 지나지 않는다는 것이다 … LSGC는 우리에게 성장을 추구하기 위해 더 많은 훈련, 더 세밀함, 더 나은 가정 추적, 더 명확한 결과, 더 강력한 내적 몰입(즉, 연간예산주기를 통한 자금지원)으로 성장을 위한 계획을 관리해 나가는 시스템으로 바꾸게 만들었다."고 말하였다. 말한 것처럼 현재의 경영자 교육 과정은 실제 응용에 방향을 두고 과거보다 훨씬 더 공격적으로 진행되고 있다.

컬럼비아대학교 최고경영자 프로그램의 학습공동체 만들기

한때 최고경영자교육은 강좌의 콘텐츠에 주로 집중하였고, 이 모델은 매우 교수 주도적(professor-driven)이었다. 현재 가장 좋은 프로그램들은 이 모델에서 완전히 탈피하여 과정 및 가치에 주로 더 집중하며 주로 교수들이 학습공동체(learning community) 안에서 촉진자(facilitators)의 역할을 하는 동료 대 동료 식의 학습으로 진행된다. CSEP에서는 참석자들이 도착하기 전 전화 인터뷰, 처음으로 참석자들이 함께 하는 실습, CSEP 공동체가 함께하기로 선택한 가치의 명시적 구조화 등 학습공동체(learning community)를 만드는 일을 시작하는데 여기에 상당한 시간이 걸린다. 최근 수업에서는 다음과 같은 가치들을 공동체에 의해 선정하였다.

1) 동료를 격려하라.
2) 낙관적으로 들어라.
3) 즐겨라.
4) 남들을 신뢰하고 존중하라.
5) CSEP의 모든 세션을 성공적으로 해내기 위해 개인적 책임을 져라.

참석자들은 과정 전체를 통하여 깊은 사고와 핵심 아이디어의 포착을 촉진하는 "학습 저널(learning journal)"을 가지고 학습한다. 또한 정서적, 육체적 기분전환을 하는 시간을 갖고, 과정이 끝난 후 오래 지속될 수 있는 동료 네트워크(peer networks)를 쌓고 유지할 것을 권장한다.

기타 교육 경험

최고경영자 교육(executive education)은 모든 사람들을 위한 것은 아니다. 그러나 스스로의 발전을 계속하고 역량에 투자할 수 있는 기타의 많은 옵션들이 있다. 나는 앞에서 칸 아카데미(Khan Academy)에 대해 언급하였다. 커뮤니티 칼리지, 지역 예술관련 기관, 직업학교, 기타 기관들도 새로운 기량을 익히는 장소들이다.

전 세계의 기업가들은 효과적인 비용과 다양한 방식으로 전수되는 학습을 개발하기 시작하였다. 예를 들면, 유니버시티 나우(University Now)는 "세계에서 가장 알맞고 접근 가능한 대학을 설립하여 모든 사람들에게 고등교육을 제공하는 것"을 사명으로 샌프란시스코에 기반을 둔 사회적 벤처(social venture)이다. 설립자이자 CEO인 진 웨이드(Gene Wade)는 전통적인 교육 시스템은 너무 많은 사람들을 탈락시키고 있다고 느꼈고, 이런 문제점들에 대처하기 위해 이 조직을 시작하였다. 특히 유니버시티 나우는 많은 사람들에게 엄청나게 비쌌던 고등교육을 적절한 수준으로 만들었다.

스탠포드나 MIT 등의 대학들이 앞다투어 대중적 개방형 온라인 과정(MOOCs : Massively Open Online Courses)을 도입함으로써 온라인 교육이 점차 많은 사람들에게 적절한 실체가 되어가고 있다.

최고경영자 교육 프로그램에서 갖추길 원하는 것은?

의견수렴을 한 목록

- 당신의 학습 경험 전반에 걸쳐 현장에 있는 헌신적인 원장교수 혹은 프로그램 설계자
- 학습하고 있는 내용을 자신의 상황에 적용할 기회
- 다른 국가, 지역, 산업에서 온 참석자들의 다양한 혼합
- 적정 수준의 참석자 경험(경험수준에서의 엄청난 차이를 원하지 말 것)
- 현재의 사례를 갖춘 최신의 커리큘럼
- 당신의 학습을 지원할 적절한 기술의 사용(웹 페이지, 어플 등)
- 과정의 준비와 사후 마무리에 도움
- 일부는 행동 지향적이고, 일부는 반성적이며, 일부는 특정한 목표를 염두에 두어 설계하는 식으로 콘텐츠에 학습유형들을 혼합
- 새로운 기술을 반영하고 적용할 수 있는 충분한 휴지시간(downtime)

- 참여 교수진의 다양화
- 과정을 제공하는 기관의 경험(상당히 가파른 학습곡선이 있음)

나는 지금 당장 새로운 기회들로 잘 인도할 사람을 적어도 10명을 꼽을 수 있다

일시적 우위의 경제에서 지속될 수 있는 극히 일부 가운데 하나는 관계(relationships)이다. 네트워크에 대한 접근은 사람들이 다른 사람들에 대하여 자신들의 가치를 유지하고, 새로운 기회들을 발견하며, 다른 사람들에게도 기회들을 만들어주는 가장 강력한 방법 가운데 하나이다. 사실 지속적인 성장을 이룬 기업들은 종업원 및 고객과의 관계 안정성을 크게 강조한다. 팩셋(FactSet)은 지난 10여년에 걸쳐 고객보유율이 95퍼센트임을 자랑한다. 분석가들은 인포시스(Infosys)와 코그니전트(Cognizant)의 경우에도 강력한 고객보유율을 갖고 있다고 본다(최근 조사에서 코그니전트는 90퍼센트의 고객 보유율을 자랑하고 있고, 최근 우리와의 인터뷰에서 인포시스는 95퍼센트의 보유율을 보고함). 인드라 시스테마스(Indra Sistemas)는 연차 보고서에서 "인드라는 공급업자들과 지식기관들을 가치창조의 파트너 및 혁신의 협력자로 생각하고 있으며, 이것은 중요한 책무이다."라고 말한다.

또한 영리한 기업들은 감원이나 해고가 필요할 때 이러한 사람들을 엮어주는 네트워크를 유지하는 것이 중요하다는 것을 알고 있다. 출판사 월터스 클루워(Wolters Kluwer)의 CEO 낸시 맥킨스트리(Nancy Mckinstry)는 회사가 디지털 세계로의 어려운 전환을 할 때 이 문제에 부딪쳐야 했다. 나는 그녀에게 전환 과정에서 인적 측면을 어떻게 다루었는지 물었다. 재미있게도 이 회사는 이를 위한 면밀하고 의식적인 과정을 갖고 있다. 우선적으로 이 회사는 팀을 구성하여 조직 내의 다른 곳으로 직원들을 재배치시키기 위한 옵션을 조사한다. 이 점에서 그들은 매우 성공적이었다고 맥킨스트리는 보고하고 있다.

임시 사무실 임대업체 리저스(Regus)의 COO인 루디 로보(Rudy Lobo)는 매우 우호적인 방식으로 갈라서는 것이 떨어져나가는 개인은 물론 전체 기업에도 중요하다고 분명하게 말한다. 통상적으로 어떻게 진행되는지를 설명하면서 그는 "처음에 사람들은 전반적으로 무분별한 단계를 겪는다. 소식을 접하고 화를 내다 드디어는 조용해진다. 나는 그들이 겪는 전반적인 과정을 함께 겪는다. 나는 남편들, 아내들과 이야기하여 그들이 접하는 나쁜 조언의 30퍼센트를 덜어준다. … 나는 이를 세심하게 조정하여 친구로서 헤어지도록 노력한다."고 말하였다.

나는 적어도 두 가지 이상의 전문적이거나 개인적인 네트워크에 적극적으로 참여한다

관계가 업무에서 중요한 작용을 하지만 다른 형태의 네트워크 연계도 중요하다. 이에 관해서는 커리어 독립을 위한 서적들에서 수없이 들었을 것이기에 여기에서는 장황하게 얘기하지는 않겠지만 간단히 참여하라(Join in)는 점을 상기할 필요가 있다. 졸업생 단체, 이웃 모임, 상공회의소, 북클럽 등 당신에게 기회에 관련된 소식을 전해줄 수 있는 사람들을 만날 수 있는 어떤 곳이든 참여하라.

당신이 참여하는 것이 가치를 제공한다면 그 네트워크에서 당신을 찾게 되는 것이 최근의 새로운 추세이다. 페이스북(Facebook)과 같은 소셜 네트워크는 더 많은 사람들이 이를 활용함에 따라 가치를 더하게 되었다. 자문 사이트, 리뷰 사이트, 전문가 공유 사이트 등은 모두 다른 사람에게 가치를 더해줄 수 있기 때문에 네트워크 활동에 관계할 수 있는 장소들이다.

나는 새로운 기회에 접근하기 위해 재훈련을 받을 시간이 있고 적은 급료로 일하거나 자원봉사할 수 있는 충분한 자원(저축 혹은 기타)을 갖고 있다

일시적 우위 경제의 실체는 당신이 다음으로 옮겨가기 전에 스스로에게 투자할 필요가 있다는 점을 때때로 발견한다는 점이고, 이는 자원을 필요로 할 것이다. 따라서 이런 식의 경쟁을 하는 일반 원칙 중 하나는 당신이 매력이 없는 곳에 갇혀 있지 않도록 완충역량(buffer capacity)을 창출하거나 혹은 한정된 자원으로 인해 당신이 하고자 하는 차기 도약을 할 수 없음을 알 필요가 있다는 점이다.

이를 위한 기량으로 항상 여유역량(spare capacity)을 창출할 생각을 해야 한다. 구매를 하는 대신 교환을 하고, 비용을 변화 있게 하며, 가능한 한 운영비 부담을 줄이도록 노력하라. 당신이 가진 부채나 고정의무(fixed commitments)와 같은 다른 책임이 적을수록 자원을 보호하기가 더 쉽다. 때로는 당신은 파트너의 지원을 받아 전환을 시도할 수 있다. 나의 경우 정부기구를 위한 정보기술그룹을 운영하다 박사학위 프로그램에서 4년을 보냈던 시기로의 전환은 매우 힘들었지만 궁극적으로는 만족스러웠고, 이는 남편이 그 당시 내 수입을 단념하고 데이케어(day care)를 기꺼이 지불했기 때문에 가능할 수 있었다.

나는 단순히 내 급료만이 아닌 다양한 활동으로부터 수입을 얻을 수 있다

일시적 우위의 세계에서 중요한 하나의 새로운 발전은 요즘은 단순히 급료(salary)만을 버는 것을 넘어 다원적인 수입흐름(multiple income streams)을 만드는 것이 가능하다는 것이다. 이런 식으로 병행할 수 있다면 기반직업(underlying job)의 이동이 필요할 때 상처를 덜 받는다.

당신은 가상비서(virtual assistant)가 될 수도, 관리능력을 내세워 파트타임으로 일할 수도 있다. 다른 사람들이 아웃소싱하고 싶어하는 일자리를 맡을 수 있다(그리고 요즘은 메뉴 계획에서부터 돌잔치를 진행하는 것까지 모든 것을 아웃소싱할 수 있다). 옷장에 박혀 있는 싫증난 물건들을 이베이(eBay)에서 다른 사람들에게 팔 수 있다. 간편한 개발 툴(developer tools)로 어플을 디자인할 수 있다. 아마존의 미케니컬 터크 시스템(Mechanical Turk system)으로 "업무(tasks)"를 할 수 있다. 가르칠 수도 자문을 할 수도 있다.

공급업체들이 당신이 참여하는 대가로 돈을 지불하게 될 시장들도 등장하고 있다. 예를 들면, 숙련된 게이머들은 다른 사람들에 고용되어 시합을 할 수 있고, 때로는 가상화폐를 현금으로 바꿀 수도 있다. 의견을 제시하거나 보증을 대가로 돈을 받을 수도 있다.

나는 필요하다면 다른 기회를 찾아 이동하거나 여행할 수 있다

불행히도 기회는 당신 가까이에 있지 않은 각축장(arenas)에서 튀어나올 수 있다. 그러므로 당신은 기회가 있는 곳으로 완전히 이동하거나 여행을 준비하는 것에 어느 정도 신축성을 갖는 것이 도움이 된다. 경영진들과 상호교류하면서 나는 얼마나 많은 사람들이 돌아다니는 생활을 하는지에 놀라곤 한다. 한 곳에 살고 있지만 하나 혹은 그 이상의 다른 장소에 사무실을 두고 있어 멀리 비행기를 타고 다니는 일은 일상이 되었다.

앞서 언급했던 리저스 그룹(Regus Group)의 최고운영책임자인 루디 로보(Rudy Lobo)는 전형적으로 이런 부류의 사람이다. 그는 늘 바쁜 사람이다. 강하고 활기가 넘치는 그는 "30년간 30번의 이사" 후 드디어 영국의 약간 전원적인 곳에 정착할 집을 마련할 것을 고려하고 있다고 내게 말하였다. 이 모든 계기는 우연이 아니다. 로보의 기업은 일시적 우위를 "가지고 있다(gets)". 마크 딕슨(Mark Dixon)이 1989년 이 기업을 설립하였는데, 그는 시장에서 큰 도약을 한 "아하(aha)"의 순간이 있기 전 영국에서 샌드위치 사업을 하였고, 밴에서 핫도그를 팔았으며, 제빵 벤처에 참여하기도 했던 다채로운 이력의 기업가였다. 그는 연속해서 여러 번 굴곡을 겪은 후 정착한 브뤼셀의 한 카페에 앉아 영감의 순간을 맞았다. 그의 주변으로는 사무실이 멀리 떨어져 있어 쇼핑하는 사람, 학생, 주부 사이에서 억지로 노트에 적으며 일하려 애쓰는 사업가들이 있었다. 당시에는 업무를 위한 미팅 장소로 유일하게 이용할 수 있는 곳이 커피숍이나 식당이었다. 필요에 따라 임대될 수 있는 비즈니스 센터(business center)라는 아이디어가 여기서 태동되었다.

그 후 리저스는 경쟁우위가 짧을 때 효익을 누림과 동시에 전략의 전형이 되었다. 현재 이 기업은 95개국에 진출하였고, 550개 도시에 시설을 두고 있다. 이 기업은 런던증권거래소(London Stock Exchange)에 상장된 상태이며, FTSE 250에도 속해 있다. 닷컴 시기와 2000년대 초 또 한 번의 좌절을 겪는 혼란의 역사가 있지만 그럼에도 불구하고 지리적 범위와 서비스를 확장하는 꾸준한 성장궤적을 보여주었다. 현재 리저스는 재해 복구에서부터 가상 사무공간에 이르기까지 많은 서비스를 제공하고 있다. 이 기업은 리듬감 있는 규칙으로 지리와 사업을 넘나들고 있다.

일시적 우위 경제에서의 삶

이 책은 전략(strategy), 최소한 일정 기간 실행되었던 전략이 더 이상 꼼짝할 수 없는 난관에 부닥쳐 있음을 전제로 시작되었다. 난관(stuck)이라는 사고방식은 산업이 안정적이고, 추이를 다소 예측할 수 있으며, 기술진보의 속도가 보다 더디어 보일 때 타당했던 사고방식에 갇혀 꼼짝하지 못하는 상황에서는 매우 적합하다. 당시의 전략 개념은 지속적 경쟁우위(sustainable competitive advantage)를 통해 안정을 이루는 것이었다.

오늘날 전략에 대한 그런 식의 사고는 낡은 것이 되었다. 그 많던 보장과 안전의 상실에 대해 슬퍼하는 것을 그만두고, 문제점들과 사회적 적응비용에 대해 솔직해지는 것이 매우 중요하다. 하지만 우리 경제의 그 많은 동력성(dynamism)이 만들어내는 기회들에 흥분하는 것도 중요하다고 생각한다. 사람들이 기업가적(entrepreneurial)이 될 여지가 더 많아질 것이다. 우리의 경력을 짜맞추는 방법에 더 많은 다양성이 있을 것이고, 이는 당분간 물러나 있을 필요가 있는 사람들에게 더 많은 진입차선들이 있을 것임을 말한다. 당연히 필요(need)도 있을 것이지만, 더 많은 사람들이 일시적 우위 경제(transient-advantage economy)에서 효과적인 것으로 요구되는 기량과 교육을 받을 수 있는 엄청난 기회들도 있을 것이다.

좋든 싫든 일시적 우위 경제는 지금 우리에게 다가와 물러날 기미를 보이지 않는다. 나는 여러분들이 이 책을 읽고 이러한 새로운 환경에서 번영하는 방법을 이미 파악하고 있는 예외적인 사람들과 조직들로부터 학습함으로써 영감을 얻고 흥분하게 되기를 희망한다.

주석(Notes)

❒ 머리말(Preface)

1. W. Kiechel, *The Lords of Strategy: The Secret Intellectual History of the New Corporate World* (Boston: Harvard Business Press, 2010); B. D. Henderson, "The Experience Curve Revisited," *bcg.perspectives* 229, 1980; M. Porter, *Competitive Advantage: Creating and Sustaining Superior Performance* (New York: The Free Press, 1985).
2. R. G. McGrath and I. C. MacMillan, *The Entrepreneurial Mindset: Strategies for Continuously Creating Opportunity in an Age of Uncertainty* (Boston: Harvard Business School Press, 2000), xv, 380; R. G. McGrath and I. C. MacMillan, *MarketBusters: 40 Strategic Moves That Drive Exceptional Business Growth* (Boston: Harvard Business School Press, 2005); R. G. McGrath and I. C. MacMillan, *Discovery-Driven Growth: A Breakthrough Process to Reduce Risk and Seize Opportunity* (Boston: Harvard Business Press, 2009).
3. R. A. Burgelman, "A Process Model of Internal Corporate Venturing in the Diversified Major Firm," *Administrative Science Quarterly* 18, no. 2 (1983): 223-244; K. Eisenhardt and B. Tabrizi, "Accelerating Adaptive Processes: Product Innovation in the Global Computer Industry," *Administrative Science Quarterly* 40, no. 1 (1995): 84-110; Z. Block and I. C. MacMillan, *Corporate Venturing: Creating New Businesses within the Firm* (Boston: Harvard Business School Press, 1993), x, 371.
4. R. G. McGrath and I. C. MacMillan, "Discovery-Driven Planning," *Harvard Business Review*, July 1995, 44-54.
5. D. Rigby, "Management Tools and Techniques: A Survey," *California Management Review*, January 2001, 139-160.
6. A. Humphrey, "SWOT Analysis for Management Consulting," *SRI Alumni Newsletter*, December 2005.
7. I. C. MacMillan, "Seizing Competitive Initiative," *Journal of Business Strategy* 2, no. 4 (1982): 43.
8. R. A. D'Aveni and R. E. Gunther, *Hypercompetition: Managing the Dynamics*

of Strategic Maneuvering (New York: The Free Press, 1994); I. C. MacMillan, "Controlling Competitive Dynamics by Taking Strategic Initiative," *Academy of Management Executive* 2, no. 2 (1988): 111-118.

9. M. Boisot, *Information Space: A Framework for Learning in Organizations, Institutions and Culture* (London: Routledge, 1995).
10. C. M. Christensen, *The Innovator's Dilemma: When New Technologies Cause Great Firms to Fail* (Boston: Harvard Business School Press, 1997), xxiv, 225.
11. S. D. Anthony, *The Little Black Book of Innovation: How It Works, How to Do It* (Boston: Harvard Business Review Press, 2011).
12. R. G. McGrath, "A Real Options Logic for Initiating Technology Positioning Investments," *Academy af Management Review* 22, no. 4 (1997): 974-996.
13. R. G. McGrath, "Falling Forward: Real Options Reasoning and Entrepreneurial Failure," *Academy of Management Review* 24, no. 1 (1999): 13-30; R. G. McGrath, "Failing by Design," *Harvard Business Review*, April 2011, 76-83; R. Gunther and K. Thomas, "The Value Captor's Process: Getting the Most out of Your New Business Ventures," *Harvard Business Review*, May 2007, 128.
14. McGrath and MacMillan, *MarketBusters*.
15. I. C. MacMillan and R. G. McGrath, "Crafting R&D Project Portfolios," *Research-Technology Management* 45, no. 5 (2002): 48-59.
16. Anthony, *The Little Black Book of Innovation*; A. Ulwick, "Do You Really Know What Your Customers Are Trying to Get Done?" *Strategy and Innovation*, March 2003; I. C. MacMillan and R. McGrath, "Discovering New Points of Differentiation," *Harvard Business Review*, July-August 1997, 133-145.
17. R. G. McGrath, "Finding Opportunities in Business Model Innovation," *European Financial Review*, June-July 2011, 14-17; R. McGrath, "Business Models: A Discovery Driven Approach," *Long Range Planning*, April-May 2010, 247.
18. R. G. McGrath, I. C. MacMillan, and M. L. Tushman, "The Role of Executive Team Actions in Shaping Dominant Designs: Towards the Strategic Shaping of Technological Progress," *Strategic Management Journal* 13, issue S2 (1992): 137-161; I. C. MacMillan and R. G. McGrath, "Nine New Roles for Technology Managers," *Research-Technology Management* 47, no. 3 (2004): 16-26; R. G. McGrath, "The Misunderstood Role of the Middle Manager in Driving Successful Growth Programs," in *The Search for Organic Growth*, ed. E. D. Hess and R. K. Kazanjian (Cambridge, England: Cam-

bridge University Press, 2006), 147-171; R. G. McGrath, "Early Warnings of a Pending Disruption in an Existing Business Model: A Leader's Responsibility," in *The 2009 Pfeiffer Annual Leadership Development*, ed. D. Dotlich et al. (San Francisco: John Wiley & Sons), 264-276.

❐ Chapter 1

1. B. Trumbore, "The Hunt Brothers and the Silver Bubble," BUYand-HOLD, 2012, http://www.buyandhold,com/bh/en/education/history/2000/hunt_bros.html.
2. S. McGee, "The Index's Dark Days in 1980," *Wall Street Journal*, 1996.
3. L. M. Fuld, *The Secret Language of Competitive Intelligence: How to See Through and Stay Ahead of Business Disruptions, Distortions, Rumors, and Smoke Screens* (New York: Crown Business, 2006).
4. I. M. Kunii, G. Smith, and N. Gross, "Fuji: Beyond Film," BusinessWeek, November 21, 1999, 132-138.
5. L. Fuld, "How to Anticipate Wrenching Change," *Chief Executive*, August 1, 2004.
6. S. Hori, "Fixing Japan's White Collar Economy: A Personal View," *Harvard Business Review*, November-December 1993, 157-172.
7. K. Inagaka and J. Osawa, "Fujifilm Thrived by Changing Focus," *Wall Street Journal*, January 20, 2012.
8. Hoover's Inc., *Fujifilm Holdings Full Report Company Profile*, 2012.
9. W. Dabrowski, "Update 1-RIM Co-CEO Doesn't See Threat from Apple's iPhone," *Reuters*, February 12, 2007.
10. A. Troianovski, "Cellphones Are Eating the Family Budget," *Wall Street Journal*, September 28, 2012.
11. World Bank, "World Development Indicators and Global Development Finance," World DataBank, 2012.
12. M. F. Guillén and E. García-Canal, *The New Multinationals: Spanish Firms in a Global Context* (New York: Cambridge University Press, 2010).
13. V. Mahanta, "How Aditya Puri Has Managed to Pull Off 30% Plus Growth for HDFC Bank," *Economic Times*, June 29, 2012.
14. S. Srinivasan and K. Vasanth, "'Giving Back to Society Is What You Are About': Francisco D'Souza, CEO, Cognizant," *Outlook India*, 2012, http://businessoutlook india.com/print.aspx?articleid=470&editionid=18&ca-tgid=13&subcatgid=26.
15. Mahanta, "How Aditya Puri Has Managed to Pull Off 30% Plus Growth

for HDFC Bank."

❐ Chapter 2

1. D. Searcey, K. B. Dennis, and A. Latour, "Verizon to Shed Phone-Book Unit; A Deal That Could Exceed $17 Billion Reflects Shift in Focus to TV, Internet," *Wall Street Journal*, December 5, 2005, A3.
2. FundingUniverse, "Milliken & Co. History," www.fundinguniverse.com/company-histories/milliken-co-history/.
3. T. J. Minchin, "Us is Spelled U.S.: The Crafted with Pride Campaign and the Fight Against Deindustrialization in the Textile and Apparel Industry," *Labor History* 53, no. 1 (2012): 1-23.
4. J. Bussey, "The Anti-Kodak: How a U.S. Firm Innovates and Thrives," *Wall Street Journal*, January 13, 2012.
5. G. Beaubien, "Now Playing: Netflix Consumer Backlash," *Public Relations Tactics* 18, no. 10 (2011): 4.
6. Grupo ACS, "Corporate Strategy," www.grupoacs.com/index.php/en/c/aboutacs_corporatestrategy.
7. A. Mehta, "A Report on Organizational Behaviour of HDFC Bank," July 7, 2009, www.scribd.com/doc/17163923/A-Report-on-Organizationa-BEHAVIOUR-of-HDFC-Bank.
8. Senn-Delaney Leadership Consulting Group, "Interview with Atmos Energy CEO Bob Best," www.senndelaney.com/bobbestarticle.html.
9. Seeking Alpha, "FactSet Research Systems CEO Discusses F4Q 2011 Results-Earnings Call Transcript," September 20, 2011, seekingalpha.com/article/294798-factset-research-systems-ceo-discusses-f4q-2011-results-earnings-call-transcript.
10. Y. Nan, "Buying a Better Brew: Chinese Top Brewer's New Business Pattern Under Low Carbon Economy," *ChinAfrica*, November 2010, www.chinafrica.cn/english/ company_profile/txt/2010-10/27/content_306815_2.htm.
11. V. Mahanta, "How Aditya Puri Has Managed to Pull Off 30% Plus Growth for HDFC Bank," *Economic Times*, June 29, 2012.

❐ Chapter 3

1. "RIM Thought iPhone Was Impossible in 2007," *Electronista*, December 27, 2010, www.electronista.com/articles/10/12/27/rim.thought.apple.was.lying.on.iphone.in.2007/.
2. P. Nunes and T. Breene, *Jumping the S-Curve: How to Beat the Growth Cycle,*

Get on Top, and Stay There (Boston: Harvard Business Review Press, 2011).
3. A. G. Lafley, "What Only the CEO Can Do," *Harvard Business Review*, May 2009, 54-62.
4. R. Foster and S. Kaplan, *Creative Destruction: Why Companies That Are Built to Last Underperform the Market—and How to Successfully Transform Them* (New York: Doubleday, 2011).
5. L. Dranikoff, T. Koller, and A. Schneider, "Divestiture: Strategy's Missing Link," *Harvard Business Review*, May 2002, 75-83.
6. C. Matlack, "Norway's Schibsted: No. 3 in Online Classifieds," *Bloomberg BusinessWeek*, October 14, 2010.
7. C. Goff, "Putting the 'New' Back into Newspapers," *Financial Times*, February 8, 2005.
8. "Compared to Schibsted's CEO [in Swedish]," NA24 Propaganda, February 10, 2010, www.na24.no/propaganda/article2534696.ece.
9. K. Lowe, "KjellAamot: Johnston Press'New, Controversial Non-Executive Director," July 21, 2010, http://kristinelowe.blogs.com/kristine_lowe/2010/07/kjell-aamot-johnston-press-new-controversial-nonexecutive-director-.html.
10. R. G. McGrath, K. Thomas, and T. Taina, "Extracting Value from Corporate Venturing," *MIT Sloan Management Review* 48, no. 1 (2006): 50.
11. P. Burrows, "Nokia's Epic Fail: Stephen Elop's Nokia Adventure," *BusinessWeek*, June 3, 2011.
12. Ibid.
13. S. Rosenbush, et al., "Verizon's Gutsy Bet," *BusinessWeek*, August 4, 2003, 52-62.
14. D. Searcey, K. B. Dennis, and A. Latour, "Verizon to Shed Phone-Book Unit; A Deal That Could Exceed $17 Billion Reflects Shift in Focus to TV, Internet," *Wall Street Journal,* December 5, 2005, A3.
15. S. Ward, "You Can Really Hear Them Now," *Barron's*, February 2, 2009, 24.
16. A. Thomson, "Losses Put Cemex Under Pressure," *Financial Times*, October 26, 2011, 17.
17. Ibid.
18. S. Crista, "Obsolete Products Fuel a Cottage Industry," *EBN*, June 16, 2003, 4.
19. D. S. Nelson, "Emperor of Steel," *Fortune*, July 12, 2006, 100.

❐ Chapter 4

1. J. L. Bower, *Managing the Resource Allocation Process: A Study of Corporate Planning and Investment* (Boston: Division of Research, Graduate School of Business Administration, Harvard University, 1970), xv, 363; J. Pfeffer and G. Salancik, *The External Control of Organizations: A Resource Dependence Perspective* (Stanford, CA: Stanford University Press, 1978).
2. F. Rose, "The Civil War Inside Sony," *Wired*, February 2003.
3. R. G. McGrath and I. C. MacMillan, *MarketBusters: 40 Strategic Moves That Drive Exceptional Business Growth* (Boston: Harvard Business School Press, 2005).
4. P. Burrows and J. Greene, "Yes, Steve, You Fixed It. Congrats! Now What's Act Two?" *BusinessWeek*, July 31, 2000.
5. "CAT, TOT Near 3G Pact," *Bangkok Post*, June 26, 2011.
6. R. Cooper, "Leadership Development Program: Knowledge-Intensive Grow-th at DuPont," *Wharton Leadership Digest*, July 2000.
7. S. D. Anderson, "Elevate," *Fast Company*, December 2008-January 2009, 46.
8. J. Neff, "TerraCycle Inc. Builds an Empire on a Foundation Made of Compost," *Waste & Recycling News*, January 23, 2012, 20.
9. A. Aston, "Now, That's Really a Turf War," *BusinessWeek*, April 23, 2007, 12.
10. T. Szaky, *Revolution in a Bottle* (New York: Portfolio, 2009); S. Taylor, "Worm Poop Barons Avoid a Legal Mess," *Maclean's*, October 22, 2007, 44.
11. Szaky, *Revolution in a Bottle*, xviii.
12. D. Roberts, "Under Armour Gets Serious," *Fortune*, October 26, 2011.
13. M. Rich, "Weighing Costs, Companies Favor Temporary Help," *New York Times*, December 19, 2010.

❐ Chapter 5

1. S. D. Anthony, *The Little Black Book of Innovation: How It Works, How to Do It* (Boston: Harvard Business Review Press, 2011); Z. Block and I. C. MacMillan, *Corporate Venturing: Creating New Businesses within the Firm* (Boston: Harvard Business School Press, 1993), x, 371; C. M. Christensen, S. D. Anthony, and E. A. Roth, *Seeing What's Next: Using the Theories of Innovation to Predict Industry Change* (Boston: Harvard Business School Press, 2004), xxxix, 312; G. C. O'Connor, *Grabbing Lightning: Building a Capability for Breakthrough Innovation* (New York: Jossey-Bass, 2008).

2. R. Burgelman and L. Valikangas, "Managing Internal Corporate Venturing Cycles," *Sloan Management Review*, July 2005, 26-34.
3. S. D. Anthony, *The Silver Lining: An Innovation Playbook for Uncertain Times* (Boston: Harvard Business School Press, 2009); C. M. Christensen and M. E. Raynor, *The Innovator's Solution; Creating and Sustaining Successful Growth* (Boston: Harvard Business School Press, 2003), x, 304.
4. S. M. Shapiro, *Best Practices Are Stupid: 40 Ways to Out-Innovate the Competition* (New York: Portfolio/Penguin, 2011).
5. L. A. Bettencourt and A. W. Ulwick, "The Customer-Centered Innovation Map," *Harvard Business Review*, May 2008, 109-114.
6. B. Brown and S. D. Anthony, "How P&G Tripled Its Innovation Success Rate," *Harvard Business Review*, June 2011, 64-72.
7. R. G. McGrath and I. C. MacMillan, *The Entrepreneurial Mindset: Strategies for Continuously Creating Opportunity in an Age of Uncertainty* (Boston: Harvard Business School Press, 2000), xv, 380.
8. R. G. McGrath and I. C. MacMillan, *Discovery-Driven Growth: A Breakthrough Process to Reduce Risk and Seize Opportunity* (Boston: Harvard Business Press, 2009).
9. Christensen and Raynor, *The Innovator's Solution*, x, 304.
10. N. S. Vageesh, "HDFC Bank, Vodafone India Launch Mobile Banking Product for Rural Coverage," *Hindu Business Line*, November 27, 2011.
11. N. S. Ramnath, "How Cognizant Overtook Infosys," *Forbes India*, August 7, 2012.
12. G. C. O'Connor, A. Corbett, and R. Pierantozzi, "Create Three Distinct Career Paths for Innovators," *Harvard Business Review*, December 2009, 78-79.
13. McGrath and MacMillan, *Discovery-Driven Growth*.
14. Brown and Anthony, "How P&G Tripled Its Innovation Success Rate."
15. S. Adhikari, "Brambles Waits to Exhale," *Business Spectator*, February 17, 2010.
16. Macquarie Digital, "Brambles Limited: CEO Interview with Tom Gorman," October 8, 2012.
17. Block and MacMillan, *Corporate Venturing*; A. B. van Putten and I. C. MacMillan, *Unlocking Opportunities for Growth: How to Profit from Uncertainty While Limiting Your Risk* (Upper Saddle River, NJ: Wharton School Publishing, 2009); R. G. McGrath and I. C. MacMillan, "MarketBusting: Strategies for Exceptional Business Growth," *Harvard Business Review*, March 2005, 80-92; I. C. MacMillan and R. McGrath, "Discovering New Points of Differentia-

tion," *Harvard Business Review*, July-August 1997, 133-145; I. C. MacMillan and R. G. McGrath, "Discover Your Products' Hidden Potential," *Harvard Business Review*, May-June 1996, 58-68; I. C. MacMillan, A. B. van Putten, R. G. McGrath, and J. D. Thompson, "Using Real Options Discipline for Highly Uncertain Technology Investments," *Research Technology Management* 49, no. 1 (2006): 29.

18. Macquarie Digital, "Brambles Limited: CEO Interview with Tom Gorman."

❒ Chapter 6

1. "No Country Has a Company Like Ours," *El Pais*, June 17, 2007.
2. C. E. Brett, "Presentation of the Harrell L. Strimple Award of the Paleontological Society to Thomas E. Whiteley," and T. E. Whiteley, "Response," *Journal of Paleontology* 79, no. 4 (2005): 831-834.
3. S. N. Chakravarty and R. Simon, "Has the World Passed Kodak By?" *Forbes*, November 5, 1984.
4. S. W. Morten and M. W. Ellmann, *Yellow Journalism!* (New York: Wertheim & Co., 1984).
5. E. H. Bowman, "Strategy and the Weather," *Sloan Management Review*, Winter 1976, 49.
6. D. Daye and B. VanAuken, "Category First. Brand Second," Branding Strategy Insider, www.brandingstrategyinsider.com/2009/09/category-first-brand-second.html.
7. R. C. Alexander and D. K. Smith, *Fumbling the Future: How Xerox Invented, Then Ignored, the First Personal Computer* (New York: iUniverse, 1999).
8. W. Klepper, *The CEO's Boss: Tough Love in the Boardroom* (New York: Columbia Business School, 2010).
9. G. Sargut and R. G. McGrath, "Learning to Live with Complexity," *Harvard Business Review*, September 2011, 68-76.
10. E. Ries, *The Lean Startup: How Today's Entrepreneurs Use Continuous Innovation to Create Radically Successful Businesses* (New York: Crown Business, 2011).
11. R. G. McGrath and I. C. MacMillan, "Discovery-Driven Planning," *Harvard Business Review*, July 1995, 44-54; R. G. McGrath and I. C. MacMillan, *Discovery-Driven Growth: A Breakthrough Process to Reduce Risk and Seize Opportunity* (Boston: Harvard Business Press, 2009).
12. S. Key, "The Man-The Legend-John Osher, Inventor of the Spin Brush. Part II," AllBusiness, 2008, www.allbusiness.com/marketing-advertising/market-research-analysis/7665600-l.html#axzz2DXqrOvbZ.

13. M. A. Whiting and C. J. Bennett, *Driving Towards "0": Best Practices in Safety and Health*, Research Report R-1334-03-RR (New York: The Conference Board, 2004).

❒ Chapter 7

1. S. Greenhouse, "A Part-Time Life as Hours Shrink and Shift," *New York Times*, October 27, 2012.
2. A. McGahan, *How Industries Evolve: Principles for Achieving and Sustaining Superior Performance* (Boston: Harvard Business School Press, 2004).
3. S. Tully, "Fortune 500: Profits Bounce Back," *Fortune*, May 3, 2010, 32.
4. AFL-CIO, "CEO Pay: Feeding the 1%," 2011, www.aflcio.org/corporatewatch/paywatch/paywatch2011_indexmore.cfm.
5. P. Gottschalk and S. Danziger, "Inequality in Wage Rates, Earnings and Family Income in the United States, 1975-2002," *Review of Income and Wealth* 51, no. 2 (2005): 231-254; M. Morris and B. Western, "Inequality in Earnings at the Close of the Twentieth Century," *Annual Review of Sociology* 25 (1999): 623-657.
6. J. Assa, "Inequality and Growth Re-Examined," *Technology and Investment* 3, no. 1 (2012): 1-6.
7. R. Safian, "This Is Generation Flux: Meet the Pioneers of the New (and Chaotic) Frontier of Business," *Fast Company*, January 9, 2012, 60-97.
8. F. R. Myers, *Get the Job You Want, Even When No One's Hiring: Take Charge of Your Career, Find a Job You Love, and Earn What You Deserve* (New York: John Wiley & Sons, 2009).
9. A. Horowitz, "15 People Who Were Fired Before They Became Filthy Rich," *Business Insider*, April 25, 2011, www.businessinsider.com/15-people-who-were-fired-before-they-became-filthy-rich-2011-4?op=1.
10. D. Wakabayashi and A. Troianovski, "Japan's Masayoshi Son Picks a Fight with U.S. Phone Giants," *Wall Street Journal*, November 24, 2012.

찾아보기(Index)

ㅇ

ㅊ

ㅋ

ㅌ

ㅍ

ㅎ

저자에 관하여

리타 건터 맥그래스(Rita Gunther McGrath)는 컬럼비아대학교 경영대학(Columbia Business School) 교수로 불확실하고 가변적인 환경에서의 전략에 관해 세계적으로 인정받는 전문가이다. 저자의 생각은 피어슨(Pearson), 코카콜라(Coca-Cola Enterprises), 제너럴 일렉트릭(General Electric), 얼라이언스 부츠(Alliance Boots), 세계경제포럼(World Economic Forum) 등의 독자들과 고객들에게 높은 평가를 받는다. 저자는 인기 강사이자, 사람들이 많이 찾는 연사이며, 최고 경영자 팀들에 대한 컨설턴트이기도 하다. 2011년 세계 경영자상 싱커스50(Thinkers50)에 의해 20인의 최우수 경영 사상가에 뽑혀 그 자질을 인정받았다. 또한 트위터(Twitter)에서 팔로우하는 상위 10명의 경영대학 교수 가운데 한 사람으로 인정되었다. 2009년 이 분야에 지대한 영향을 끼친 사람들에게 수여되는 영예인 세계전략경영학회(Strategic Management Society)의 펠로우가 되었고, 2013년에는 그 회장직을 수행하게 될 것이다.

맥그래스는 세 권의 책을 공동 집필하였다. 『발견 주도적 성장: 리스크를 줄이고 기회를 잡는 돌파 과정(*Discovery-Driven Growth: A Breakthrough Process to Reduce Risk and Seize Opportunity*)』(2009), 『시장성장전략: 탁월한 사업 성장을 추진하는 40가지 전략 수순(*Marketbusters: 40 Strategic Moves That Drive Exceptional Business Growth*)』(2005), 『기업가적 사고방식(*Entrepreneurial Mindset*)』(2000)이라는 책들로 이들은 모두 하버드 비즈니스 리뷰 출판사(Harvard Business Review Press)에서 출판되었다. 『시장성장전략』은 10개 국어로 번역되었고, 전략+비즈니스

(*strategy + business*)에서 2005년 최고의 경영서적 가운데 하나로 기록되었다. 빌 게이츠(Bill Gates)에 의해 2005년 마이크로소프트 CEO 정상회의(2005 Microsoft CEO Summit)에서 다루어진 "성장을 위한 새로운 경로(New Pathways to Growth)"라는 주제는 이 책의 메인 토픽에서 따온 것이다.

맥그래스는 오늘날의 "린(lean)" 스타트업 운동에 관하여 처음 밝힌 것으로 인정되는 베스트셀러 "발견 주도적 기획(Discovery-Driven Planning)"을 포함한 많은 논문을 하버드 비즈니스 리뷰(*Harvard Business Review*)에 게재하였다. 저자는 또 대부분의 유명 경영저널들에서 주는 상을 수상한 저명한 연구자이기도 하다.

맥그래스는 텔레비전과 라디오에 자주 등장하고 월스트리트저널(*Wall Street Journal*), 뉴욕타임즈(*New York Times*), 파이낸셜타임즈(*Financial Times*), 비즈니스위크(*BusinessWeek*), 패스트컴퍼니(*Fast Company*) 등의 신문에 자주 인용된다.

맥그래스는 1993년 컬럼비아대학교 경영대학 교수로 부임하였다. 학계에 몸담기 전 정보기술 책임자로 있었고, 정치권에서도 일했으며, 두 개의 스타트업을 설립하였다. 저자는 펜실베이니아대학교 와튼스쿨(Wharton School, University of Pennsylvania)에서 PhD를 받았고, 버나드 칼리지(Barnard College)와 컬럼비아대학 국제공공정책대학(Columbia School of International and Public Affairs)에서 학위를 받았다. 결혼을 하여 장성한 두 아이를 둔 엄마이다.

맥그래스에 대한 더 많은 정보는 www.ritamcgrath.com을 방문하거나 Twitter의 @rgmcgrath를 팔로우하라.

역자소개

정선양

평생 기술경영과 기술정책을 연구하고 교육해 온 우리나라 기술경영 분야의 대표적인 학자이다. 서울대학교에서 공학사와 경영학석사를, 독일 Stuttgart대학교에서 기술경영·정책을 전공하여 박사학위를 받았다. 오랜 기간 '과학기술정책연구원(STEPI)'의 연구위원으로 일하였고, 독일 '프라운호퍼 시스템 및 혁신 연구소(ISI: Fraunhofer Institute for Systems and Innovation Research)'의 연구원을 역임하였다. 또한 독일 '막스플랑크 사회연구소(MPIfG: Max Planck Institute for the Study of the Societies)'의 초빙연구원을, 미국 '캘리포니아-버클리 주립대학교(University of California-Berkeley) 하스경영대학원(Haas School of Business)'과 '스탠포드 대학교(Stanford University) 경영대학원(Graduate School of Business)'의 석학초빙교수(distinguished visiting professor)를 지낸 바 있다. 2004년 국내 최고 석학들의 모임인 한국과학기술한림원(한림원)의 최연소 종신정회원이 되어 활발한 활동을 해 오고 있으며, 2008년부터 한림원의 씽크탱크인 '정책연구센터'의 소장을 역임해오면서 국가의 과학기술발전과 부의 창출에 관해 폭넓은 자문을 하고 있다. 2009년 3월 건국대학교 경영대학 내에 국내 최초의 학부 기술경영학과, 대학원 기술경영학과, 기술경영전문대학원(MOT-MBA)으로 구성된 '밀러MOT스쿨'을 설립하고 초대원장을 역임하였으며, 기술경영 및 기술정책의 다양한 분야에서 연구, 교육, 자문, 봉사를 해오고 있다. 주요 저서로는 "기술과 경영"(경문사), "R&D관리론"(경문사), "전략적 기술경영"(박영사), "환경정책론"(박영사), "Technologiepolitik für Neueproduktionstechnologien in Deutschland und Korea"(독일 Physica 출판사) 등이 있다.

김경희

전문번역가로 활발히 활동하고 있다. 고려대학교 이과대학 화학과를 졸업하고, 서울대학교 자연대학 화학과에서 석사학위를 받았으며, 미국 인디애나 대학교(Indiana University)에서 물리화학을 전공하여 박사과정을 수료하였다. 이 책의 공동번역자인 정선양 교수와 함께 "과학비즈니스"(경문사, 2011), "생명공학기술경영"(경문사, 2013)을 번역한 바 있다.

역자와의
협의로
인지생략

경쟁우위의 **종말**

저 자 Rita Gunther McGrath
역 자 정선양 · 김경희
발행자 한헌주
발행처 도서출판 **경문사**
서울특별시 서대문구 독립문로 21-9
전화 738-7035 FAX. 722-4678
E-mail : kmsp@korea.com
홈페이지 : http://www.kmsp.co.kr
등 록 1995년 11월 9일 제300-1995-138호

2014년 12월 22일 초판인쇄
2016년 4월 27일 초판2쇄발행

정가 15,000원
ISBN 978 89-420-0818-6 93320